JN297686

土浦亀城と白い家

WITHIN WHITE BOXES:
THE ARCHITECTURE OF KAMEKI TSUCHIURA
BY ATSUKO TANAKA

田中厚子

鹿島出版会

土浦亀城邸リビングルーム、土浦亀城画、1935年

撮影：清水襄（3点とも）

土浦亀城と白い家　目次

序

ふんわりとした透明性

小さなボートで

昭和という時代が始まった1926年頃、東京にいた土浦亀城はモダニズムという地平に向かって小さなボートを漕ぎ始めた。ヨーロッパをはじめ世界各地で大小のボートがそこに向かっていた。土浦はフランク・ロイド・ライトのタリアセンで出会った二人の建築家、アメリカのリチャード・ノイトラとスイスのヴェルナー・モーザーとの交流を通して、自らの航路を定めていた。土浦の近くには岸田日出刀のボートがあり、少し先には同じようにモダニズムを目指した建築家たち——吉田鉄郎、山田守、堀口捨己などのボートがあった。

やがて霧の中に、合理性と機能性を形態にするための方法がぼんやりと見えてきた。その方法は、伝統や従来の概念にとらわれずに本質を見極めたものでなければならず、その形態は新しい生活の器としてふさわしいものでなければならなかった。日本の風土や文化に合わせたいくつもの実験的な器をつくることで、ようやく見えてきたモダニズムの地平。しかし、それは戦争という嵐によって、あっという間にかき消され、小さなボートたちは第二次世界大戦とその占領期が終わる1950年代前半まで、水面下でじっと息をひそめなければならなかった。

土浦亀城の2軒目となる自邸は、そのような土浦の小さなボートの軌跡のなかで、唯一現存する戦前期の住宅である。と同時に、最も率直に土浦の考え方を示した建築作品である。もし戦争がなかったら、土浦が目指した日本の住宅の近代化はもっと早く実現したことだろう。しかし戦争の空白は戦前と

戦後を分断した。ゼロというよりマイナスのスタートからの復興を経て、土浦邸が再び注目されたのは1960年代だった。1935（昭和10）年に完成したこのモダンな住宅は、戦後の住宅が求めたすべてのものをすでに備えていた。

1970年代からは、土浦亀城へのインタビューや土浦邸に関する論考が繰り返し建築雑誌に掲載された。そして土浦邸は日本の住宅史に欠かせない住宅として1995（平成7）年に東京都の指定有形文化財になり、1999年には近代建築の保存活動を行う世界的な組織、DOCOMOMOの日本20選にも選ばれた。

土浦の小さなボートの軌跡は、一人の建築家の果敢な挑戦と、その背景となる社会の有様を描き出している。土浦邸は、その軌跡の旅へと誘ってくれるいわばタイムカプセルである。

モダンな生活の理想の器

土浦邸のような白く四角い外観をもつスタイルは、バウハウス派、インターナショナルスタイル（国際様式）、初期モダニズムなどと呼ばれる。1920年代に世界を駆け巡った近代建築運動は、それまでの歴史的な様式を否定し、鉄、ガラス、コンクリートといった新しい素材を用いて、合理的で科学的な近代という時代にふさわしい建築を目指した。様々に展開された近代建築運動のなかで、ヴァルター・

グロピウスが設計したバウハウスの校舎や教員住宅などのような装飾のない抽象的・幾何学的な形は、1932年のニューヨーク近代美術館での建築展の効果もあって、工業的なイメージをもつ新しい建築の典型となった。

土浦邸の近代性は、その白く四角い外観に表れているだけではない。その居間を中心とした機能的な平面、段差を利用したスキップフロアの空間構成、住宅の工業化を目指した木造乾式構法、輻射熱を利用した天井暖房、給湯、水洗便所といった設備も、当時の最先端の考え方に基づいていた。

こうした建築史における先駆性はもちろんのことだが、この住宅の素晴らしさは、空間の美しさとそこに満ちた建築家の理想、そして長く使われた家だけがもつ生活感にある。その「確かな生活感のある空間」の印象は、私が初めてこの家を訪ねた1987（昭和62）年から現在までまったく変わっていない。土浦邸には独自の時間が流れていて、それは古きよき日本ではなく、むしろ新しい未来の日本が目指すべき生活空間のように思える。

時間がゆっくりと流れる土浦邸の、ふんだんな陽光がそそぐリビングルームでソファに腰掛けたら、いつまでもそこにいたくなる。玄関のふんわりとした透明な空気、抑えられた天井高の落ち着いた食堂、吹き抜けの居間と大きなガラス戸でつながるテラスと庭、ギャラリーと呼ばれる不思議な中二階。土浦邸には、そのシンプルな外観からは想像できないほど、豊かな生活空間がある。

土浦夫妻は1923年に渡米し、フランク・ロイド・ライトの事務所があったロサンゼルスとウィスコンシン州のタリアセンで2年ほど暮らした。そこで体得したモダンな暮らしには、「生活を楽しむ」

ということが基本にあった。土浦が設計した中流知識階層のための住宅は、戦前期の家父長制による大家族から切り離された核家族のためのすまいであり、家事の合理化も機能的な空間配置も、生活をより楽しく便利にするための方策だった。日本初の女性建築家となった妻、信子もまた同じ目的をもって設計に協力した。土浦夫妻のモダンな生活の理想は、約80年の時間を超えて今も輝きを放っている。

「白」が意味するもの

ムーミン・シリーズの作者、トーベ・ヤンソンの短篇集『黒と白』の中に、「黒と白——エドワード・ゴーリーにささぐ」という作品がある。デザイナーの主人公は、インテリアデザイナーの妻とともに、彼女が設計したガラスと白木の開放的な住宅に住んでいる。明るい光に満ちた完璧な家で、彼は恐怖小説の挿絵の仕事をしようとするのだが、描けない。「なんだか明るすぎる。灰色にしかならない。黒くならないんだ！」と彼はいう。「ここには扉ひとつもなくて！」と叫ぶ。そして彼は古い別荘の屋根裏部屋に移って、憑かれたように廃墟のような建物の「漆黒の名もなき残滓の渾沌」を描く。北欧モダニズムの白い空間と、崩れ落ちそうな古い別荘が対比的に描かれたこの話には、「白」という色に託された近代建築への疑問が投げかけられている。

20世紀の近代建築運動は、歴史的な様式の否定から始まった。古めかしく渾沌とした様式の引用から、

新しい工業化社会のシンプルな建築に移るとき、「白」という色は、科学的で抽象的で清潔なイメージの象徴となった。しかし、戦前期に建てられた近代建築は、現在の私たちが思うような真っ白な空間ではなく、もっとカラフルだった。よく知られているバウハウスの校長室には、白、黒、グレー、赤、青、黄色が使われているし、ル・コルビュジエの住宅の室内にも、鮮やかなアクセントカラーが用いられている。

1935年の竣工時の土浦邸を見ると、外観は白色、窓枠はグレー、インテリアはライトグレーを基調にし、黄色いカーテンや赤い絨毯でアクセントをつけていた(口絵)。同じ時期のほかの住宅では、外壁にライトグレー、ライトブルー、ライトグリーンなどの淡い色を配しているし、外壁が白かグレーの場合には、窓枠にアップルグリーン、青緑、藍、濃緑などの濃い色を用いていた。室内もそれぞれカラフルで、すべて真っ白という例はない(300頁、表参照)。

それでも、戦前期のモダニズムの建築に「白」のイメージが強いのはなぜだろう。理由の一つは、建築雑誌のモノクロ写真のせいかもしれない。写真の解説として色に関する記述があっても、それを視覚的なイメージに結びつけるのは難しい。

しかし、最大の理由は「白」という色がもつ抽象性と清潔感にあるだろう。近代の科学的な進歩と衛生への信奉が、白という色に集約された。土浦も1933年に「清潔、それが新しい装飾の(ママ)あるいは新しい設備の第一条件であります」と述べている。* 清潔、さらに健康であることがモダンな生活の第一歩なのだ。「白い家」とは、外観の色よりも、明るく健康的な生活空間を意味している。

＊ 土浦亀城「家具と部屋の装飾」『建築雑誌』1933年4月号

適度に白いモダンな家は、おおらかに人を包容する。工業化を夢見つつも、工業製品がまだ未熟で大工の手仕事に頼らざるを得なかった時代。T型フォードが工場のラインで生産されるようになり、建築もそのようにできたらと望み、スチールパイプの椅子をつくりたくて、ガス管を曲げた時代。木質パネルを工業製品のように見せるために、大工がのこぎりで切りそろえた時代。人の手の温もりと未来への夢がちょうど交差した時代。

時代を拓り開いた建築家の思いがじかに伝わってくるような土浦邸を起点にして、小さなボートの軌跡をたどってみたい。

土浦亀城邸

|

1

長者丸のモダニズム

白い4軒のジードルンク

土浦亀城の自邸（以下、土浦邸）が完成したのは、1935（昭10）年、まだ省線電車と呼ばれていた現在のJR山手線目黒駅の駅舎の前で、人力車が客待ちをしていた時代である。切り通しの崖に架かった橋の東側に、小さな瓦屋根の駅舎があり、橋の下には貨物用と電車用の4本の線路が走っていた。周辺で一番高い位置にある駅からは、白金御料地の森（現・国立自然教育園、東京都庭園美術館）や、恵比寿麦酒工場（現・恵比寿ガーデンプレイス）の4本の煙突が見えていた。

線路沿いに恵比寿方向に向かうと、上大崎長者丸（現・上大崎2丁目）と呼ばれる地域になる。ちょうど山手線の線路と、恵比寿麦酒工場と、白金御料地に囲まれた区画で、その北端には、四谷へ行く市電の始点、恵比寿長者丸停車場があった。現在のウェスティンホテル東京南側の坂の下にあたる。

長者丸という地名は、白金長者と呼ばれた家系の一人が、元和年間（1615–24）に白金村の名主になったことに由来するといわれる。[1] この地域は、明治時代に呉服商の吉田彌一郎（1857–1924）が所有

1 『品川区史料（十三）品川の地名』品川区教育委員会、2000年

していた土地を借地として分割したもので、1928（昭和3）年に建立された吉田を称える石碑によれば、借地人は36名、そのなかには福澤諭吉の息子である福澤大四郎、貿易商の福島行信、太田胃散初代社長の太田信義、日本郵船社長の大谷登、資生堂の社長で写真家の福原信三など実業家や名士が名を連ねていた。その一人が、後に貿易会社を経営する竹内昇だった。彼は長者丸交番の近くの敷地に自分の家を建てるにあたり、友人の建築家、土浦亀城に自邸の設計を依頼した。

1933（昭和8）年に設計が始まり、翌年完成した竹内邸は、瓦屋根の日本家屋の一部を取り壊して建てた白い箱型の2階建ての住宅だった（図1、2）。屋根はフラットルーフ、2間ほどの幅がある玄関ポーチの奥には緑色の玄関ドアと、その両側に小さな採光用のガラス窓が縦に並んでいた。洋風のフェンス越しに見えるモダンな白い家は、石塀や垣根で囲まれた和風のお屋敷のなかで、ことさら目立っていた。

竹内邸の手前を左に折れて、道なりに回り込むと、クルドサック（行き止まり）がある。その周りの区画に、3軒の陸屋根・2階建ての白い住宅が新築された。竹内家が借地権を有する820坪ほどの土地のうち、約440坪の全体計画を任された土浦は、そこを分割して、4区画の住宅地をつくったのである。

クルドサックのある道路をつくるとともに、共同で水道を引き、浄化槽を設置した。北東の一区画には土浦自身が、南側の二つの区画には、友人である画家の長谷川三郎と、朝日新聞記者の島田巽が家を建てた。北西の一区画には、3年後に土浦が自邸の増築をした。土浦邸と長谷川邸は土浦の設計による

図1　竹内邸　1933

図2　竹内邸の居間

図3　長谷川邸（手前）と島田邸（奥）　1935

ものだが、島田邸は朝日新聞の記者を本業とする異色の建築家、斎藤寅郎が設計した。実業家、建築家、画家、新聞記者という30代の当時のエリートたちは、そろって国際的な意識をもち、より近代的で西欧的なすまいを求めていた。土浦が思い描いていたのは、1927年にドイツのヴァイセンホーフに建設された実験的な集合住宅地――ジードルンクだった。塀のない4軒の白い家が建ち並ぶ光景は、まだ茶畑の残る長者丸はもとより、東京でも珍しかった（図3）。

現在、土浦邸を除く3軒はすでに建て替わり、戦前期の雰囲気を残すのは土浦邸だけである。傾斜地に土盛りをして庭として造成したコンクリートの擁壁、左手にあるガレージ、擁壁とガレージの間にあるクリーム色のモザイクタイルを張った階段もそのままの姿を残している。外壁が石綿スレートから竪羽目板張りに替わったものの、大きなガラス窓の上に突出した庇やバルコニーが特徴的な2階建ての外観は、それが道路面よりかなり高いところにあることも作用して、鮮烈な印象を与える（図4）。

図4　土浦邸南側アプローチ

家より先に完成した小さな木造片流れ屋根のガレージも当初のままだ（図5）。両側に折り戸を開くと、車1台分のスペースの右側の壁の上部に窓がついている。車の修理ができるように、以前は床の真ん中にピット（くぼみ）があったが、現在はコンクリートで埋められている。ブリキ張りの内壁には、「車庫所在地　品川区上大崎長者丸二七〇番地、車庫主任元氏名　土浦亀城、車庫ノ用途　自家用、格納スル車両種別及車両番号　普通乗用自動車第七九三号」と書かれた板が掲示されていて、戦前のガレージの様子がわかる。

クルドサックに沿って、緩くカーブした擁壁に誘導されるように、アプローチの階段を上がり玄関に向かう。6段上がると勝手口のレベルになり、そこからまた4段上がると玄関ポーチがある。階段と同じクリーム色のモザイクタイル張りの床、スチールの横桟が入ったガラスの玄関ドア、大きく張り出した庇とその下の大きなガラス窓とテラス、それらがくっきりとしたラインを描いた幾何学的な形態には、今なお当時みなぎっていた新しい時代の息吹が感じられる。

陽光に満ちた生活空間

スチールの玄関ドアを開けて土浦邸の中に入ると、梨地ガラスを通して、やわらかな光が玄関を満たしている。明るい南向きの玄関は、機能性を重視したこの住宅の導入部らしく、暖房が組み込まれた造

図5　土浦邸の手前にガレージ、右に竹内家の蔵が見える

図6　土浦邸玄関

り付けのベンチ、壁に埋め込まれた鏡、ガラス板が上下する郵便受けなどが、使いやすそうに配置されている（図6）。靴を脱いで玄関に入り、右手の階段を7段上ると、そこは天井高15尺（4・5m）の居間の吹き抜け空間だ（図7）。

居間の南面は、高さ13尺、幅9尺のスチールサッシュのガラス窓になっていて、下半分は外開きの3枚のガラス扉、上半分の一部がすべり出し窓、そのほかははめ殺しである。長さ5尺（1・5m）の庇によって適度に日光はさえぎられているが、目隠しのために、当初はブラインドとカーテン、現在はカーテンだけが取り付けられている。ガラス扉を開けると、玄関と同じクリーム色のタイル張りのテラスの向こうに芝生の庭が広がる。居間から玄関を見れば、造り付けのソファが玄関との仕切りの役割を果たしている（図8）。まだ西側に住宅が建っていなかった戦前は、玄関の壁上部の横長の窓から、省線電車が通るのが見えたという。

図7　南に大きな開口部がある居間

図8　玄関と居間をソファで区切る

居間の北側は天井高の低い食堂で、その上部は寝室になっている（図9）。竣工当時、居間の吹き抜けに面した2階の寝室には、ドアも襖もなく、カーテンが下がっているだけだったが、3年後の増築時に襖が取りつけられ、出入り口にドアが設けられて個室になった。つまり、当初は玄関から寝室までの空間を段差だけで区切るという、現在よりも大胆な空間構成だった（図10）。

居間から9段上ると、ギャラリーと呼ばれる中2階がある。そこからさらに5段上ると、寝室・書斎・洗面所のある2階になる。階段を介して空間が立体的に連続しているから、およそ18坪という実際の建坪よりもずっと広く感じられる。

2階にある実質8畳ほどの寝室は、居間と同じグレーの色調に統一されている（図11）。昼間はソファとして使えるように、二つのベッドを縦に並べて配置し、その間に小さなタンスを置いた（図12）。その上に

図9　天井高をおさえた食堂

図10　居間から見るギャラリーと階段

図11　寝室。開口部にはまだ襖が入っていない

あるワットマン紙を張った電気スタンドは、どちらのベッドからも手が届くようになっていた（図13）。壁面には、クロゼットや姿見の鏡を造り付けて、狭い空間を効率よく利用した。ことに窓際にある白い化粧台は、上蓋を開くと鏡になるようにデザインされたすぐれもので、スチールパイプ製のスツールと対になっている。化粧台の上の壁には、チューブ型のネオンランプが取り付けられた（図14）。

寝室の隣は洗面台とトイレのある洗面所で、そこは暗室としても使えるように現像戸棚が造り付けられた（図15）。洗面所の隣は6畳の書斎、土浦が手紙や原稿を書く場所だった（図16）。南側には3方向にガラス窓があって、正面に玄関アプローチ、西側に省線電車、東側に室内のギャラリーが見えた。まるで操縦室のようなこの部屋は、3年後の増築時に西側の窓を壁に改造して現在に至っている。

寝室、書斎、洗面所、食堂、居間。どの部屋も明るく、風通しがよく、機能的である。採光と通風を考えた窓の配置は、室内だけでなく、水平窓と小庇のシャープなライン

図12　ソファにもなるベッド

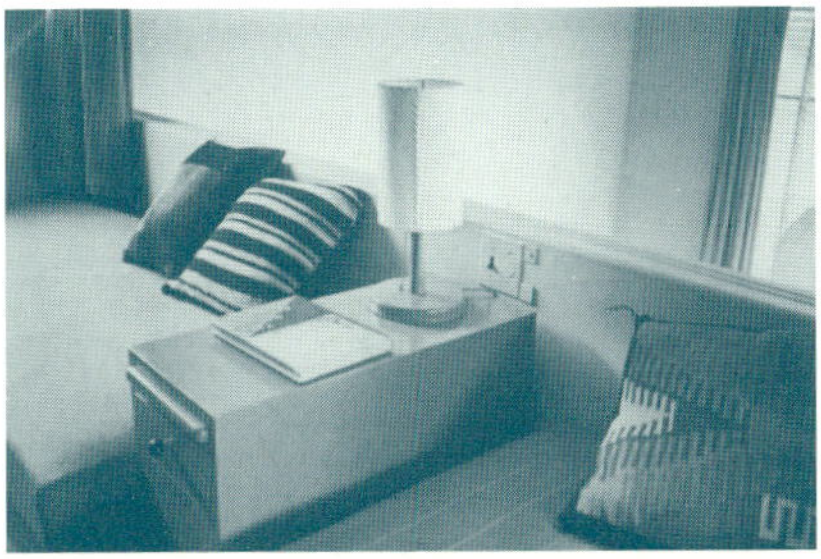
図13　ベッドの間の電気スタンド

図16　2階の書斎

で構成される外観をも特徴づけている。モダンに見えるが、窓枠にスチールサッシュを使ったのは居間の南面だけで、ほかの窓はすべて普通の木製の引き違い窓にペンキ仕上げの簡素なものである。

健康的で快適な生活のために、丸型や壁埋め込み型のシンプルな照明器具や、スチールパイプ製の椅子とテーブルなどが、用途に合わせてデザインされた。しかし居間の空間の天井から下がっていた鉄の骨にワットマン紙を張った球形の照明は、イサム・ノグチの和紙照明に替わり、化粧台、スツール、フロアスタンド、ベッド脇のタンス、ギャラリーの戸棚以外の家具は、失われてしまった。

1935（昭和10）年の初めに完成したこの土浦邸は、『国際建築』『新建築』といった建築雑誌だけでなく、婦人雑誌、新聞などにも取り上げられた。例えば『婦人之友』1935年3月号には、「私共の家」として、夫妻連名の記事が掲載されている。また同年1月4日の東京朝日新聞には、「協同設計のお手並　ライト氏直伝の建築技師　女

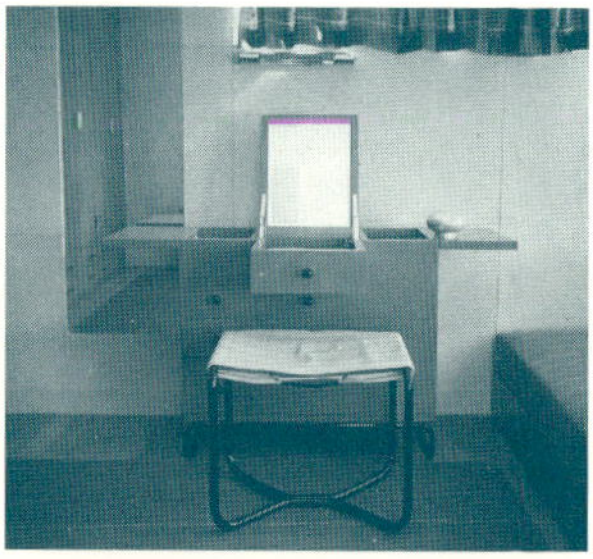

図14　化粧台とスツール

図15　2階の洗面所

流の新領域開拓」というタイトルで土浦自邸と夫人の信子が紹介されている（図17）。この住宅は日本で最初に女性建築家を目指した信子と土浦の共同設計によるもので、その点においても革新的だった。

第二次世界大戦後に、長者丸という地名はなくなり、1970年代に隣地の竹内邸、長谷川邸、島田邸は取り壊された。土浦邸も戦後、外壁や屋根が改築されたが、戦前の基本的な形態はほぼ完全に残っている。日本の風土のもとで生まれたこのモダニズムの住宅は、何を目指して、どのようにつくられたのだろう。その革新性を、平面、工法、設備の面から見ていきたい。

図17　協同設計のお手並　東京朝日新聞1935年1月4日

2　合理的な立体空間

スキップフロアと階段による立体的な空間

土浦邸の平面図は、４間×４間の正方形を基本に、１間×２間の長方形を北西に付加した単純な形をしている。しかし、実際に中に入ってみると、玄関から半階分下がると勝手口のある地階があり、半階分上がると居間のある１階、さらに居間から半階上がると玄関の上のギャラリー、そこから数段上がって寝室のある２階というように５つのレベルで構成される、平面図からの印象を超えた立体的で豊かな空間が展開する（図18、19）。

このような構成にしたのは、敷地の一番低い部分に残っていた竹内家の蔵の土台を再利用して地下室にし、その上に住宅を建てようとしたからだ。まず敷地のレベルを４つに設定して土地を造成し、玄関から居間まで階段７段分、居間からギャラリーまで９段分、ギャラリーから寝室まで５段分というように、階段のステップ数で各フロアのレベルが決められた、文字どおりのスキップフロアだった（図20）。土浦はのちにこう語っている。

図18　居間からギャラリーを見上げる

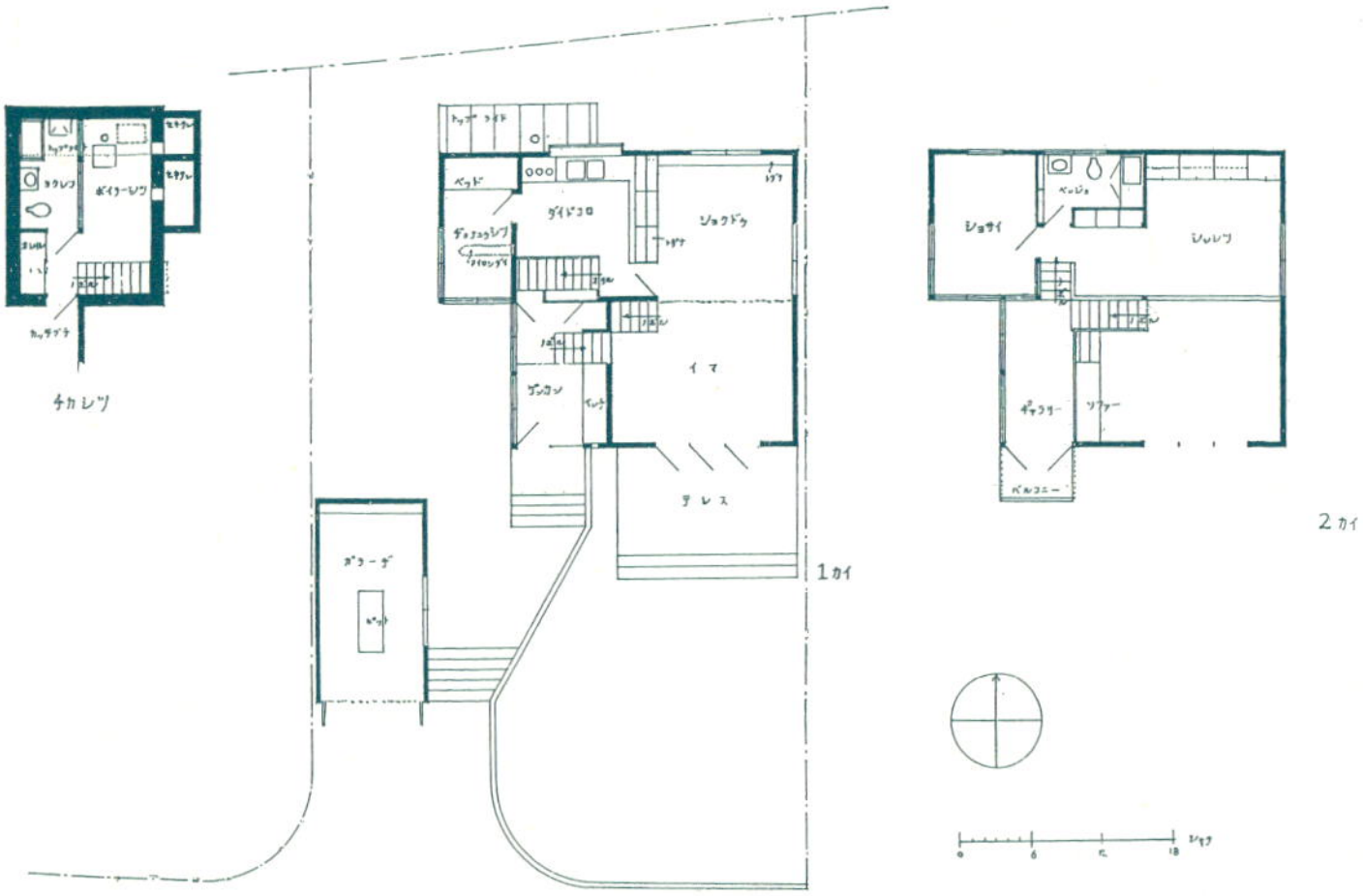

図19—1　土浦邸平面図　1935

「私どもは家族も少ないから、何か立体的な解決で、あまり扉がなくてもプライバシーのあるものをつくろうということから始まったのです。幸いに敷地の高低があったものですから、これを利用して下のほうから入るようにして、玄関に人が訪れてきても、あまり部屋の中までは見えないし、内にいる人間にとっては、居間にすわっていても客の姿は直接見えないが、気配だけはわかるように……。プライバシーの必要なものを一番上にもってきておけばいいという意味でやったわけです。それといまいった立体的な処理でうまくやっていこうということですね。高い天井のリビングルームや、寝室を上にもっていく方法は、昔からあるアトリエ風のやり方ですから、これだけはどこにもあるわけだけれども、それと、いま（ママ）の階段の関係を加えたものですね[2]」

　土浦が1923年4月から9か月間に過ごしたロサンゼルス近郊、西ハリウッドのフランク・ロイド・ライトのスタジオ兼住居は、高い天井の吹き抜け空間をもつア

図20　玄関から階段を見る

2　磯崎新対談「土浦亀城・1930年前後」『都市住宅』1972年12月号、鹿島出版会

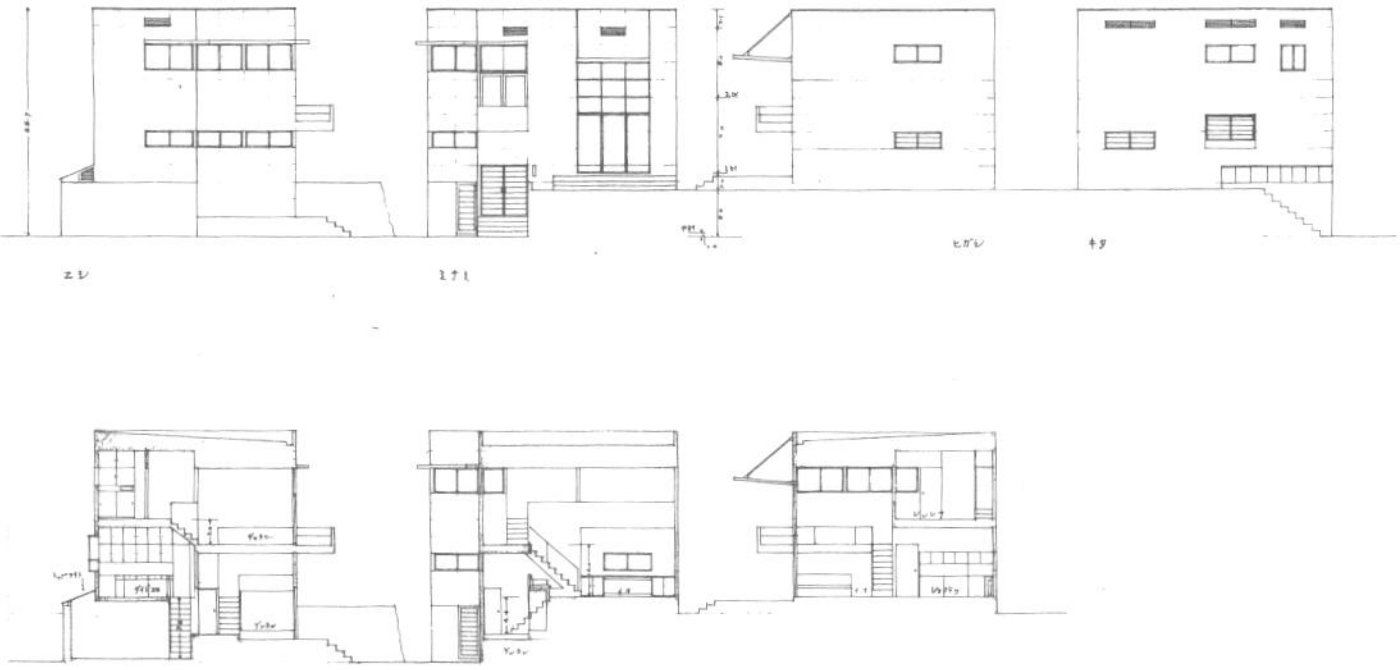

図19―2　土浦邸立面図

トリエ風のつくりだったし、建設現場に通ったライトのミラード邸にも吹き抜けがあった。そして、ウィスコンシン州スプリンググリーンのタリアセンのスタジオも、吹き抜けの一部に中2階があった。土浦が長者丸のこの敷地を見たとき、立体的な空間が思い浮かんだのは、ごく自然なことだっただろう。あるいは学生時代に建設現場で図面を描いた旧帝国ホテルの階段の印象が、意識の底にあったのかもしれない。実際、土浦はこう語っている。

「(旧帝国ホテルで)一番おもしろいのはやっぱり階段なんですよ。レベルがほうぼう違って、半分上がったらこちらの2階で、また半分上がったら、あっちのほうへ行くというのがおもしろく、また複雑な感じを与えたんです。あれには感心しました[3]」

大きなリビングルーム

立体的な空間の中心には、南面に大きな開口部をもったリビングルームがある。このリビングの面積は3間×2間の6坪で、決して

3　註2に同じ

広くはないが、連続する食堂、2階天井までの吹き抜けや、中2階のギャラリーまで含めると、実際よりも大きな空間に感じられる（図21）。

「住宅もずいぶんたくさんつくったけれども、大きなリビングルームをつくるというのが、いつも僕のやっていることなんですよ。大きなリビングルームというのは、共通の場所ですから通路にもなる。だから大きなリビングルームをつくれば通路や廊下なんかひとつもつくらなくても建物ができるわけでね。そういう考えで大きなリビングルームをつくるんですよ」[4]とのちに語っているように、居間をなるべく大きくして、寝室などの個人的な部屋を最小限に抑えるのが、土浦の一貫した手法だった。

玄関との境界に造り付けられたレザー張りのソファは、家具であると同時に部屋の領域を緩やかに区切り、空間を効果的に演出している。また前述したように、当初2階の寝室との境に襖はなく、居間の空間と一体になっていた。壁や天井は明るいグレー、窓枠は濃いグレー、スチールパイプの階段の手すりは黒というように空間全体がモノトーンで統一され、そこにスチールパイプに布張りの椅子やテーブルが置かれた。黄色とグレーの縞模様のカーテンと赤い絨毯をアクセントにしたその空間は、新しい生活空間としてのリビングを鮮烈に印象づけていた。

4 「土浦亀城氏に聞く」『建築家』1984春号、日本建築家協会

図21　ギャラリーから居間、食堂、寝室をみる

まわる動線と勝手口

1階玄関からリビングルームへ、リビングルームからギャラリーへ、ギャラリーから2階の寝室へと上る動線を表の生活空間とすると、1階の台所から地階の勝手口へと下りる階段は、裏の動線＝サービス動線といえる。この階段の途中に、玄関に通じる背丈の低いドアがあるのだが、踊り場はなく、この階段から玄関への動線は、いささか唐突な印象を受ける。しかし、この小さなドアはサービス空間と玄関をつなぐ優れた動線になっているのだ。

このような動線は、ライトの住宅を思わせる。1950年代にライトのタリアセン・ウエストで学び、のちに東京藝術大学教授となった天野太郎は、ライトの住宅を例にとり、「プレーリー住宅などでは、暖炉を中心にして動線がまわる。このように動線がぐるりとまわる家がよい家だ。そして、住宅の出入り口は、2か所なければならない」と、繰り返し語っていた。土浦邸にも、ライトの教えが生きている。

土浦邸のこの階段は、サービス動線ではあるが、住人も浴室に行くときは必ず通らなければならない場所だ。ぐるりとまわる動線は、格式より機能を重視した土浦の考え方を如実に示している。

地下の勝手口の右手に浴室とボイラー室が並ぶ。地下といっても、斜面に建つこの住宅では、玄関へのアプローチの階段を6段上ったところが地下レベルに相当するため、実際は1階にあたり、地下室という言葉から思い浮かぶ薄暗さとは無縁だ。

3 木造乾式構法

明るい光に満ちた斬新な内部空間をもち、外観も陸屋根の箱形であることから、鉄筋コンクリート造と間違われることもある土浦邸だが、実は「木造乾式構法」によって建設されている。それは工場生産された建築部材を使って、安く、早く、効率的に住宅をつくろうとしたもので、プレファブ工法のはしりであった。左官工事など乾燥時間を必要とする現場作業をなるべく減らし、工場で大量生産した規格部材を現場で組み立てることで建設時間を短縮する。ドイツで考案されたこの工法の原形は、1927年のヴァイセンホーフジートルンク展でグロピウスが設計した鉄骨造の「住宅No.17」といわれている。しかし、日本では鉄骨が高価すぎたため、土浦は木造で建てたのだ。

土浦は乾式構法の利点として、「材料の大きさを単位として、設計が自ら統一される」「軽構造であるため、施工上、耐震上有利」「特殊な建築材料を必要に応じて利用できる」「増築・変更が容易」という4点を挙げた。[5] そして、「工場製作を多く、現場作業を少なく」することを目指して、土浦は1931(昭和6)年からの7年間に7軒の木造乾式構法の住宅を設計した。土浦邸は、増築部分を含めるとその最後にあたる。

5 土浦亀城「乾式構造の住宅」『国際建築』1932年3月、美術出版社

2尺×3尺の単位

乾式構法の外壁材には石綿スレートが用いられた。間柱と2寸角の胴縁の上にアスファルトルーフィング、その上に高さ2尺×幅3尺の石綿スレート（7・5㎜厚）を張り、亜鉛鍍金のねじ釘で留めるという方法を用いた。目地の下にあらかじめパテを敷き、スレートを張った後、さらに化粧目地をつけるというやり方にしたのは、金属板で目地を押さえる方法よりも、目地が目立たないからだった。ただし、パテだけでは雨仕舞いが不十分なので、壁の出隅、入隅、開口部の周囲等は鉄板を用いて補強している。仕上げは、ネールクリートというアスベスト系の防水セメントを吹きつけた（図22）。

内部にはフジテックス（トウモロコシや木片などの繊維を圧縮した板材）を使用した。これも2尺×3尺を単位として、それに合わせて窓枠やドアなどの開口部の位置を決めたので、外観およびインテリアのプロポーションに統一感が生まれた。しかし、問題は材料の性能が極端に悪く、専門の職人も育っていないということだった。工場で生産された石綿スレートは非常に粗雑だったため、大工職人が定規をあてて、寸分違わぬように切ったという。[6] 内部のフジテックスも同様だった。

「スレート貼りの工事はスレート屋に貼らせると、坪50銭位でも仕事をするが、手際が悪いから、少し高くついても大工に貼らせる方が宜しいと思ふ」（『新建築』1935年3月号）と、土浦が語ったように、当時は大工仕事のほうが正確だった。1930年代に日本に滞在したブルーノ・タウトも、「（日本の大工職人の）仕事は家具職人に等しい」と日記に書いている。[7]

6 註2に同じ

7 『タウトが撮ったニッポン』武蔵野美術大学出版局、2007年、139頁 タウトの日記（1933年5月27日）に記された大工職人についての感想

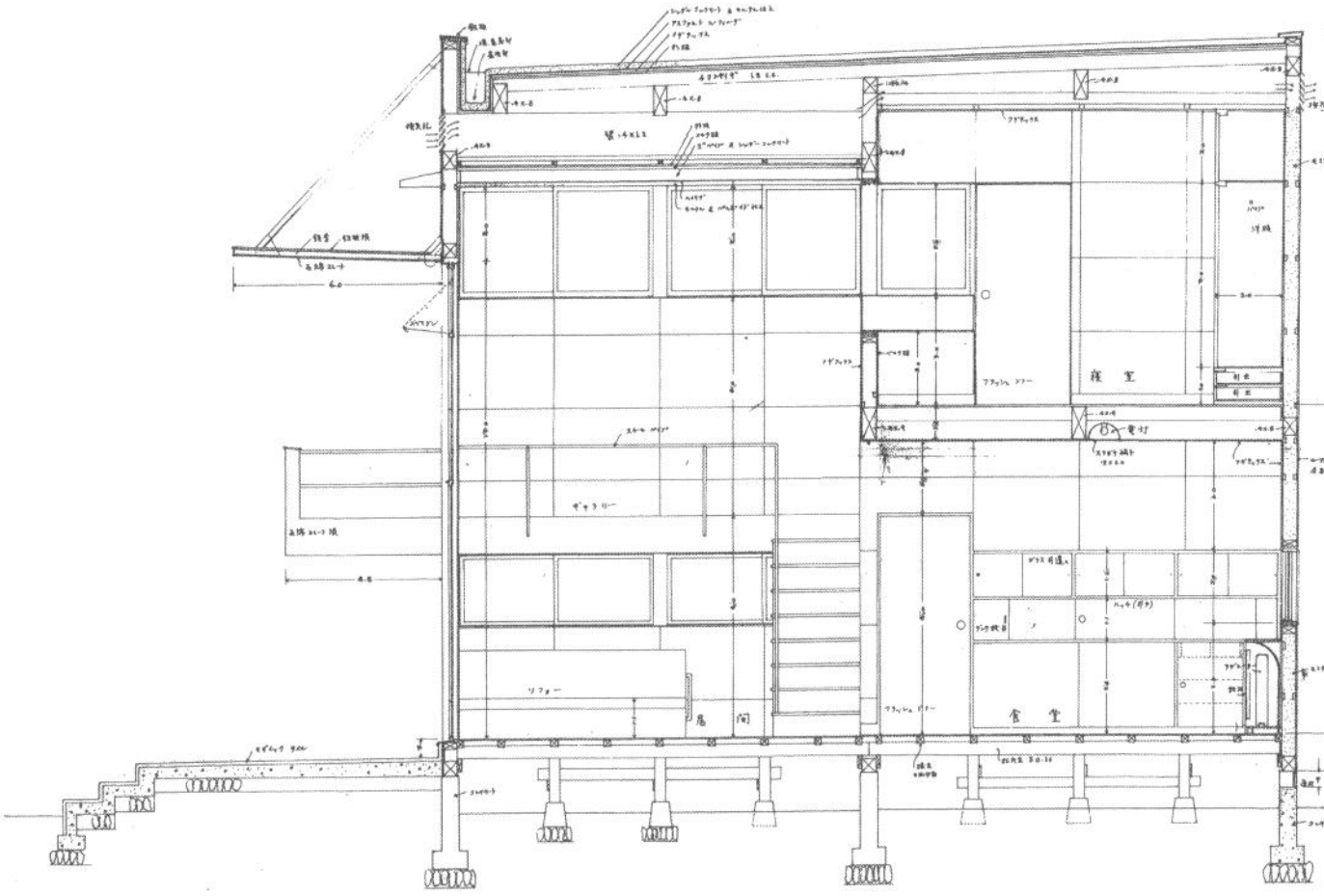

図22　乾式構法詳細スケッチ

雨仕舞いの難しい陸屋根は、断熱材としてフジテックスを張り、その上にアスファルト防水層を敷き、シンダーコンクリートを打ってモルタルで仕上げた。南側に緩い傾斜をつけた屋根面の雨水は、建物の南東の外樋から落としている。また昭和初期はまだ断熱材がなかったため、外壁と内壁の隙間によく乾燥させたもみ殻を充填した。床下の根太の間を板で完全にふさぎ、間柱と間柱の間に上から注ぎ込むと、およそ3立方坪のもみ殻が入ったという。

このように乾式構法といってもまだ工業化には程遠く、実際のところ土浦邸の工事は大工の腕頼みで、腕のよい大工と若い弟子の二人だけで建てたようなものだった。それゆえ今も手仕事の温もりが感じられるのかもしれない。

4 暖かな住まいのシステム

土浦邸の平面計画や工法と同じくらい革新的だったのは、設備である。アメリカの生活で、どんな田舎町の家でもお湯が出ることに感心した土浦は、日本の住宅改善に必要なことの一つは暖房と給湯だと考えた。それを可能にするため、パネルヒーティング方式を採用し、石炭ボイラー（前田ボイラーMM-6型）を地下の浴室の隣に置いて、そこからパイプを配管した。ボイラー室の隣には石炭庫があり、使いやすいようにボイラー室の下のほうに取り出し口がついていた（図23）。外部には石炭を石炭庫に入れるための蓋つきの口が今も残っている。

天井パネルヒーティングと温水暖房

日本の住宅改善を目指した土浦にとって、水洗便所と暖房と給湯設備は不可欠だった。土浦邸では、地下の浴室隣の石炭ボイラーから、リビングの天井にパイプを配管する低圧自然循環温水暖房のパネ

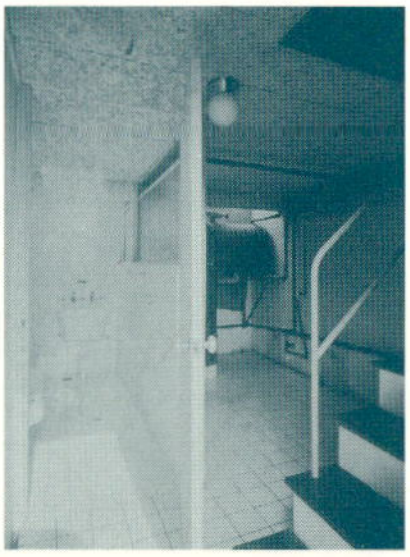

図23 地階浴室とボイラー室

ルヒーティング方式を初めて試みた（図24）。天井の高いリビングルームでは、上部に暖かい空気が上がってしまうことを考慮して、下向きの輻射熱の効果を期待したのである。天井裏に厚さ25㎜のコルク板を張り、その下に直径50㎜のパイプを吊り、パイプの周囲をシンダーコンクリートで充填、下面にモルタルを塗った。モルタルの表面には、亀裂が生じないようキャンバス地を張り、反響を防ぐためにパルポイド塗りで仕上げた。

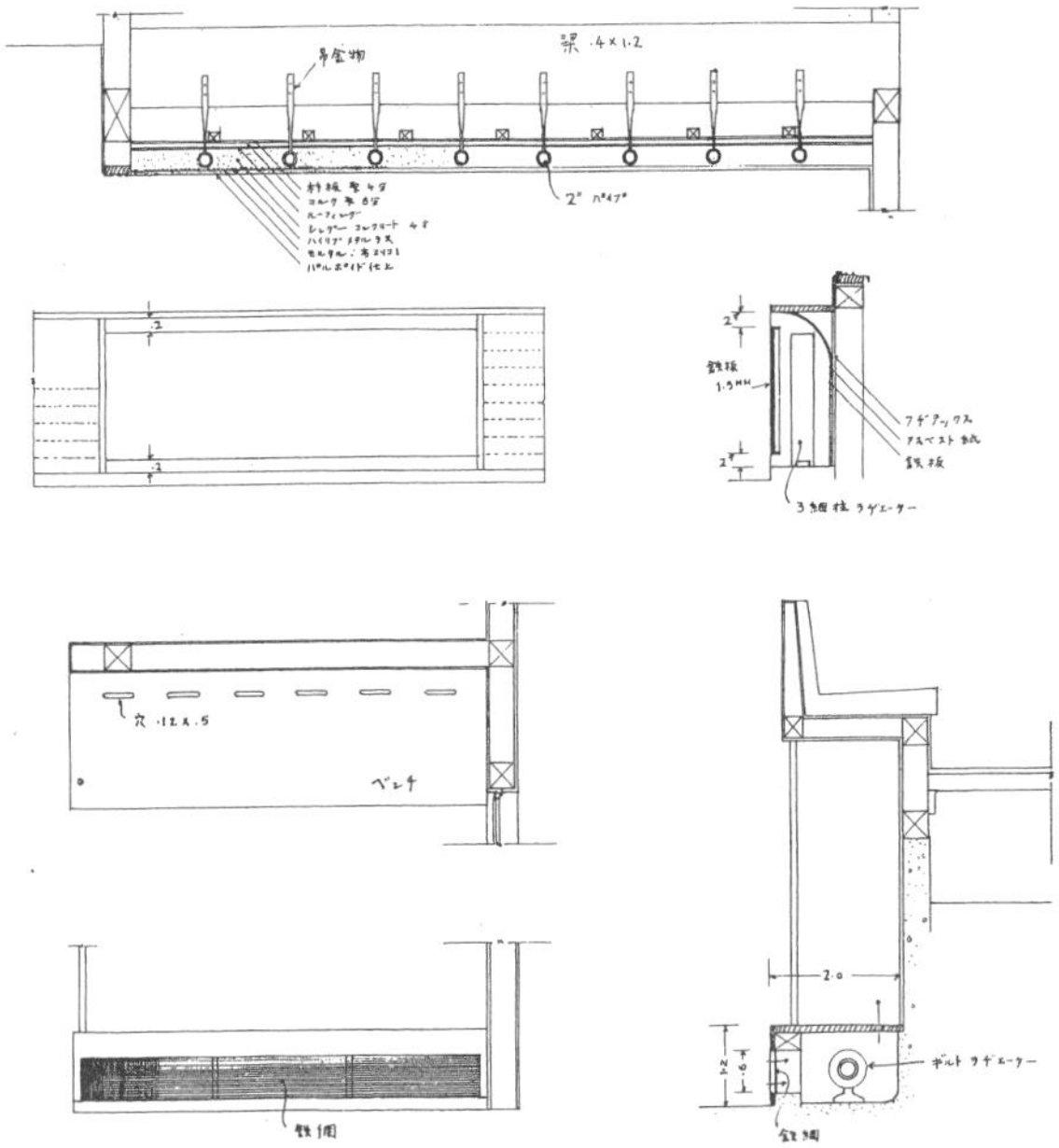

図24　天井パネルヒーティング配管詳細と食堂と玄関のラジエーターボックス

それについて、土浦自身が以下のように解説している。

「居間は天井の高さ15尺もあつて（ママ）、床にラヂエーター（ママ）を置いたのでは対流作用で上部にのみ温かい（ママ）空気がたまつて足元が冷いと言ふ欠点が必ずあると考へたので、二吋（引用者註：インチ）のパイプを天井一面に配管し、下向きの輻射熱によるパネルヒーティングに依て暖房をする事を試みた。（中略）ボイラーの温度は、160F°〜170F°、配管内の温水の温度150F°〜160F°（引用者註：華氏160度は摂氏71度に相当する）之が厚さ4寸のシンダーコンクリートの天井を暖めてゐる事になるが、天井に手を触れてもやや温かいと思う程度にしか暑く（ママ）ない。しかし輻射熱の効果は予想以上に良くて、室内の気温は天井附近と床附近と殆ど差がない。パイプの放熱面積は普通の据付ラヂエーターとしての計算の一割増しにしただけであるが、先ず充分の様である。残念な事には輻射熱を測定する器械のよいものが手元にないので数字で出す事が未だ出来ないが、研究中である」[8]

2階の寝室はリビング天井に近いから暖房を設けず、天井からの輻射熱線の陰になる食堂は、北側の窓下にラジエーターを置いた。玄関が寒くならないよう、造り付けの腰掛けの下にもラジエーターを設置した。その経緯について、

「こういう非常に天井の高い部屋ですから、セントラルヒーティングするにしてもどういう方法をとろうかとちょっと苦労したんですけれども、これもよその家はない（ママ）、自分の家だからいいだろうというわけで、天井にパネルヒーティングを入れたんです。住宅としてはごく初期の試みなんですけれども、いまだにそれを使っています。（中略）そのころはデータが非常に少なかったので、どのくらいの間隔で入れていいんだか、よくわからないんです。（中略）そのころはいろんな説がありまして、床からやると、結局あたたまった空気が上にいっちゃうんだから、上からのほうがいいかなと思って」[9]と語っている。

1930年代は、パネルヒーティングの実験期であり、建築家たちはそれぞれの方法を試していた。

8 土浦亀城「第二の自宅の建築」（『新建築』1935年3月号、新建築社）。工事費用の点では、スチールパイプのみであればラジエーターより安いが、天井裏の防熱やシンダーコンクリートの充填などを付加するため、合計するとやや高くなったと述べている

9 註2に同じ

アルヴァ・アールト設計のフィンランドのパイミオのサナトリウム（1933）にも、食堂の天井にパネルヒーティングが取り付けられている。「結局あたたまった空気が上にいっちゃうんだから、上からのほうがいいかと思って」やってみたのだが、「思ったほどの効果がなかった」ということで、土浦は以後、この暖房方式を使うことはなかった。

システムキッチン

土浦邸の台所には、給湯はもちろん、アメリカ製のガスレンジ、ガスの冷蔵庫、レンジの上にレンジフード（換気扇）が最初から備え付けられていた（図25）。高価な冷蔵庫は、信子の叔母（吉野信次夫人の君代）からの贈り物であった。最新式は、電気やガス機器だけではない。流しのシンクは、独自にデザインしたアルミ製のダブルシンク、流しの両脇のカウンタートップには、全体にアルミ板を張った（図26）。ステンレスは高価なうえに加工が難しいので、比較的加工しやすいアルミを用いたという。ダブルシンクには水がためられるよう排水口に栓をつけ、蛇口は水と湯の混合水栓。現代の台所と変わらない（図27）。流し台の高さは75cmで、当時としては、かなり高い。流し台の正面には、6尺（1・8m）幅のガラス窓があり、その下部は高さ7寸（21cm）のガラス戸が入った戸棚になっていて、手元が明るくなるよう工夫されている。

図25　ガスレンジと換気扇があるキッチン

図26　アルミ張りのカウンタートップと造り付け戸棚

図27　アルミ製ダブルシンク

シンクの右側の戸棚には、4枚の引き出し式のまな板が組み込まれた。アメリカで一般的なパン切り用の引出し式まな板をアレンジして、パン、魚肉類、野菜類とそれぞれ分けて使えるようにしたものだが、日本の気候と調理法には合わず、途中から使わなくなったという。食堂との境の壁に沿って配膳台と造り付けの食器戸棚があり、ハッチを開くと食堂につながる。ハッチの端には回転式の電話台があって、食堂と台所の両方から電話できるようになっている。食器戸棚の中は、コーヒーカップを下げるフックなど、機能的に収納できる工夫がなされた（図28）。隅々まで工夫を凝らした清潔で便利な台所は、システムキッチンのはしりだった。

トップライトのある浴室

地下レベルにある幅5尺×奥行き8尺の浴室は、明るく清潔な空間をめざした土浦の確固とした意思が感じられる空間だ。手前から順にトイレ、洗面シンク、浴槽が並び、トイレと洗面シンクの間の床には、風呂場の水が上がらないよう段差が設けられている。洗面シンクの上にはトレイ、鏡、石鹸入れが使いやすく設置された。浴室の一番奥の天井から注ぐトップライトの光が、白いタイル張りの浴室全体をやわらかく満たしている。この透明感のある空間は、玄関と同じくらい新しい時代を感じさせてくれる（図29）。

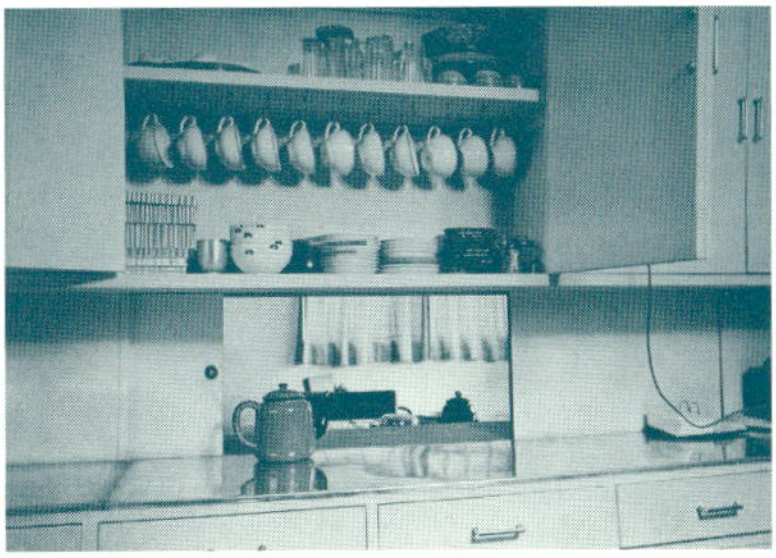

図28　キッチンから食堂をみる

図29　トップライトのある浴室

当初は床から4尺ほどの腰壁だけが白いタイル張りで、その上部はグレーのペイント仕上げだった。おそらく戦後、浴槽の脇にあった洗濯槽を取り外し、天井まで全面タイル貼りに改築したようだ。

浴槽の真上に取りつけられたシャワーや、トイレが浴室の中にあるところは洋風のバスルームだが、肩までお湯につかることができる深さの浴槽や、浴槽の外で体が洗えるように床全体がタイル張りになっているところは和風というように、この浴室はうまく和洋折衷されている。

もう一つのトイレは、2階の寝室と書斎の間にある。この洗面所兼トイレは、写真が趣味だった土浦夫妻の暗室でもあった（図30）。窓の上部に取りつけた木板を下ろすと暗室として使うことができる。

図30 2階洗面所の暗室用戸棚

幅4尺2寸（125cm）の戸棚の中には、混合水栓がついた鉛板張りの流し、写真の引伸機、赤外線ランプ、薬品棚が取り付けられて、戸棚の下には印画紙を入れる引き出しが造り付けられた。ドアの換気用の穴は、光が漏れないよう鉄板を凹凸に組み合わせるという徹底ぶりだ。土浦夫妻が撮影した写真の多くは、この暗室で現像された。

この家ができた頃、水洗トイレは非常に珍しかったので、近所の学校から小学生たちが見学に来たほどだった。

ベッドのある女中室

戦前期、一般的な住宅には女中室があり、それは北側の3畳間の和室と相場が決まっていたが、土浦邸の女中室は南側の板張りの部屋で、幅2尺5寸、長さ6尺のベッドが造り付けになっていた。壁を台所側に、4寸ほど移動させて6尺の長さを確保し、ベッドの高さは1尺5寸、下部は造り付けの引き出しと物入れ、上部は寝具を入れる戸棚である。南と西の大きなガラス窓から日差しがふんだんに入る南部屋は、当時の社会通念からすればとても進歩的な考えに基づいているといえるだろう。また家事の合理化を図るために、アイロン台が壁に収納できるように造り付けられている（図31）。使用人の労働を軽減し、より快適な部屋を提供したという点において、この部屋もまた革新的だ。

台所のさまざまな工夫や寝室の衣類の整理戸棚、この部屋のアイロン台などについて、雑誌等で語ったり、記事を書いたりしたのは妻の信子であった。後述するように、女性建築家の先駆である信子は、『今日の住宅——その健康性と能率化へ』という本の「住宅と主婦の考案」という項目で、自らモデルになった写真を使い、土浦邸のさまざまな工夫を紹介している（図32）。土浦邸は建築として実験的だっただけでなく、家庭の主婦を対象とした新しい生活空間の提案としての役割も果たしていた。

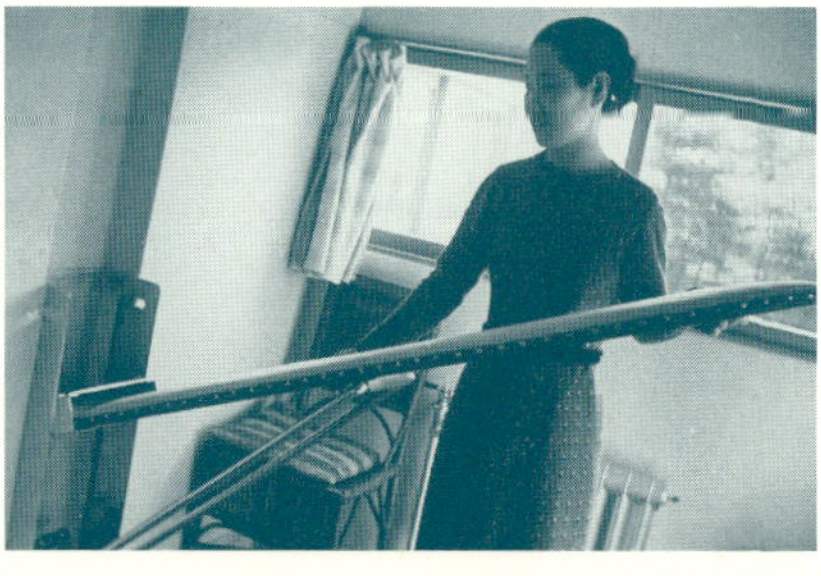
図31　女中室のアイロン台

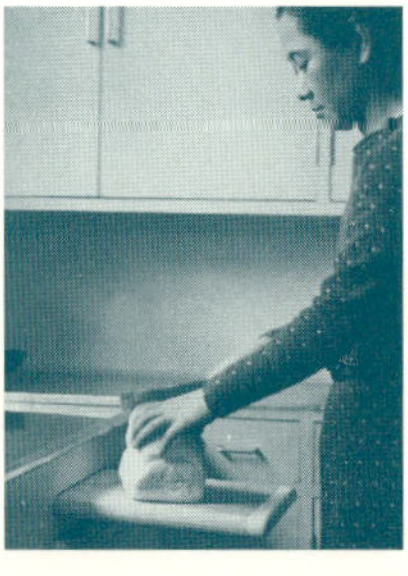
図32　引き出し式まな板

5

中流知識層のモダンライフ

若い知識層の小住宅

このような土浦邸の「新しい生活空間」は、富裕層の大邸宅ではなく、若いサラリーマンの小住宅への提案だった。土浦が初期に設計した住宅の多くは、同年代の友人たちの家であり、1931（昭和6）年にはそれまでに設計した4つの小住宅、吉田邸、伊藤邸、大脇邸、谷井邸の設計手法を雑誌で詳しく説明している。[10] また同年1月の『婦人公論』には、「千五百円の家」という12坪の小住宅を提案した。理論より実践の人だった土浦はあまり論考を残さなかったが、数少ない言説のほとんどは小住宅の設計方法に関するものである。

土浦の父は旅順工科大学などで教鞭をとった英語教師、信子の父は東京帝国大学で政治学を教え、民本主義を唱えた吉野作造で、どちらも学者、教育者として質実だった。土浦自身、二つの自邸を大倉土木に勤める会社員として可能な範囲で建てている。

アメリカから帰国してしばらく借家住まいをしていた土浦は、1931年に五反田の島津公爵邸

10 土浦亀城「四つの小住宅について」『新興芸術研究』第2号、刀江書院

図33　五反田の土浦自邸　1931

（現・清泉女子大学本館）周辺の土地が分譲された際に分割払いで購入し、最初の自邸を建てた（図33、34）。南斜面に建つ乾式構法の家は、1階に広いリビングがあり、2階の寝室と書斎の南側は広い屋上テラスになっていた。当時流行していたダンスができるこの家には、前川國男や谷口吉郎をはじめとする友人たちがよく遊びにきていたという。当時はダンスホールに行くより、自宅でダンスをするほうが上等という雰囲気があり、この五反田の家に住んだ3年間はダンスばかりしていたので、さすがに飽きてしまったという。そのうちに長者丸に新しい自邸を建てることになり、五反田の自邸は友人に売却して建設資金にあてたという。

すいやう会とダンス仲間

1933年10月6日に五反田の自邸で撮影された写真

図34　五反田の自邸の居間

がある（図35）。ダンスパーティだったのだろう、室内なのに全員靴を履いている。スチールパイプ製のテーブルを囲んで談笑しているのは、建築家の市浦健、村田政真、画家の野口彌太郎・菊枝夫妻、写真家の野島康三夫人の稲子、土浦夫妻、そして女性が二名で、撮影者は野島康三だった。ここにはいないが、当時よくダンスをした仲間には、建築家の谷口吉郎夫妻、横河電機の横河時介夫妻、洋画家の長谷川三郎夫妻などもいた。

写真家の野島康三は1932年から33年まで、木村伊兵衛や中山岩太とともに、写真雑誌『光画』を編集・発行しており、この雑誌には土浦亀城をはじめ、高村光太郎、中川呉一、富本憲吉、木村荘八、柳宗悦、田中喜作、武者小路実篤、中川一政、板垣鷹穂《たかお》[11]、谷川徹三などの文化人が関わっていた。野島は麹町区三番町と小石川区竹早町の自邸で「すいやう会」と呼ぶダンスパーティを開催し、そこには写真関係者だけでなく、美術、映画、建築、文学など幅広い分野の文化人が集まったという。例えば1932年11月から35年12月までに撮影された6枚の記念写真には、多彩な顔ぶれが並んでいる[12]（図36）。夫婦での参加が多く、写真の雰囲気は華やかだ。

建築家の土浦夫妻、谷口吉郎・みどり夫妻、市浦健・英子夫妻、村田政真、写真家の中山岩太、木村伊兵衛、伊奈信男、美術評論家の板垣鷹穂、富永惣一[13]・芳子夫妻、福嶋繁太郎・慶子夫妻、画家の梅原龍三郎・艶子夫妻、中川一政・暢子夫妻、野口彌太郎・菊枝夫妻、岸田劉生、陶芸家の富本憲吉、美学者の柳宗悦、役者の千田是也、演劇学者の山田肇、哲学者の谷川徹三・多喜子夫妻、長者丸の自邸の設計を土浦に依頼した竹内昇夫妻、デザイナーの原弘、俳優の岡田桑三などが常連だった。

11 機能美に基づいた芸術全般の評論活動をし、同人誌『新興芸術研究』（1929–30）、『新新興芸術研究』（1931）を発行した

12 光田由里・椎名節『野島康三 作品と資料集』渋谷区立松濤美術館 2009年、112—115頁

13 美術史家、美術評論家。のちに西洋美術館初代館長となった

図35　五反田の自邸でダンス。中央に亀城、右端に信子

図36　1932年11月の「すいやう会」。中列右から4番目に信子、その左上に亀城（渋谷区立松濤美術館所蔵『野島康三　作品と資料集』）

野口彌太郎が1933年3月に欧州から帰国しているように、これらの若く進歩的な文化人たちの多くは留学などを経験した国際派だった。信子は、野島の写真のモデルをしたこともあり、1933年7月に銀座の紀伊國屋画廊で開催された「野島康三作　写真女の顔・20点」のなかには、信子の肖像が数点含まれている(図37)。それらはモダンなファッションを身につけた女性というよりも、内面的な強さをもった近代の女性として表現されている。なお、中川一政夫人の暢子は、土浦信子の女学校時代の同級生で、生涯の友人であったし、富永惣一夫人の芳子も親友だった。「すいやう会」は、1935年以降も断続的に続いたようだが、戦時になって消滅した。

野島康三との交流は、土浦に重要な契機をもたらした。1934年、土浦は野島康三の新しい写真館とアパートの設計を依頼される。土浦が個人で受けたそれまでで一番大きな仕事だった。これを機に土浦は大倉土木を辞して、土浦亀城建築事務所を設立することになる。

写真は土浦の趣味の一つでもあった。1920年代は乾板式、30年代は35ミリフィルムのライカで主に建物を撮影しており、アメリカや中国での写真が多数残されている。

一方、信子は野口菊枝、富永芳子らとともに、1937(昭和12)年に野島康三が指導する日本初の女性の写真団体、レディス・カメラ・クラブの発足メンバーとなった。1937年から1939年という短い活動であったが、写真の基本を学び、夫とともに出かけた旧満州の承徳(現・中国河北省)、北京、大同などで、たくさんの写真を撮っている(図38)。

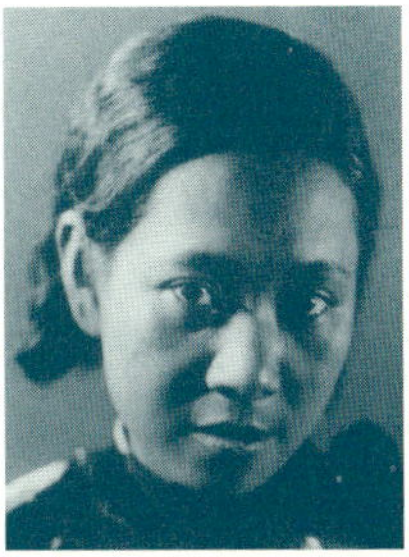

図37　野島康三撮影による信子

図38　レディス・カメラ・クラブ　1937

モダンボーイの暮らし

モダンボーイだった土浦は、ダンス、写真、車、クラシック音楽、そしてさまざまなスポーツを楽しんだ（図39）。旧制第一高等学校時代に漕艇部に属したスポーツマンとして、水泳、スキー、スケートなどを楽しんだが、特に熱中したのがゴルフだった。東京近郊にゴルフ場ができ始めたのは、1920年代である。土浦は、1930年代に横浜の程ヶ谷カントリー倶楽部と、大和市の相模カンツリー倶楽部の会員になっている。土浦が1936（昭和11）年に設計した木造2階建ての赤星邸（4章の図44、45）は、プロゴルファー、ゴルフ場設計者として日本のゴルフ界の草分け的存在の赤星家の住宅だと思われるが、施主の名も場所も判明していない。同じ頃、東京ゴルフ倶楽部のクラブハウスの設計者、アントニン・レーモンドは、赤星鉄馬邸（1934、東京・吉祥寺）、赤星喜介邸（1932、東京・高輪）、赤星四郎別荘（1931、神奈川・藤沢）、赤星六郎邸（1934、神奈川・二宮）と、赤星家の住宅を設計している。レーモンドを介して土浦と赤星家が知り合ったのかもしれない。

1923年に渡米し、フランク・ロイド・ライトの事務所があったロサンゼルスで運転免許を取得した土浦は、1925年の年末に、スチュードベイカーという乗用車で、40日かけてアメリカ大陸を横断した。日本人として非常に早い時期に車に親しんだ土浦は、車の運転も趣味の一つだった。1935年に長者丸の自邸にガレージをつくってからは、京橋の事務所への往復にも自家用車を運転し、週末は必ずゴルフ場などにドライブした。戦前はベンツのオープンカー、戦後はキャデラックやフォードのゼファーに乗っていたという。モダンボーイは自分のためばかりでなく、妻や友人の送り迎えもいとわなかった。その運転歴は92歳まで、実に66年間にわたった。

長者丸に移ってからの土浦の生活は、二重鍋でつくるオートミール、卵、ヨーグルトと果物の朝食で始まり、8時半に車で事務所に出勤、昼食は銀座6丁目の交詢社でとり、6時に帰宅、オーブンで焼いた肉料理など洋食中心の夕食をとるという規則正しいものだったという。食後は好きなクラシック音楽を楽しんだ。長者丸の自邸に移った頃は、すでにダンス熱は冷めつつあったが、坂倉準三夫人の百合と一緒に来た文化学院の学生たちが2階のギャラリーで演奏することもあったという。戦後は、FMラジオから流れるオーケストラの演奏を録音して折々に楽しんでおり、そのオープンリールのテープが、今も土浦邸の棚にたくさん並んでいる。

ブルーノ・タウトがデザインした工芸品を扱う店、銀座ミラテスの常連でもあったモダンな生活用品、週末のゴルフ、夏休みを過ごす軽井沢。モダンライフには、余暇を楽しむ社交の場と時間が必須だった。土浦邸の空間には、そのようなゆとりのある生活が反映されている。

図39　スケートをする土浦夫妻　1930年代

6 二度の改築と現在

土浦邸が竣工してから3年後の1938（昭和12）年に、西側部分が増築された。それゆえ、土浦邸の平面は1935年と1938年、さらに1970年代に敷地の西側を売却して増築部の半分ほどを取り壊した現在の状態という3種類が存在する。土浦によれば、乾式構法の利点の一つは増改築が簡単なことであり、信子の言葉によれば「羊羹を切るように」改築したのだった。

1938年の増築

1928（昭和3）年に土浦の父が亡くなってから、土浦の弟たちと杉並・阿佐ヶ谷で暮らしていた母が、長者丸の土浦邸に住むことになり、1938年に西側部分が増築された（図40）。最もよく知られている平面図は、1935年に『国際建築』や『新建築』に掲載されたもので、正方形を基本とする。まだ土浦亀城建築事務所が開設する前に作成された設計図面には、ただ1934年とだけ書かれており、

図40　1938年の増築部

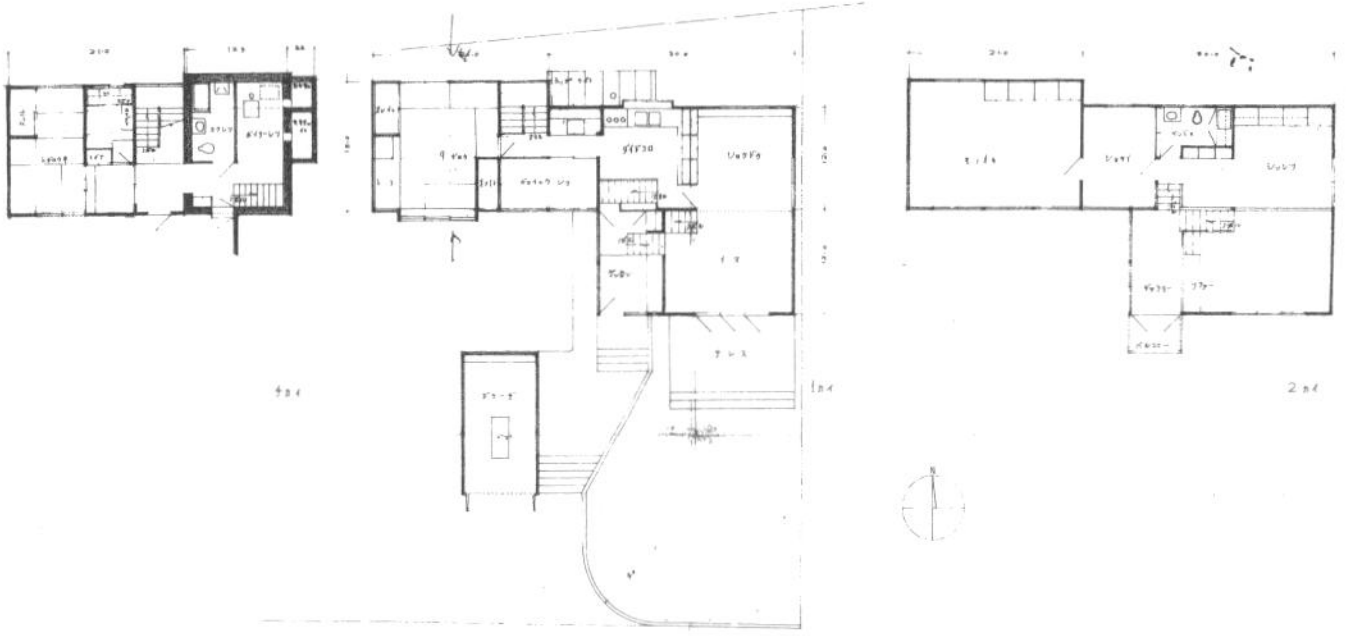

図41　1938年の平面図。矢印は現在の壁の位置

作品番号は記載されていない。それに対して、1938年の増築の図面は、「3805」という事務所の作品番号がついており、1938年の5番目の計画だったことがわかる。

増築の設計は遅くとも1938年の3月に始まり、オリジナル部分と増築部分が、2世帯の住宅として機能するよう計画された。西側に増築された3階建ての地階（実際は1階に相当）には、増築部専用の玄関と6畳半の和室と小さな台所と階段、1階には、床の間がついた9畳の和室と洗面所、2階には、「モノオキ」と呼ぶアトリエのように広い部屋がつくられた（図41）。

1階の女中室を分断するように廊下が通るため、この部屋は東西に長い部屋となり、廊下の北側には洗面台がつくられた。そして、女中室の造り付けのベッドはなくなり、畳が敷かれた。2階の「モノオキ」には、戸棚や本棚が造り付けられ、書斎、もしくは多目的な予備室となった。増築部の階段は1階までなので、母の生活空間は地階と1階部分に限られ、浴室は共用だった。

オリジナル部分では、寝室に扉がつき、カーテンしかなかった吹き抜けとの境界に襖が入って、プライバシーが確保された。

工法的な合理性を重視した土浦にとって、簡単に増改築できることは重要なポイントの一つだった。

昭和から平成へ

第二次世界大戦末期、土浦夫妻は神奈川・鵠沼に疎開した。その間、土浦邸は事務所として使われ、郡菊夫などの所員たちが寝泊まりしていた。終戦直後は、住む家のなかった所員や関係者が、戦災に遭わずにもちこたえたこの家に住み、庭を畑にして野菜をつくった。戦後間もなく、夫妻はここに戻ったが、洋風住宅ゆえ進駐軍に接収されそうになったところを、土壇場で信子が直談判し、書類の一番下にしてもらったおかげで接収を免れることができた。

1954(昭和29)年頃、戦時中に傷んだ土台や壁、屋根を全体的に修理した。傷んだ部材を取り換え、もみ殻を抜き、外壁を石綿スレートから縦羽目板張りに、屋根はアルファルトルーフィングから亜鉛鉄板に替えた。当時の所員、牧野良一は改修工事のとき「壁の下から流れ出たもみ殻の中から、ネズミの死骸が出てきた」ことを聞いている。竪羽目板張りの外壁は、1971(昭和46)年頃まで自然な木肌が見えるラッカー仕上げだった(図42)。

1971(昭和46)年頃、2度目の大改築が行われた。敷地の西側を売却することになり、建物の西側の端から1間半の部分を取り壊した。この状態が、現在の土浦邸である。2階の「モノオキ」は、信

図42 板目が見えた1960年代

子のアトリエとなり、1階と地階の和室は予備室として現在に至っている。現在の土浦邸を特徴づける室内の色彩——階段のライトブルー、台所の戸棚や流し台のイエローなどは、この頃塗り替えられたものだ（図43）。

土浦夫妻はこの家で秘書とともに暮らし、どちらも98歳と長寿をまっとうした。90代になっても足腰が弱らなかったのは、スキップフロアの効用かもしれない。合理的で健康的な生活空間をめざした土浦邸は「健康住宅」でもあるのだ。昭和から平成まで、戦争、復興、高度成長、バブルと激動する時代を生き抜いた土浦邸は、土浦夫妻亡き後、長年生活をともにされた継承者によって維持されている。

土浦邸が重要なのは、数少ない戦前期の木造モダニズム住宅だからというだけではない。この住宅は、現在の一般住宅に必要とされるほとんどの機能——リビングルームを中心とした平面、給湯・暖房などの設備、工業化された建築部材、システムキッチンなどをすでに備えた現在の私たちの住宅の「原形」として位置づけられる。

土浦が昭和初期に提案した「新しい生活空間」は、そのまま現在までつながっている。現代住宅の原形は、戦後の復興のなかで生まれた最小限住宅、あるいは公団住宅の基準平面にあるのではなく、実は自由な気風と国際性を有した昭和初期につくられたのだ。夫婦中心のすまいという考え方も含めて、戦前と戦後は途切れていないことを土浦邸は教えてくれる。

図43　岡田謙三の絵があった居間。1970年代

II

ライトとの出会いとアメリカ

1　帝国大学と帝国ホテル

第1章で述べたように、1935年に竣工した土浦自邸は、優れた日本のモダニズムの住宅である。この住宅を設計した頃、土浦は東京に建築事務所を開設し、新進建築家として時代をリードする作品をつくり出していた。そこに至るまでに土浦はどのような道を歩んできたのだろうか。

父、市松と横山大観

土浦亀城は1897（明治30）年6月29日、旧水戸藩士の家系であった父、土浦市松（1865–1928）と、母の光枝（1876–1951）の長男として、茨城県水戸に生まれた。父の市松は、酒井喜雄（1833–1914）の次男で、その祖先は酒井市之允家という水戸藩士であった。酒井家には地図の製作に関わった人物が多く、新しい測量技術の知識があった。祖父の酒井喜雄は、水戸弘道館で漢学や皇学を学んだのちに、1874（明治7）年に東京で地図製図技術を教える私塾「時習義塾」を開き、1881（明治14）年には「時習学舎」として舎長を務めた。[1] 亀城の名づけ親で、歌人でもある祖父は、幼い亀城を連れて歌会に行くこともあった。そのようなとき亀城はいつも大人しく正座して待っていたので、祖父にほめられたという。亀城を長子とする兄弟は、次男・稲城、三男・舟城、四男・日露城と四人の姉妹と合わせて8人だった。

祖父の弟の酒井捨彦（1847–1907）も官吏をしながら地図製作に携わった人物で、その長男が日本画家、横山秀麿（のちに大観、1868–1958）である。市松と大観はいとこ同士であった。二人がどちらも酒井姓でないのは、当時の徴兵制度に理由がある。養子は徴兵に該当しないということから、酒井市松は土浦家の養子に、酒井秀麿は横山家の養子になったのだった。年の近い二人は、どちらも東京帝国大学予備門を受験したが、合格したのは市松だけだった。そこで横山秀麿は私立東京英語学校に入って卒業し、1889（明治22）年に開校したばかりの東京美術学校に入学、のちに日本画家、横山大観として大成することになる。

東京帝国大学を卒業した土浦市松は、茨城県の水戸中学校の英語教師になった。1891（明治24）年には、日本に入ってきたばかりのベースボールをするために創設された野球部の初代部長となり、日本の野球史に名を残している。[2] 1898（明治31）年に大阪高等工業学校、1909（明治42）年頃、旅順工科学堂（のちの旅順工科大学）の英語教師として旅順（現・中国遼寧省大連市）赴任した。亀城は、旅順の中学校がまだ開校していなかったため、長崎県五島列島の親戚宅に半年ほど一人で預けられた。家族と離れて暮らしたこの半年は、よほど寂しかったようで、父が東京の丸善で購入したスケート靴を手に、

1 長尾政憲『横山大観と近親の人々』鉦鼓洞、1984年

2 神門兼之『球聖飛田穂州伝』柘植書房新社、2004年、20頁

五島列島まで迎えに来てくれたときは、本当にうれしかったと語っている。

ロシアの建築様式が多く、西欧的な都市景観をもつ旅順は、土浦の国際的な視野の基礎をつくった。英語教師である父が外国人宣教師と親しかったため、亀城は幼い頃より欧米の文化に慣れ親しんで育った。母は宣教師からクッキーの焼き方を習って子どもたちに食べさせ、ミシンも使っていたという。

母、旧姓大島光枝は、旧紀州藩の士族で槍の指南役を務めた家に生まれ、市松と結婚して四男四女を育てた。1938（昭和13）年からは土浦亀城邸に住み、1951（昭和26）年に73歳で亡くなるまで長男亀城と二世帯で暮らした。今も土浦邸に残る手作りの小さな木製の引き出しや、細かな針目の銘仙の布団、かすりの着物などから、何事にも丁寧で手先の器用な明治の女性の姿が想像される。亀城自身の凛として潔癖な雰囲気は、水戸と紀州の士族の出である両親から受け継いだものだ。

1916（大正5）年に旅順中学校を首席で卒業後、旧制第一高等学校を経て、1919（大正8）年9月に東京帝国大学建築学科に入学した。中学校の同期47名の卒業生のなかで、一高を含む官公立高等学校に進学した者は3名、官公立の専門学校が12名、私立専門学校が18名であった。[3] 亀城が建築学科を選んだ動機は、一高時代に美術が好きだったことと、親しくしていた浦和の親戚に建築家がいて、漠然と興味をもったからだという。

3 『旅順中学校』大正10年8月15日発行

旧帝国ホテルの現場で受けた衝撃

大学時代、東京帝国大学学生基督教青年会（ＹＭＣＡ）の学生寮に住んでいた亀城は、そこを訪れた建築学科の先輩、遠藤新[4]（1889–1951）と知り合い、フランク・ロイド・ライト[5]が設計した旧帝国ホテル（以下、帝国ホテル）の工事現場に誘われた。遠藤は、1911（明治44）年に東京帝国大学建築学科に入学、卒業後の1917（大正6）年から1918年までアメリカのウィスコンシン州タリアセンのライトの事務所で、帝国ホテル新館の設計スタッフとして働いた。そして帝国ホテルが着工する前に日本に戻り、現場でチーフアシスタントを務めていた。

若い頃からシカゴ周辺で革新的な住宅を多数設計し、著名な建築家となっていたライトは、1910年にヨーロッパで出版した作品集によって、世界的な名声を得ていた。そのライトに帝国ホテルの設計を依頼したのは、同ホテルの支配人、林愛作である。彼は1916年3月にタリアセンを訪問、同年12月にライトは来日して、本格的に設計に入った。ホテルの起工式は、1919（大正8）年9月、ちょうど土浦が大学に入学した頃である。

大学3年になる夏、土浦は遠藤の紹介によって帝国ホテルの工事現場を訪れた。広い作業場で、何十人もの石工職人が大谷石をのみで刻んでいる壮観な光景や、現場を駆け回って指図するライトの建築家としての仕事ぶりに「脳天を殴られたような衝撃[6]」を受けた土浦は、すぐにその現場で働くことを希望した。そしてこの帝国ホテルの現場で働きながら、卒業設計をまとめることになった（図1）。

4 遠藤新 1889年福島県相馬生まれ。1922年に遠藤新建築創作所を設立し、ライトに影響を受けた作品を多数残した。代表作にライトと共同設計の自由学園、旧甲子園ホテルなどがある

5 Frank Lloyd Wright（1867–1959）アメリカ・ウィスコンシン州に生まれ。アドラー・アンド・サリヴァン事務所を経て、シカゴで独立、住宅を中心に多数の建築を残した20世紀建築界の巨匠。自然との調和を謳う「有機的建築」を提唱する。代表作に旧帝国ホテル、落水荘、ジョンソン・ワックス・ビル、グッゲンハイム美術館などがある

6 「土浦亀城 ライトとの邂逅」『建築——私との出会い II』彰国社、1989年

図1　工事中の旧帝国ホテルで関係者と土浦（右から3人目）

当時の東京帝国大学建築学科には、計画の塚本靖、歴史の伊藤忠太、関野貞、構造の佐野利器、内田祥三などの名だたる教授陣が名を連ねていたが、19世紀の西洋の様式建築や京都御所など歴史的な建築が教材となることに土浦は多少不満を感じていた。[7] 岸田日出刀、蒲原重雄などの同級生たちもドイツの建築雑誌などから新しい動向を吸収しており、2年上の堀口捨己、石元喜久治たちは、すでに分離派建築会を立ち上げていた。土浦は堀口の卒業制作の手伝いを通して、ヨーロッパからの新しい建築の動向に刺激を受けていた。

「大学時代は偉い先生ばかりで、あまり学生と心を通じ合って話し合うという先生はいなかったんです。本当にみんな年取ってますしね。だから学科としていろいろ学ぶだけで、建築そのものの息づかいっていうものはあまりわからなかった」[8]と、土浦はのちに語っている。そのような土浦にとって、ライトとの出会いは、建築そのものに目覚める契機となった。

7　「土浦亀城氏に聞く」『建築家』1984春号、日本建築家協会

8　「F・L・ライトに建築家の理想を見た」『太陽』、平凡社、1988年12月

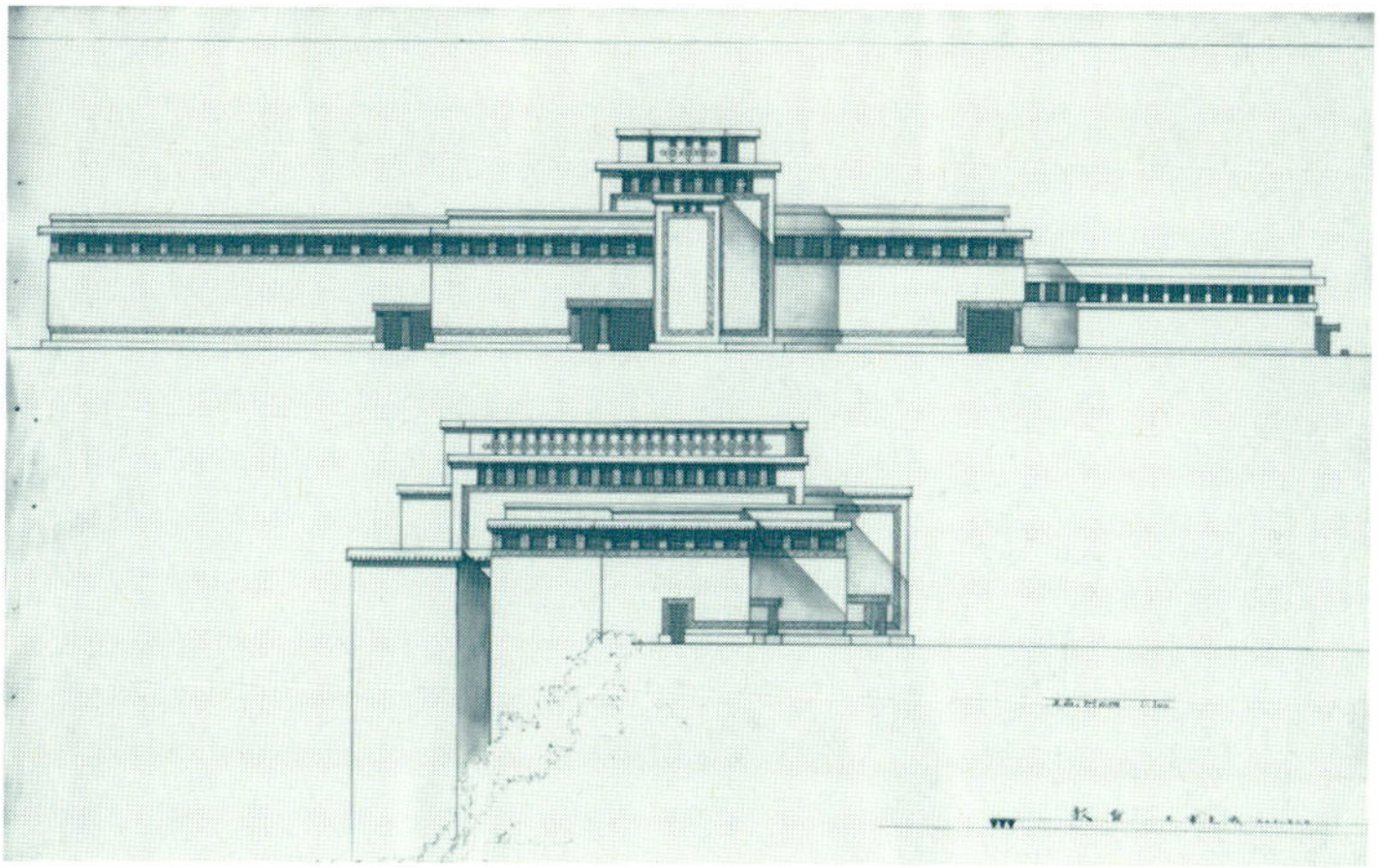

図2　土浦亀城　東京帝国大学卒業作品「教会」1922

「帝国ホテルでは、柱でも暖炉でも大谷石にみんな彫刻を施すんです。図面ではごく略図が描いてあるだけでして、実際建てるときにまた詳しい図面を描かなきゃ石屋さんは彫れないわけです。それをみんな現場で描いちゃう。みんなライト自身が描いて渡すんです。その仕事ぶりが実に達者なんですよ。われわれはただそれを引き写したり、引き伸ばしたりする仕事をするだけで設計はひとつもしないですから」[9] そのような土浦のライトに対する傾倒ぶりは、現場で準備したという土浦の卒業作品「教会」に強く表れている（図2）。

1922（大正11）年7月、帝国ホテルの中央食堂部分と北翼部が完成すると、ライトはなかば解雇されるように、アメリカに戻ることになった。大谷石の装飾、スクラッチタイルの製造などに予想以上の手間をかけ、その天才肌の仕事ぶりで予算と工期を大幅に超えていたライトを、林愛作支配人、大倉喜八郎取締役会長とその後を継いだ大倉喜七郎取締役会長は擁護し続けたが、それも及ばぬほど、資

9　註8に同じ

金不足は深刻になっていた。[10] 残りの部分の設計図は完成していたので、ライトがいなくても大丈夫ということで、遠藤新はじめ残された日本のスタッフが全体を完成させた。

ライトからの電報

ライトが日本を発つ前に、土浦はライトのもとで働きたいという希望を伝えた。「必要なときに呼んだら来るか」というライトの問いに、土浦は「行きます」と答えた。

当時、東京帝国大学建築学科の学生は20名で、同級生にはのちに東大教授となる岸田日出刀がいた。同級生が建設省、鉄道省、建設会社などに就職が決まるなか、名簿の土浦の名前にだけ赤い丸がついていたという。その赤い丸は、教授が学生の就職先を探す必要がないという意味だった。[11] 土浦がライトのもとで働きたいという意思は、学生時代にすでに定まっていた。

翌1923年の春が訪れる頃、ライトからすぐに来るようにという電報が届いた。その頃土浦は、すでに東京帝国大学法学部教授、吉野作造[12]の長女、信子（本名は信）と結婚していたが、二人で来てよいという返事を得ると、すぐにアメリカに向かうことになった（図3）。

土浦が信子と知り合うきっかけにも、遠藤新が関わっている。遠藤は、土浦が入寮していた東京帝国大学学生基督教青年会（YMCA）の先輩であり、吉野作造はその理事であった。この頃、牧師の海老

10 『帝国ホテル100年の歩み』帝国ホテル、1990年、22－31頁

11 註8に同じ

12 吉野作造（1878－1933） 思想家、政治学者。宮城県古川町（現・大崎市）に生まれる。1904年東京帝国大学法科大学政治学科卒業、1909年同法科大学助教授、1914年教授となる。民本主義を唱えた大正デモクラシーの理論的指導者であり、中国革命史研究と明治文化研究にも業績を残した

名弾正[13]から洗礼を受けた土浦は、他の学生たちと一緒に、吉野の自宅で行われる「金曜会」という勉強会に参加していた。また１９２０年に吉野邸の書斎の増築を手がけた遠藤新と一緒に吉野邸を訪れることもあった。吉野はキリスト教の精神に基づく社会活動として、賛育会病院や家庭購買組合を設立し、文化生活研究会などを通して啓蒙活動を行っていた。

１９２２（大正11）年頃、吉野は静岡県の三島に近い畑毛《はたけ》温泉の学士村に建てる別荘の設計を土浦に依頼した。当時、吉野は他の学者たちとともに、新しい村づくりを構想していたのである。吉野は最初、遠藤新に設計を依頼するつもりだったが、まじめな人柄を見込んだのだろうか、若い土浦を選んだのだった。

この別荘を設計するにあたり、敷地を案内したのが吉野作造の長女の信子だった。土浦の最初の作品となったこの「吉野別荘」は、切妻屋根の木造住宅で、ライトの影響を色濃く受けていた。土浦はこの別荘について、「ヨーロッパ、特にドイツから入ったばかりの新しい気風に少しライトの影響が加わったデザイン」と語っていた[14]（図4）。

吉野別荘をきっかけに意気投合した二人は、１９２２年４月19日に結婚した（吉野作造の日記には入籍が1921年9月と書かれており、真偽は定かではない）。信子は、女子高等師範学校付属高等女学校を１９１９（大正8）年に卒業した後、アテネ・フランセでフランス語を学んでいた。１９１０（明治43）年から３年間のヨーロッパ留学を経験した吉野作造は、外国語を習得することを信子に勧め、信子もまた職業をもちたいと考えていた。亀城から手渡されたバニスター・フレッチャーの『建築史』などを読んで影響

図3 結婚した頃の亀城と信子 1922

13 海老名弾正（1956–1937）思想家、キリスト教伝道者。熊本洋学校と同志社神学校で学び、1879年に安中教会の牧師となる。1886年に本郷教会を創立した

14 1989年の筆者による聞き取りによる。以後、脚注のない引用は筆者聞き取りとする

図4　吉野作造別荘　伊豆畑毛温泉　1922

を受けた信子は、しだいに建築家を目指すようになった。
二人は吉野邸で牧師による内輪の結婚式を行い、東京ステーションホテルで会食した。結婚に先立って信子の父、吉野作造は、遠藤新を介して既知のライトに直接「土浦亀城はどうでしょうか?」と聞いたという。ライトは「私のところで勉強すれば、よい建築家になる」と堂々と答えたそうだ。
ライトから電報を受け取って間もない1923(大正12)年4月5日、土浦亀城は、信子とともに横浜港から「これや丸」でサンフランシスコに出発した。横浜からホノルルまで9日、ホノルルのホテルに2泊滞在し、さらにサンフランシスコまで6日という長旅だった。サンフランシスコでは、日系人が営む小さなホテル「インペリアル・ホテル」に宿泊した。二人はケーブルカーに乗ったり、バークレーのカリフォルニア大学を見に行ったりして、初めて見るアメリカの大きさに圧倒されつつも新しい体験を楽しみ、4月24日の夜、夜行列車でロサンゼルスに向かった。

2 1923年、ロサンゼルス

ハーパー通りのアトリエ

アメリカのライトのもとで学ぶといえば、タリアセンの建築学校が連想されるかもしれない。しかし、ライトがタリアセン・フェローシップと呼ぶ学校をウィスコンシン州で始めたのは1932年、アリゾナ州のタリアセン・ウエストの建設は1937年からであった。1923年当時、ライトの事務所がロサンゼルス郊外、西ハリウッドにあったことはあまり知られていない。旧帝国ホテルの建設のためにアメリカを留守にしていたライトは、ウィスコンシン州の自邸兼アトリエであるタリアセンに戻ってからほとんど仕事がなく、新興地である南カリフォルニアに可能性を求めていた。

南カリフォルニアの建築家、アーヴィン・ギル[15]の事務所に勤めたことをきっかけとして、ここにとどまっていた長男のロイド・ライト[16]とともに、フランク・ロイド・ライトは1923年初頭から、西ハリウッドのハーパー通り1284番地の2階建て住宅をアトリエ兼所員用住居として借りていた。土浦が滞在したときの事務所の所員は、帝国ホテル建設時に滞日していたウィリアム・スミス[17]と、ロイド・ラ

15 Irving Gill（1870–1936）建築家。アメリカの近代建築の先駆的な存在。南カリフォルニアを中心にコンクリート造の建築を多数設計した。代表作にラホヤ・ウィメンズ・クラブ（1912）、ドッジ邸（1916）、ホレーショ・ウェスト・コート（1919）など

16 Lloyd Wright（1890–1978）ライトの長男で南カリフォルニアを中心に活動した建築家

17 William Smith（カナダ・オタワ出身。生没年不詳）1916年から1926年までライトのアシスタントを務めた建築家。旧帝国ホテルの現場での肩書は電気技師であった

図5　ライトのスタジオでの食事風景。右にウィリアム・スミス 1923

イトの二人だったが、ロイド・ライトが間もなく退所したため、スミスと土浦の二人がすべての仕事をこなすこととなった。

その住宅兼アトリエには、1階にスタジオとして使う天井の高い居間と厨房があり、2階に二つの寝室と共用の浴室があった。食堂はなく、スタジオの片隅の暖炉の前に食卓が置かれていた。アトリエ風の居間の天井が高い以外は、ごく普通の1920年代の典型的な居間中心型の住宅である。ライトはこの住宅を「スタジオ」と呼んでいた。2階にはライトの仕事部屋があったが、ライトはそこに住んでおらず、別の家を借りていた（図5、6）。

当時ライトの事務所では、バーンズドール邸とその周辺のスタジオ・レジデンスAおよびB、そしてミラード邸、ストーラー邸、フリーマン邸、エニス邸という4軒のコンクリートブロックの住宅の設計と現場監理が行われていた。土浦が到着した頃、ミ

図6　ライトのスタジオの土浦とウィリアム・スミス

ラード邸はすでに建設中（図7）で、他の3軒は着工していなかった。3軒の住宅については、ライトのスケッチをもとに、ウィリアム・スミスと土浦が図面を描いた。現場はウィリアム・スミスが担当したので、土浦は図面に専念していた。

他に計画案として、ビバリーヒルズの大規模住宅地開発ドヘニー・ランチ計画案、レイク・タホ・ボートハウスを含む別荘地計画レイク・タホ・サマー・コロニー計画案（図8）、バーンズドール邸敷地内のコミュニティプレイハウス、リトル・ディッパー計画案、デスバレー・ランチ計画案などがあった。土浦は、これらの図面やパースも描いていた。ライトが事務所に来ると、新しいスケッチを渡す。それを土浦が図面に起こすという作業だった。

土浦はのちに、「僕によこす前のスケッチは、ライトがするでしょう。これはうまいものですよ。寸法は入ってないですけど、スミスがいるからあまり

図7　着工中のミラード邸　パサディナ　1923

図8　レイク・タホ・ボートハウス　1923

間違ったことはできないから、大丈夫なんです」「レイク・タホの計画やドヘニー・ランチは、正式に依頼を受けてやっていたわけではない。ディベロッパーが計画して話をもってきたものをライトが勝手にやっただけなんだ。相手が見たかどうかもわからない」と語っている。

結局これらの計画案はどれも実現しなかった。[18] ライトが土浦をアメリカに呼んだ理由は、ドヘニー・ランチ計画の実施設計のためだったが、これも空振りに終わった。旧帝国ホテル竣工から落水荘（1937）までの15年間は、ライトの「空白時代」と呼ばれる。ライトの建築を現場で学びたかった土浦にとって、期待どおりというわけではなかったが、天才的なライトのスケッチと、堅実なスミスの実務から学ぶものは多かった。

モダンボーイの原点

西ハリウッドのライトのスタジオでの暮らしは、生涯モダンボーイとして颯爽と時代を駆け抜けた土浦の原点となった。歴史の浅いカリフォルニアは、ニューヨークやシカゴに比べて、自由な空気に満ちていた。温暖な土地に、ヨーロッパからの移住者がもたらす文化と、映画産業の勃興による華やかさが混在し、まさにこれからの都市という希望にあふれていた。西ハリウッドで、最新のファッションを身にまとう人々とすれ違い、映画を観に行ったり、コンサートを聴きに行ったり、ドライブをしたりとい

18
コンクリートブロックの住宅については、Robert L. Sweeney, "Wright in Hollywood"（The Architectural History Foundation and the MIT Press, 1994）
計画案については、David G. De Long, general editor, "Frank Lloyd Wright – Designs for an American Landscape 1922–1932"（Harry N. Abrams, Inc., 1996）を参照した。

図9　ヴェニスにてスミスと　1923

う生活は、翌年移り住んだウィスコンシン州のタリアセンでは、決して経験できない都会的な生活スタイルだった。
　ロサンゼルスに到着した翌日、早くも土浦夫妻はスミスの案内で海辺のサンタモニカやヴェニスに出かけている（図9）。週末には必ず、スミスから映画に誘われ、時にはライトのお供でハリウッド・ボウルでのコンサートに行くこともあった。
当時のロサンゼルスの主な交通手段は路面電車で、西ハリウッドとダウンタウンはつながっていた。ヨーロッパ視察後にアメリカを訪れた建築家、石本喜久治はロサンゼルスで土浦に会っているが、一緒に路面電車に乗ったとき、扉の近くにいた石本は、他の人が降りるためにあけた内開きの扉にぶつかってしまったという。
　やがて車がないと不便ということで運転免許をとり、ウィリアム・スミスと折半で車を購入、週末に車で遠出するようになった。現存する土浦の当時のアルバムには、写真と一緒に手書きの地図が貼ってあり、そこにミッション・サン・ワン・カピストラノ、ミッション・サン・ガブリエル、ミッション・サンディエゴ、ミッション・サンタバーバラなどの15の教会建築（ミッション）がプロットされている。これらは、メキシコがカリフォルニアを領有していた時代に、海岸沿いの道路を馬によって一日で行かれる距離に建てられたもので、なかには廃墟のように荒れたミッションもあった。

1920年代のロサンゼルスでは、スパニッシュコロニアル・リバイバルというスペイン系の建築様式が流行していた。住宅だけでなく、公共建築もまた、スパニッシュ様式や、従来の古典様式が使われていた。パナマ運河開通を記念した1915年のサンフランシスコでのパナマ太平洋国際万国博覧会以来、南カリフォルニアはスパニッシュ様式が氾濫していたのである。ライトの建築に魅了されていた土浦だったが、この土地の風土と歴史を感じさせてくれるミッション建築にも関心をもっていた。サン・ワン・カピストラノやサン・フェルナンドのミッションで撮った写真には、ニッカーボッカー姿でさっそうと余暇を楽しむ土浦夫妻が写っている。週末にスポーツやドライブを楽しむという土浦夫妻の生活習慣はここから始まった（図10）。

図10　ミッション・サンワンカピストラノでのスミス、信子、土浦　1923

関東大震災の知らせ

1923（大正12）年9月1日、日本では南関東を中心に関東大震災が起こった。そのニュースをロサンゼルスで知ったライトは、心配でたまらない土浦夫妻の気が紛れるようにと、運転手をつけてドライブに行かせてくれたという。「ホテルはあなたの天才の記念碑として被害なく建っている」という有名な電報をライトがタリアセンから受け取ったのは、10日後だったようだ[19]。日本からタリアセンを経由してロサンゼルスに届いたその電報の真偽は別にしても、倒壊を免れた帝国ホテルが罹災者の役に立ち、その後のライトの名誉と自信を回復させる一助となったことは確かである。

震災後の復興のために帰国するようにと、土浦は日本からたびたび連絡を受けたが、まだ半年もたっていないライト事務所での仕事を辞める気持ちにはならなかった。アメリカに発つ前に大倉組から入社の誘いを受けていた土浦が、もし帰国後に就職する約束をしていたら、おそらくこの時点で帰国しなければならなかっただろう。

9月末、ライトは、バーンズドール邸の敷地、ロサンゼルスのオリーブ・ヒルにある竣工前のアトリエつき住宅「レジデンスB」に事務所を移した。ここで土浦たちは、建設予定の幼稚園の図面を描くとともに、まだ完成していない「レジデンスB」の柱のレリーフにペンキを塗ったりしていた（図11）。しかしひと月もしないうちに、ライトはそこからまた、ビバリーヒルズ・ホテルの地下室に事務所を移した[20]。土浦夫妻とスミスは、近くの小さなアパートから、富裕層の集まるこのホテルに通ったという。

19 谷川正己『ライトと日本』鹿島出版会SD選書、1977年

図11 オリーブ・ヒル・レジデンスB

20 Kathryn Smith, "Frank Lloyd Wright – Hollyhock House and Olive Hill" (Rizzoli, 1992) によれば、ライトは1923年の夏にハーパー通りからバーンズドールのスタジオ・レジデンスBへ、同年12月にビバリーヒルズ・ホテルへ事務所を移している

バーンズドール邸の劇場や幼稚園の計画、レイク・タホの別荘地計画、ドヘニー・ランチ計画などのプロジェクトの契約がとれないまま、ライトは事務所を転々と移し、翌年ロサンゼルス事務所を引き上げて、ウィスコンシン州のライトの本拠地であるタリアセンに移ることになった。

3 テキスタイルブロックの住宅

ライトの近代性

ここで、ライトが近代建築運動の先駆者であったことを確認しておきたい。1910年と11年に出版されたライトのヴァスムート版作品集、通称"Wasmuth Portfolio"が、ヨーロッパの近代建築運動に影響を与えたことはよく知られている。建築史家のヴィンセント・スカーリーやレイナー・バンハムは、グロピウスとアドルフ・マイヤーがケルンに建てたドイツ工作連盟展モデル工場（1914）のファサードが、ライトのメーソンシティのホテル（1909）に由来していることを具体的に指摘している。[21]

そして、ライトの作品に関する情報は、オランダの建築家ベルラーへの著作などを通してヨーロッパに広まった。1910年代後半から1920年代にかけて、ルドルフ・シンドラー、ヴェルナー・モーザー、リチャード・ノイトラ、エリッヒ・メンデルゾーン等の建築家がヨーロッパからタリアセンを訪れたのは、母国アメリカよりも早く、ヨーロッパでライトが評価されたからであった。

ヴァスムート版作品集には、プレーリーハウス（草原住宅）と呼ばれる一連の作品が掲載されていた。それは、19世紀末にアメリカおいて広く流行した装飾的なヴィクトリア様式の住宅とは全く異なる、大地を這うように屋根の水平線が延びた形態をもっていた。そして、内部空間は居間と食堂をドアで区切らずに暖炉を挟んでつながる、流れるような空間であった。ライトのモダニズムへの第一の貢献は、ロビー邸（1909）などのプレーリーハウスの平面や空間に見られるような「自由な空間構成」にある。それは、アメリカ中西部という、ヨーロッパ建築の伝統にとらわれない新興地で生まれた（図12）。

ライトは、「箱を壊す」という表現を用いて、従来の閉じた空間に流動性を導入した。その空間は、ライトがシカゴの博覧会で見た日本館「鳳凰殿」に啓発されたといわれるが、1905年から幾度か太平洋を越えて日本に来たことのあるライトが、日本建築の空間の流動性に少なからず影響されたことは間違いないだろう。1905年の旅で、ライトが訪れた場所として、東本願寺名古屋別院、京都の知恩院本堂、醍醐寺三宝院、神戸の生田神社、岡山の後楽園などが確認されている。[22] 空間の流動性に着目したライトの先進性は、アメリカよりもヨーロッパで先に評価され、近代建築の萌芽につながった。

21 レイナー・バンハム著、石原達二・増成隆士訳『第一機械時代の理論とデザイン』鹿島出版会、1976年、115－120頁
V・スカーリー著、長尾重武訳『近代建築』、鹿島出版会、1972年、67－68頁

図12　ロビー邸（シカゴ）

22 谷川正巳「1905年初来日時にWrightが撮影したとされる写真について」日本大学工学部紀要分類A、工学編、第37巻別冊、1996年3月

歴史的様式建築の打開を目指した近代建築運動は、ル・コルビュジエの「ドミノ・システム」（1914）や著書『建築をめざして』（1923）などを通して、世界的な共感を得てゆく。ル・コルビュジエは1925年に、「近代建築の五原則」として「ピロティ、屋上庭園、自由な平面、水平連続窓、自由な立面」を提唱し、グロピウスは1926年にデッサウ・バウハウス校舎を設計した。バウハウスでの造形教育において、グロピウスは1925年のバウハウス叢書第1巻『国際建築』（“Internationale Architektur”）の序文において、「本質に根ざした新しい建築精神がすべての文明諸国に同時に展開しようとしている。社会や社会生活の全体に根ざした活きた造形意志が、統一的な目的をめざす人間の造形の全領域を包み込むのだ――それは建築において始まり、終結するものだが――という認識が芽ばえている」[23]として、工業化を前提とした新しい時代の新しい建築を目指した。グロピウスが「国際建築」として提唱した建築の理念は、1927年のヴァイセンホーフジードルンクの建築として具体化され、世界的な動向へと発展した。

テキスタイルブロックの可能性

しかし、土浦がアメリカに渡った1923年には、まだこれらの近代建築の理念は途上にあった。つまり、ちょうど近代建築が生まれる時期にライトの事務所で学んだことになる。ライトは、ロサンゼル

23 ヴァルター・グロピウス著、貞包博幸訳『国際建築』バウハウス叢書1、中央公論美術出版、1991年

スでテキスタイルブロックというコンクリートブロックの一種を用いて、安価で手軽な工法による耐火住宅を開発しようとしていた。手仕事の時代から大量生産の時代への変化を見据えていた。

最初のテキスタイルブロックによる住宅は、カリフォルニア州パサディナに建設されたミラード邸である。1辺が15と2分の1インチのブロックを2枚合わせて積み上げていく方式は、かなり実験的だった。続いてフリーマン邸、ストーラー邸、エニス邸では、16インチ角のブロックを用いた。重量を軽減するため、端では3と2分の1インチ、真ん中は1と2分の1インチに成形し、鉄筋を入れるスペース用に、外周の側面を半円状にくぼませている。鉄筋を織るように組み込むこの工法を、ライトはテキスタイルブロックと呼んだ。[24] 壁厚が8インチの厚さになるよう、2枚合わせて積み上げるため、建物の外壁と内壁の両方が同時に立ち上がることになる。モルタルを使わないので、レンガ造のような職人の技術は不要だった（図13）。

しかし実際のところ、このブロックは型枠に地元の砂とポルトランドセメントと水を混ぜたものを流し込んで固めるという手作業で生産されており、工業化には程遠い。ライトは1920年代を通じて、テキスタイルブロック工法の改良を試みたが、実現したのはロサンゼルスでの4軒だけであった。しかもエニス邸では度重なる工事の困難から、施主はライトとの契約を破棄し、他の建築家に設計を依頼している。この工法では、ブロックの間から水が入ることが避けられず、またブロックの装飾的な模様が耐性を弱めていた。雨の少ないロサンゼルスだからこそ可能な工法だったともいえる。しかし、土浦にとっては、工業化・ユニット化を目指した初めての実験的住宅として、貴重な経験になった。

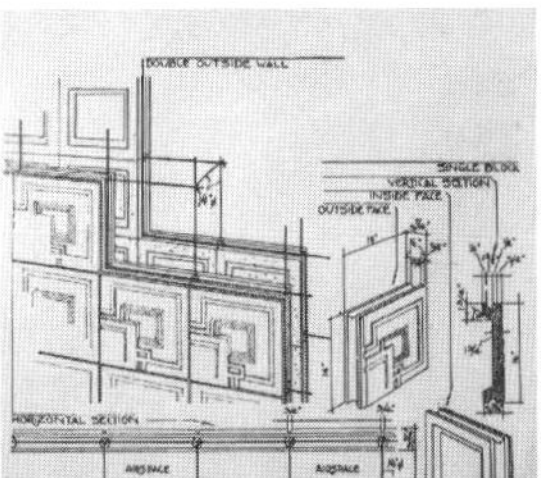

図13　ノイトラの作図によるライトのテキスタイルブロック工法ダイヤグラム

24
Kathryn Smith, 'The LA Textile Block houses', "Quarterly", Summer 2005. Vol.16 No.3.

4 シンドラーとの交流

大地から生えた家

土浦がロサンゼルス滞在時に出会った建築家に、ルドルフ・シンドラー（Rudolph M. Schindler 1887–1953）がいる。西ハリウッドのライトの事務所は、ハーパー通りとファウンテン通りが交差するあたりにあり、キングス通り835番地のシンドラーの自邸、スタジオハウスまでは、1㎞程の距離だった。かつてライトのスタッフだったシンドラーは、時折、ライトの事務所を訪れて設計を手伝うことがあった。ライトの事務所の新しいスタッフとして、土浦はシンドラーのスタジオハウス（図14）をたびたび訪れるようになり、その印象をのちにこう語った。

「シンドラーの家は斬新な感じで感心した。平らな土間の上に建った家で、外とレベルが同じなんだ。土地から建物が生えているような感じ。少し日本的な感じもした」

このスタジオハウスは、世界で最も早い時期に建てられた近代住宅の一つだが、革新的だったのは、その建築空間だけではない。この住宅は、シンドラー夫妻と友人チェイス夫妻の二組の夫婦の共

図14 シンドラーのスタジオハウス

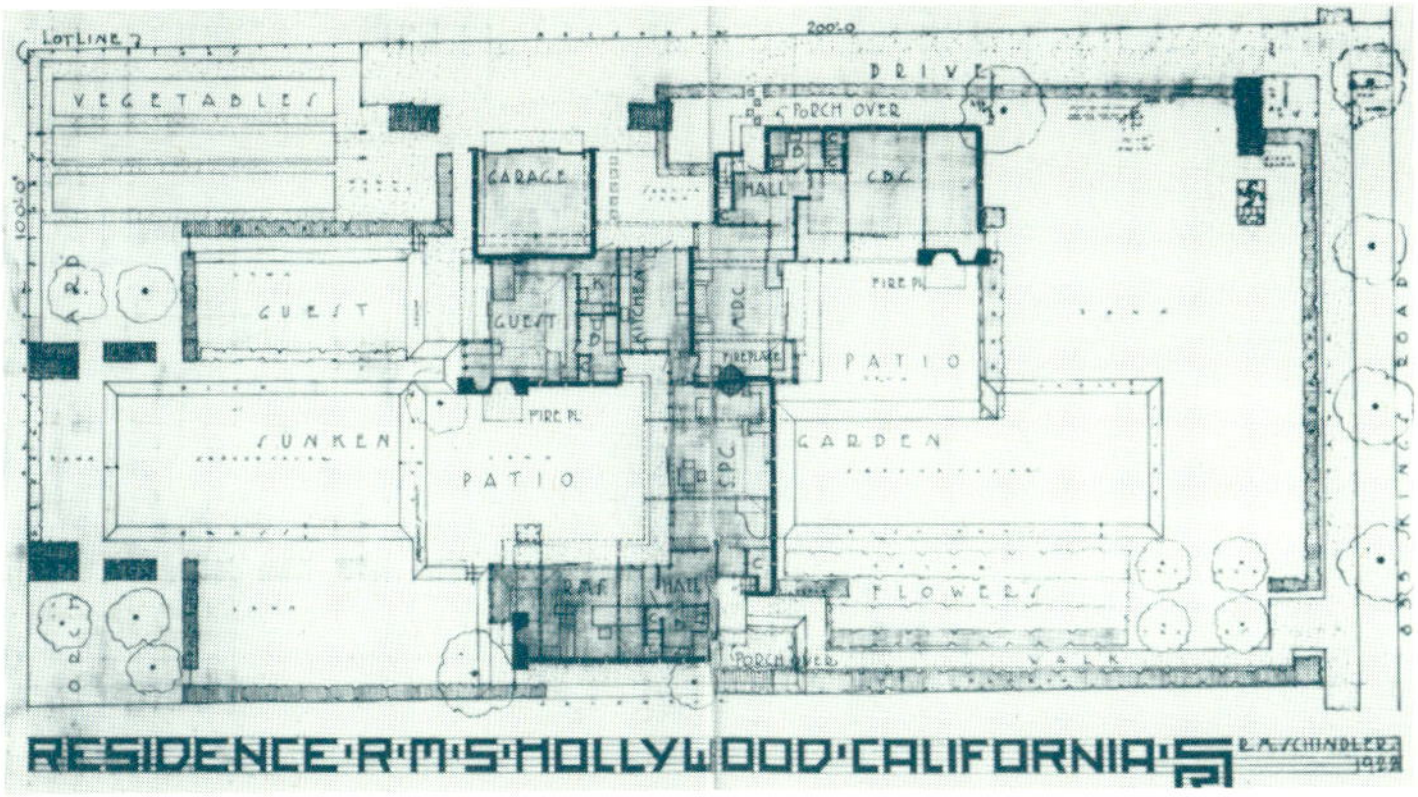

図15　シンドラーのスタジオハウス平面図＊

同住居としてつくられた。それぞれの部屋は、通常の住宅のような居間や寝室という部屋名をつけずに、RMS（Rudolph M. Schindler）など四人の個人名がついたスタジオになっており、台所は共用だった。平面的には、中庭を囲んだL字形が二つ組み合わさっており、背面をコンクリート、中庭に接した面を木造にして、中庭と室内との間に、軽いキャンバス地を張った襖のような引き戸を入れている。

　壁面は「ティルトアップ工法」という現場打ちコンクリートが用いられた。これは地面に置いた型枠に流し込んだコンクリートの板を立ち上げて壁にする初期のコンクリート工法の一つで、各コンクリート壁の間には、細いガラスをはめ込んで光を採り入れた。造園計画としては、芝生の中庭だけでなく、敷地全体に菜園や竹林、花壇などを配した。このように敷地全体を生活空間として計画するという考え方は、道路に面してフロントヤードが並ぶ当時のアメリカでは非常に珍しかった（図15）。

　1887年にオーストリア・ハンガリー帝国のウィーンに生まれたシンドラーは、1906年からインペリアル・テクニカ

＊　© R. M. Schindler Papers, Architecture and Design Collection. Art Design & Architecture Museum, University of California Santa Barbara

ル・カレッジで建築を学び、１９１０年に帝国美術アカデミーに入り、オットー・ワグナーのスタジオで３年学んだ。また学生時代に、マイル＆マイヤー事務所で製図工として働いた経験がある。「装飾は罪悪である」と宣言した気鋭のウィーンの建築家アドルフ・ロースや、ライトのヴァスムート版作品集に啓発されて、シンドラーは１９１４年にアメリカに渡った。ロースは立体的な空間構成を教えただけでなく、新しい建設技術と工業化が進んだアメリカの魅力も伝えていた。

シカゴの設計事務所オッテンハイマー・スターン＆リヒャルトで３年間働いたシンドラーは、１９１８年からライトのタリアセンに移って旧帝国ホテルの設計に携わった。そして、ライトが帝国ホテルの設計・監理のために日本に滞在した１９２０年には、進行中の大きなプロジェクト、バーンズドール邸の現場監理をするためにロサンゼルスに移り、翌年にはスタジオハウスの建設に着手した。

プリミティブな組み立て工法

ウィーンから、シカゴを経由してロサンゼルスに来たシンドラーにとって、この地の温暖な気候は、戸外での生活を楽しむのに最適だった。シンドラー自身、「スリーピング・バスケット」と呼ぶ屋上のテントのようなスペースを寝室にしていたほどである。「シンドラーは、非常に変わっていましてね。上衣なども、あれは奥さんに縫わしたのか自分が縫ったのか知りませんが、四角い布をやっこ凧みたいに縫ったのを着てたんです」と土浦が語ったように、シンドラーは芸術家的で自由な気質だった。シンドラーのスタジオハウスは、南カリフォルニアの急進的な文化人が集まる場所になっていた。

「平らな所に型枠をおいてコンクリートを流し、固まったらそれを起こして壁にし、間にガラスをいれた。他の作品では、低い型枠にコンクリートを流し、それが固まるとその上にまた重ねるという、素人が自分でやるような方法を使ったものもある。現場をちょっと見ただけだが、非常にプリミティブな所から出発しているという感じがした。自分もやろうとは思わないけれど、そういうところから出発しているというのは、やはり建築の本質に関するものだと思う」と土浦が言うように、そこには常識にとらわれない原点的な発想があった。床の上に流してつくった手製のコンクリート板を四方に立て起こすこの工法を、のちに土浦は、「現在のプレハブ住宅のように」と表現した。土浦はそこに、標準単位としての部材を組み立てて建設する工法を見ていたのである。

　土浦は、1925年の末に、再びスタジオハウスを訪れ、シンドラーがラホヤに建てた集合住宅「プエブロ・リベラ・コート」（1923）を見学した。これは土浦が「低い型枠にコンクリートを流し、それが固まるとその上にまた重ねるという、素人が自分でやるような方法」と表現したスラブキャスト工法であるが、標準化した部材を手仕事で実現するという点で、ライトのテキスタイルブロックと共通している。シンドラーは、間もなくコンクリート造のロヴェル・ビーチ・ハウスを実現させて、南カリフォルニアに近代建築の礎を築いた。土浦は、シンドラーの作品に、自由な表現としての建築と、近代的な工法の両方を見ていた（図16）。

図16　シンドラーのプエブロ・リベラ・コート

5
1924年、タリアセン

ウィスコンシン州スプリンググリーン

1924年1月、ビバリーヒルズ・ホテルに置いた事務所を閉鎖したライトは、ウィリアム・スミスと土浦夫妻を伴って、ウィスコンシン州スプリンググリーンにあるタリアセンへ移った。ロサンゼルスからシカゴまで、車中2泊の列車の旅だった。シカゴからマディソンへ、そこからのどかな丘陵地帯を車で50kmほど走り、スプリンググリーンという小さな町の近郊にあるタリアセンに到着した。タリアセンとは、ライトが1911年から住宅兼アトリエを建てた広大な土地につけた名前で、祖父の故郷ウェールズの言葉で「輝く額」を意味する。その場所は、もともと母方の親戚が住む土地で、ライトが少年の頃に過ごした場所でもあった。

広大な敷地には造成した池があり、水力発電ができるよう滝もつくられていたが、土浦が行った頃にはもう発電の小屋はなく石積みだけが残っていた。丘の上にはロミオとジュリエットと呼ばれる給水塔があり、家畜棟や家畜小屋、ライトの親族が設立したヒルサイド・ホーム・スクールなどが点在してい

図17　雪景色のタリアセン　1924

た。常に温暖なロサンゼルスとは違って、ウィスコンシンの冬は寒い。丘の中腹に建つ住居兼スタジオの庇に下がる長い氷柱が、土浦たちを迎えた（図17）。

ライトは1911年にタリアセンⅠと呼ばれる住居・スタジオを建設したが、1914年の悲劇的な殺人事件により焼失した。土浦が訪れたのは、タリアセンⅡと呼ばれる再建後の建物（図18、19）である。現在のタリアセンⅢに比べれば、かなり小規模だが、エントランスの南にある棟はライトの住居部分で居間や寝室があり、北の棟には天井の高いスタジオやオフィス、所員用の部屋や使用人室が配置されていた。

1905年に初来日して以来、何度か日本を訪れたライトは、浮世絵を中心に日本美術を収集しており、シカゴで浮世絵の展覧会を開催するほどのコレクターだった。それゆえ、邸内には日本や中国の美術品があちこちに置かれ、どこか東洋的な雰囲気が漂っていた。

この住居棟から道路まで徒歩で30分かかるほど、タ

図18　タリアセンの居間

図19　室内に飾られた美術品

リアセンは広い。ライトと妻のミリアム・ノエル、運転手、畑仕事をするスタッフと料理人のオールソン夫妻、そしてライトの事務所の所員として土浦よりも先にタリアセンに来ていたヴェルナー・モーザー[25]夫妻やウィリアム・スミスらと一緒の自給自足的な生活は、牧歌的で、一番近い町スプリンググリーンまでさえ、出かける機会は限られていた。

タリアセンでの仕事

共同生活の場であるタリアセンでは、スタジオの仕事だけでなく、余暇を含めた生活全体がライトを中心に回った。ライトはこの頃、日本にも同行したモード・ミリアム・ノエルと2度目の結婚をしたが、3か月後に早くも離婚という事態になり、土浦たちはライトの寂しさを紛らわすために、週末の夜はパーティを欠かさなかった。

1924年の秋から、リチャード・ノイトラ夫妻[26]がタリアセンの共同生活に加わった。3組の夫婦がいたこの時代は、土浦の滞在中で最も充実した時期だった。夜のパーティでモーザーはバイオリン、ノイトラ夫人のディオーネはチェロを弾いて、音楽の好きなライトを喜ばせた（図20）。また日曜日には、バスケットにパンやチーズや果物を入れた弁当を用意し、タリアセンの広い敷地内でピクニックをした。ライトはタリアセンの自然をこよなく愛し、夏には近くを流れるウィスコンシン川で泳ぎ、冬は凍った

25 Werner Max Moser（1896–1970）
スイスの建築家。主な作品にノイビュールの集合住宅（1932）、改革派教会（1941）など

26 Richard J. Neutra（1892–1970）
ウィーンに生まれ、ワグナーとロースに学ぶ。1923年に渡米し、シカゴのホルバート・ローチ事務所、タリアセンを経て、1925年よりロサンゼルスで設計活動を行った。主な作品にロヴェル邸（1929）、コロナ・スクール（1935）、カウフマン邸（1946）など

図21 タリアセンでのノイトラ、モーザーと土浦

図20　居間での団らん。左よりライト、ノイトラ、シルヴァ、土浦、信子、モーザー、ディオーネ

池でスケートをした（図21）。

　当時のライトのプロジェクトとしては、シカゴのナショナル生命保険会社ビル（National Life Insurance Building）や、ゴードン・ストロング・プラネタリウム（Gordon Strong Automotive Objectives）、ナコマ・カントリー・クラブ（Nacoma Country Club）、ジョンソン・デザート・コンパウンド（A. M. Johnson Desert Compound）などがある。ナショナル生命保険会社ビルは、１９２０年代の計画とは思えないほど斬新で、4棟を廊下でつないだ高層ビルの計画である（図22）。また、メリーランド州シュガーローフ山に計画されたゴードン・ストロング・プラネタリウムは、ドライブを楽しむための螺旋形の建物で、その形態は１９５０年代に実現したグッゲンハイム美術館を想起させる（図23）。

　毎日所員は午前8時から午後5時まで、スタジオでさまざまな案をスタディし、図面を描き続けていた（図24）。「ライトのパースは、我々が骨組みを描くん

図22　ナショナル生命保険会社ビル　1924

図23　ゴードン・ストロング・プラネタリウム　1924

図24　タリアセンのスタジオ。左よりライト、土浦、ノイトラ、モーザー、信子

です。その上にライトが装飾をする。色をつけたり、空や点描を描くのはライトだった。注文された仕事じゃないから、自由にやれた」と、土浦が語ったように、これらの計画案は、ロサンゼルス時代と同様、どれも実現していない。

装飾への違和感

強烈な個性をもつライトの建築に日々接して、満足していた土浦であったが、ライトが建物の外部や内部に描く装飾には同調できない一面もあった。土浦が良い建物と感じたライトの作品に、ジャーマン・ウェアハウスがある。これは、スプリンググリーンの隣町リッチランドセンターにある6階建ての倉庫で、装飾は最上部に施されただけだった。装飾に対する批判的なまなざしは、他の所員たちも同様であった。

「毎日ライトに接していると、その腕前に圧倒されます。ただ、モダニズムで否定している装飾を、ライトはしてしまう。仕上げていくときに装飾を付けてしまう。非常に上手なんです。我々はこんなものはないほうがいいんじゃないかと思ってしまうが、ライトはそういう人だった」

ル・コルビュジエの『建築をめざして』をタリアセンに持ってきたのは、モーザーだった。そのときのライトの様子を土浦はこう記している。

27 土浦亀城「ライトを訪れたメンデルゾーン」『国際建築』1930年7月号

28 Anton Martin Feller（1892–1973）オーストリア生まれの建築家およびエンジニア。西澤泰彦『海を渡った日本人建築家』（彰国社、166–169、1996）によれば、1919年から22年4月まで中村與資平の中村建築事務所、その後1923年6月までアントニン・レーモンドの事務所に勤めた後、渡米した。ウィリアム・B スコット氏のご教示によれば、タリアセン滞在後は、シカゴやニューヨークで設計、およびエンジニア業務に携わった

「めったに感心したことのないライトがコルの作品を見ながら"This is something"と言った後で、如何なる内的進展が起こるだろうか、決して固有（ママ）した事のない彼の設計に如何なる影響が現れるだろうか、此れは僕等が非常に興味を持って注目していた問題であった[27]」

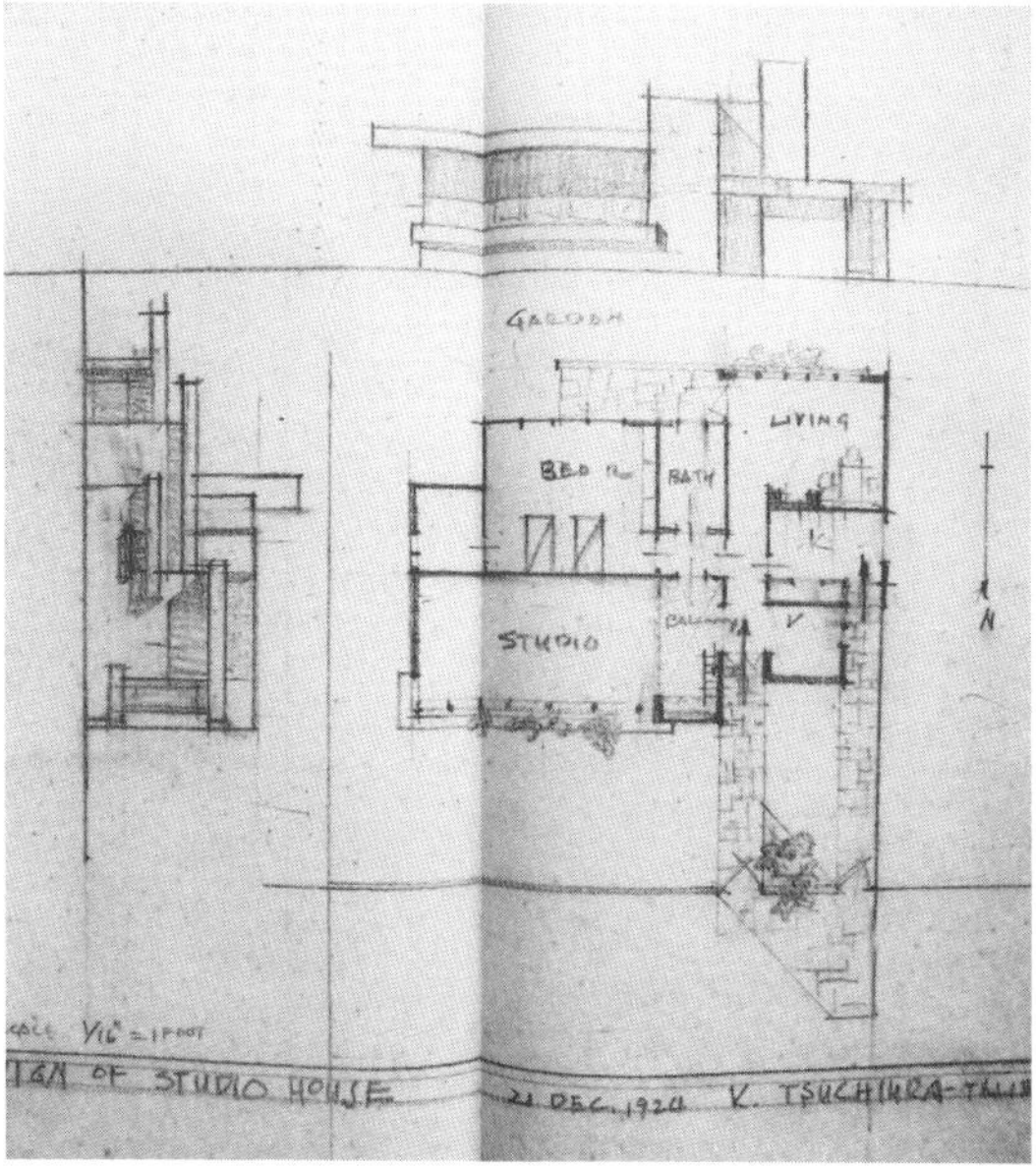

図25—1　Design of Studio House, Feb.22, 1925 Taliesin

土浦のタリアセン時代の個人的なファイルには、ノイトラがスケッチした信子の後ろ姿などと一緒に、住宅のスタディ図面「Design of Studio House」が残されている（図25—1、2）。1924年12月1日、1925年2月22日と日付のある一連のスタディ図面には、装飾のない単純な形態の立面が含まれていて、そこには当時タリアセンで共同生活を送ったヴェルナー・モーザーやアントン・フェラー[28]、リチャード・ノイトラらがもたらすヨーロッパの近代建築運動の情報やシンドラーの影響が見られる。土浦は、ライトから学ぶと同時に、同僚の友人たちからも多くを学んでいた。

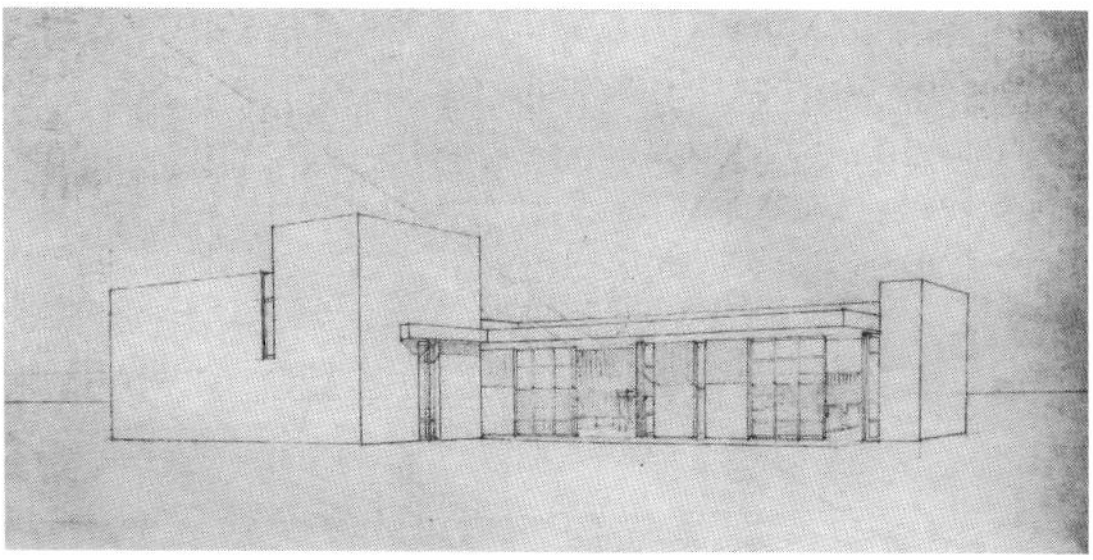

図25—2　Design of Studio House, Dec.21, 1924

6 ヨーロッパのモダニストたち

モーザー、フェラー、ノイトラ

ヴェルナー・モーザーは、スイス近代建築の父と呼ばれるカール・モーザーの長男で、1923年末から1925年春まで、妻のシルヴァとともにタリアセンで過ごした。シカゴに移ったモーザー夫妻は土浦より少し年上で、すでにローレンツという子どもがいた（図26）。土浦のこの頃の写真にモーザーの撮影が多いのは、土浦の写真機が乾板式だったのに対して、モーザーは最新式の巻き取り式で、簡単に撮影できたからだという。土浦より半年ほど先にタリアセンを辞めたモーザーは、シカゴの設計事務所でしばらく働いた後、スイスに戻ってマルト・スタムたちとともにCIAM（近代建築国際会議）の設立に関わり、またチューリヒのノイビュール集合住宅（1928–1932）を共同設計した。

オーストリア生まれのアントン・フェラーは、1923年末から1924年9月までタリアセンに滞在した。[29] オーストリアのチロル地方に生まれたフェラーは、1914年にチューリヒの高等工業学校を卒業後、オーストリア政府の水力発電所計画に携わった。第一次世界大戦でロシア軍に捕まり、シベリ

29 1925年9月9日付の土浦信子よりアントン・フェラーへの手紙、およびウィリアム・B・スコット氏の資料による

図26　モーザー一家と土浦夫妻

アに送られた。ロシア革命の混乱に乗じて脱出したフェラーは、京城（ソウル）の中村與資平の建築事務所に勤め、1922年から1923年6月まで、東京のアントニン・レーモンドの事務所のチーフドラフトマンとして聖路加国際病院や星薬科大学の設計を担当した。渡米後半年ほどロサンゼルスに滞在した後、レーモンドの紹介状を持ってタリアセンに来ていた[30]（図27）。

　リチャード・ノイトラは1923年にドイツからアメリカに渡り、1924年10月から翌年2月までタリアセンに滞在した。土浦より5年早い1892年にウィーンに生まれたノイトラは、シンドラーと同様にウィーン工科大学でアドルフ・ロースに学んだ。卒業後、第一次世界大戦にオーストリア陸軍の士官として加わり、その後スイスの設計事務所を経て、1921年からベルリンの建築家エーリヒ・メンデルゾーン[31]の設計事務所に勤務した。1923年に渡米、ニューヨークやシカゴのホラバート&ロッシュ事務所勤務ののち、1924年秋に夫人と長男を連れてタリ

30　ウィリアム・B・スコットの資料、および西澤泰彦「建築家中村與資平の経歴と建築活動について」日本建築学会計画系論文報告集第450号、1993年8月

図27　アントン・フェラーと

31　Erich Mendelsohn（1887–1953）ドイツ出身の建築家。1933年にイギリスに亡命、1941年にアメリカに移住した。代表作に表現主義のアインシュタイン塔（1921）、ショッケン百貨店（1930）など

図28　ノイトラ一家

アセンに滞在した（図28）。すでに建築設計の実績があるノイトラは、ライトから評価されていたようで、タリアセンでの給与はひと月160ドルだった。[32] ちなみに土浦の給与はこの頃40ドルだったという。

メンデルゾーンの訪問

ノイトラがタリアセンに来てからひと月ほどたった頃、アインシュタイン塔などの作品で知られるメンデルゾーンがライトを訪問した（図29、30）。渡米する前にベルリンのメンデルゾーンのもとで、ターゲブラット新聞社ビルの設計を担当していたノイトラがこの訪問を仲介した。ライトとメンデルゾーンは、互いの作品を見せ合い、夕食後は音楽を聴きながら夜更けまで談笑したという。土浦はそのときのことを「メンデルゾーン氏は、バッハを聴くと設計がしたくなると言って、蓄音器をかけながら

32　Barbara Lamprecht, "Richard Neutra", Taschen (2004, P. 90.)

図29　メンデルゾーンのタリアセン訪問。左上より土浦、信子、ノイトラ夫人ディオーネ、羽織姿のスミス、中央左よりライト、メンデルゾーン、ノイトラ

紙を延べて、例の6Bの太い鉛筆を取出して（ママ）、当時考案中だという工場のスケッチを、一筆描きの様な迅速な勢いで、画いては捨て、画いては捨て、忽ちに三十枚余り構図を作って、さあどれが良いだろうと言って吾々の顔を見た。翌日ライトは自動車でマヂソンまでメ氏を送っていった帰りに、6Bの鉛筆を一打（引用者註：ダース）程買って来たが、それっきりライトは使わなかった」と記している。[33]

このときライトは57歳、メンデルゾーンとノイトラは30代、土浦とモーザーは20代だった。年代による価値観の違いは明らかで、ノイトラは翌1925年2月にタリアセンを去り、シンドラーを頼ってロサンゼルスに移っていった。

土浦はライト中心にすべてが回るタリアセンでの生活に、満たされないものを感じるようになっていた。土浦がフェラーに宛てた1925年1月22日付の手紙には、「来年の春にはヨーロッパに渡航したい」と書かれており、さらに2月2日付の手紙には、「今朝ノイトラがタリアセンから去ったので、再び寂しくなった」とある。そして、2月13日付の手紙には、「私は早く東京に戻って自分のアイデアを実行したい。しかしその前に、もう二度とチャンスはないかもしれないからヨーロッパを回りたい。」と書かれている。土浦の関心は、すでにヨーロッパに向いていた。

土浦が実施設計のないタリアセンで退屈していたことは、1924年12月にシンドラーに宛てた手紙からも確認できる。「スタジオでは楽しく過ごしています。図面が楽しいのではなく、ノイトラやモーザーとの会話やディスカッションが楽しいのです。以前、日本に帰りたいという手紙を書きましたが、いくつかの理由からまだここに留まっています。遠藤の手紙によれば、東京ではあまり建物が建てられ

図30　左よりメンデルゾーン、ライト、ノイトラ　1924

33　註27に同じ

ていないそうです。このように動きのない時期には、アメリカかヨーロッパにいるほうが良いでしょう。しかし、私はドラフトマンでいることに疲れました。図面を描くより建てたいのです。（中略）あなたの新しい住宅作品の写真を送ってください。できれば、私が一番好きなラホヤの住宅の写真と平面図も送ってください」

震災後の日本から帰国を促す手紙が来ても応じなかったのは、ライトのもとで実際の建築を学びたかったからだが、夢のような計画案ばかりのタリアセンで土浦は焦りを感じていたのだろう。さらにライトが給与の支払いを怠りがちだったことにも不満を感じていた。

タリアセンの火災

この頃ライトは三人目の妻となるオルギヴァーナ[34]と出会い、1925年から彼女はタリアセンに住むようになった。モンテネグロ出身の当時26歳のオルギヴァーナは土浦夫妻と同年代だった。彼女がイサドラ・ダンカンのスタジオで会ったダンサーの伊藤道郎が、土浦信子の友人で中川一政夫人となる伊藤暢子の兄であったことも幸いして、すぐに親しくなったという。

フェラー、ノイトラ、モーザーが次々に去った後、最後に残った土浦がタリアセンを辞めようとしていた1925年4月、失火によりライトの住居部分のほとんどを焼失した（図31）。土浦たちは、バケツ

34　Olgivanna Lazovich Hinzenberg（1898–1985）モンテネグロ生まれ。1928年にライトと結婚し、ライトとともにタリアセン・フェローシップを立ち上げ運営した

図31　火災直後のタリアセン。1925年4月

リレーで消火にあたったが、間に合わなかった。火事の様子は、土浦からアントン・フェラーに宛てた4月21日付の手紙によって知ることができる。

「火事は、4月20日6時半にライトの寝室で発火しました。私たちは夕食を食べているときでしたが、寝室に行ってみるとすでに炎に包まれていました。バケツで水をかけたけど絶望的でした。消防士が到着したときは手遅れで、ライトの居住部分とゲストルームは全焼しました。（中略）私たちは、ライトのキッチンとスタジオを繋ぐ屋根を切り離すことしかできませんでした。9時すぎに雨が降り始め、嵐と雷と残り火が夜中まで続きました。私たちは前日の19日に、1階からモーザーがいた部屋に移っていたので大丈夫でしたが、ライトは貴重な品々をすべて失ってしまいました。石の柱と煙突だけが残った灰のなかに、仏像の頭や手がころがっています。ライトはヒルサイドのサマーハウスに移り、明日から再建に取り組みます。とても疲れたので、カーボンコピーした同じ手紙をモーザーとノイトラにも送りました。また詳しく書きます」

火事の後、土浦とスミスは、タリアセン再建のための図面を描いた（図32）。シンドラー夫人ポーリンに宛てた8月29日付の手紙には、「早くタリアセンを出たいが、ライトを手伝う人が誰もいないため出る訳にはいかない」「シカゴで最低2カ月過ごしたいからアパートを探してほしい」「日本に帰国するのは、来年2月以降にしようと思う」などの内容が書かれている。そして土浦は、1925年9月中旬、ついにタリアセンを辞し、シカゴにいたモーザーの紹介でドイツ系の設計事務所に勤めることになった。

図32　火災から再建へ　1925

7

1925年、大陸横断

シカゴからニューヨークへ

ロサンゼルス、ウィスコンシン州スプリンググリーン、そしてシカゴとへ移動したが、土浦は常に実践、実行の人であった。土浦がアメリカで体得したものを二つ挙げるとすれば、「機能的な生活空間」と「来るべき車社会――モータリゼーションへの対応」であろう。それは合理的・近代的な生活に不可欠な要素であった。ロサンゼルスでスミスと一緒に購入した車は、すでに売却してしまったから、日本に帰国するためには、シカゴから鉄道に乗るか、車で大陸横断するかのどちらかであった。土浦はシカゴの設計事務所で数週間働き、資金をつくった。

車で大陸横断しようと決めた理由は、アメリカという国を広く見聞し、モータリゼーションを実感したかったからだと思われる。土浦はシカゴで中古のスチュードベイカーを購入した。1920年代のアメリカでは、自動車はすでに馬車に代わる必需品となっており、T型フォードなど大衆的な車が普及しつつあった。

まずシカゴから東に向かってニューヨークに行き、最終地点は、日本への船が出るサンフランシスコだった。その前に、シンドラーとノイトラがいるロサンゼルスに寄ることにした。ノイトラはタリアセンを出た後、ウィーン工科大学の先輩であるシンドラーを頼ってロサンゼルスに行き、スタジオハウスのゲストルームに住みながら、シンドラーと共同で国際連盟の設計競技案などに取り組んでいた。

土浦夫妻は、1日200マイル（320㎞）走ることを目標に、11月17日にシカゴを出発した。デトロイト、クリーヴランドを通り、21日にナイアガラの滝を見物し、22日にシラキュースを経て、23日にニューヨークに到着した。ブルーブックというガイドブックを頼りに運転した土浦は、誰もが迷わず目的地に着けるよう街路に番号がついていることに感心したという。

最初のニューヨークの印象は、ハドソン川とマンハッタンの大きさだった。どれだけ走っても中心に辿り着かないので、不安になったという。ようやく見つけた宿では、最上階の煙突のある部屋を与えられ、暑くて眠れなかった。大都会のニューヨークは、シカゴよりずっと文化の中心という感じがして圧倒された。

車ごとフェリーに乗って島に行ったり、自由の女神を見たり、1週間ほど滞在したが、建築についての印象はほとんど語られていない。当時はまだエンパイア・ステートビルなどの摩天楼は建設されておらず、ウールワース・ビル、グランドセントラル駅、ペンシルヴェニア駅などの新しい建築も古典的な様式をまとっていた。シカゴのバーナム事務所が設計したフラットアイアン・ビル（1903）は、東京の丸の内ビルヂングの施工で知られるフラー社のニューヨーク支社として建てられた21階建てのビルだが、

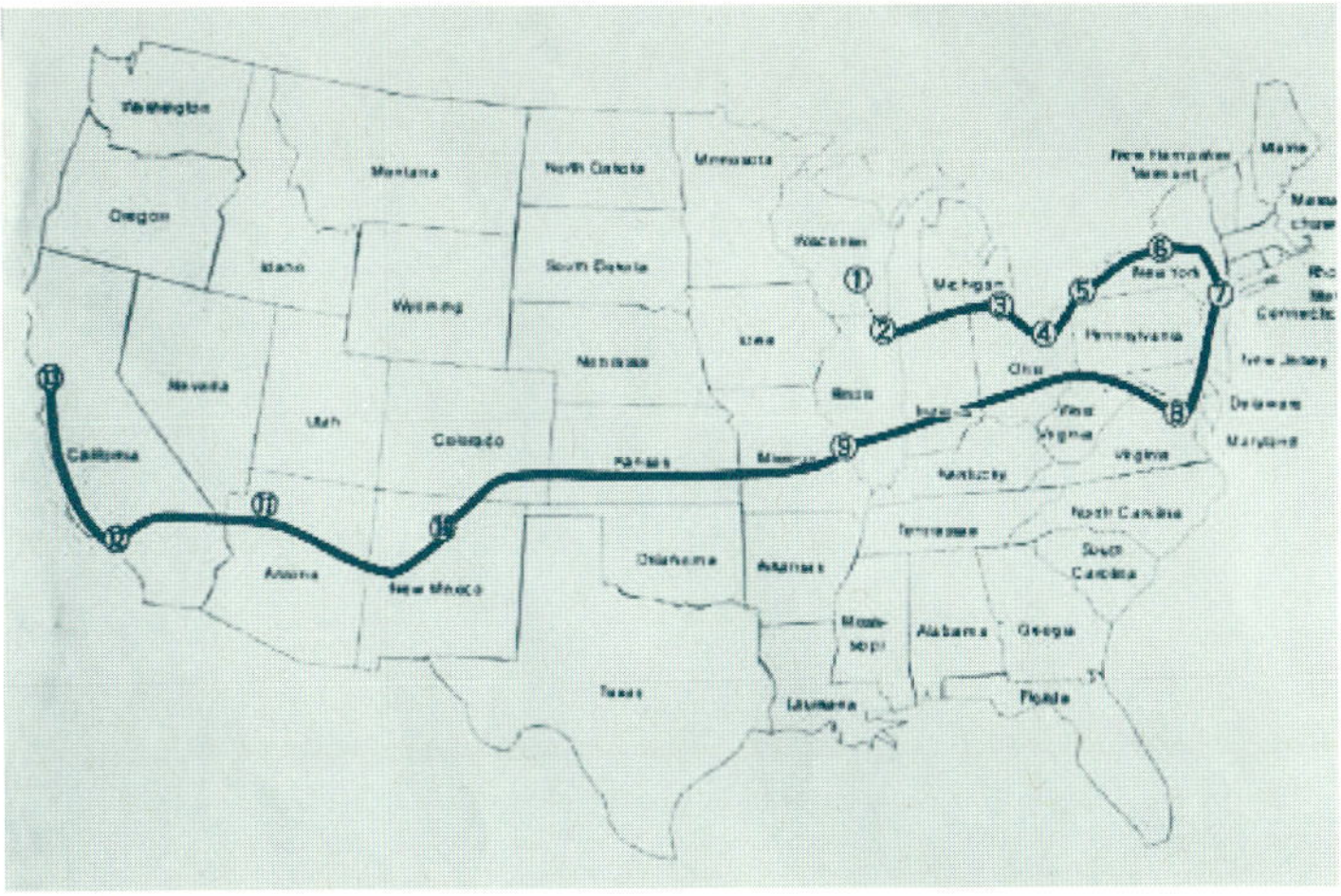

図33　土浦の大陸横断のルート　1925　＊

これも外壁は様式的な装飾で覆われている。ライトの建築と、ヨーロッパの新しい建築に興味をもっていた土浦にとって、様式的な建物は学生時代の教科書のように古めかしく感じられた。

ニューヨークからサンフランシスコへ

ニューヨークからプリンストン、フィラデルフィア、ワシントンD.C.へと下がり、そこから内陸に入ってピッツバーグ、インディアナポリス、セントルイス、カンザスシティと中西部を西に向かった（図33）。新しい町に入ると、まずオートモビル・クラブで情報を得ることができるし、道路のサインも非常にわかりやすかった。とはいえ、道路がすべて舗装されていたわけではなく、都会を離れれば砂利道だった。ぬかるみにはまったときは、近所の農家の人に馬で引いてもらった。夜はYMCAな

＊
大陸横断ルート（地図のメモより著者作成）1925年11月17日Chicago、18日Detroit、19日Cleveland、20日Ripley、21日Niagara Falls、22日Utica、23〜30日New York、12月1日Philadelphia、2日Washington, D.C.、その後Pitsburgh, Indianapolis, St. Louis, Kansas city, Dodge city, Layton, Santa Fe, San Antonio, Flagstaff, Grand Canyonを経て、12月20日頃Los Angeles到着。数日滞在ののちSan Franciscoへ。1926年1月15日 横浜港に到着。

ど安価なところに宿泊し、他の客たちと情報交換した。
ニューメキシコ州のサンタフェ近郊では、プエブロ族と呼ばれるネイティブアメリカンの住居を写真に撮っている（図36）。シンドラーは、アドービと呼ばれる日干しレンガを積んで表面に土を塗った土着の建築を、「大地の感覚を喚起する建築」として高く評価していた。[35] 土浦もこのシンプルな造形に建築の本質を見たのかもしれない。

さらにフラッグスタッフを経て、グランドキャニオンに行った（図34、35）。ここで購入したネイティブアメリカンの手製のラグは、現在も鮮やかな色を残したまま土浦邸に飾られている。標高が高いフラッグスタッフ周辺では、タイヤにチェーンをつけなければならないほど雪が降っており、行き交う車はほとんどなかったという。このシカゴからロサンゼルスに至る道路が「ルート66」として整備されるのは土浦たちが通った翌年、1926年のことだった。

12月20日頃、およそ2年ぶりにロサンゼルスに到着した。ここで、ノイトラやシンドラーと再会、シンドラーのスタジオハウスに泊まって旧交を温めた。滞在中に、サンディエゴに近いラホヤに行き、シンドラーが建てた集合住宅プエブロ・リヴェラ・コートを見学した。そして、サンタバーバラまで見送りに来たノイトラ夫妻に別れを告げて、サンフランシスコまで北上した（図37）。

ノイトラは、サンタバーバラで土浦夫妻の車を見送ったときの寂しさを、のちに土浦宛ての手紙に綴っている。入れ違うように、のちに東京帝国大学建築学科教授となる親友の岸田日出刀が土浦の紹介でノイトラを訪ねた。そして、岸田はノイトラの紹介状を持って渡欧し、ドイツでメンデルゾーンにも

図35　大陸横断中の亀城と信子

35　Kathryn Smith, "Schindler House", Hennessey+Ingalls, 2010 p.10

図34　グランドキャニオン

図36　プエブロ族の住居

会っている。

シカゴからニューヨークを経てサンフランシスコまでおよそ40日間に走った距離は7000㎞に及ぶ。帰国の船は、翌1926年1月15日に横浜に到着した。土浦は車を日本に送り、それを売却して渡航した費用にあてた。車は3000円以上になったという。

図37　サンタバーバラ

III

共有意識としての国際様式

1

大倉土木での胎動

1926（大正15）年1月にアメリカから帰国すると、土浦は間もなく、渡米以前から誘われていた大倉土木（現・大成建設）に入社、建築部設計係に配属された。大倉土木で土浦が担当した仕事には、大倉別館（東京市京橋区鎗屋町、1928–29）、駐日ソ連大使館（同麻布区狸穴町、1929–30）、山本邸（神田区神田駿河台、1929）、新橋医院（京橋区銀座、1930–31）、植村邸（府下砧村、1933）、山本博邸（目白、1933）などがある。帰国後、最初に取り組んだ神奈川県庁舎設計競技では三等一席に入選した。

神奈川県庁舎設計競技

神奈川県庁舎設計競技の提出締め切りは、1926年6月10日だった。審査員は、佐野利器、大熊喜邦、佐藤功一、内田祥三、岡田信一郎など、当時気鋭の建築家と建築学者だった。6月21日に審査発表があり、土浦の案は398の応募作品のなかから三等一席に入選、同26日から7月1日まで横浜市国

図1―1　神奈川県庁舎設計競技入選案　1926

立絹糸検査所で、入選案の展覧会が開催された。現在も「キング」の愛称で親しまれる神奈川県庁本庁舎は、この設計競技の一等案（小尾嘉郎設計）である。傾斜屋根をのせた塔屋を中心に配し、レンガタイル張りの装飾的な意匠が施された建物は、古典様式の基壇部・中間部・頂部という三層構造を残した折衷的なデザインだった。それとは対照的に、土浦案はライトの高層建築案「ナショナル生命保険会社ビル」のような垂直の柱が並ぶ斬新な姿をしていた。柱の間の壁面にはコンクリートブロックの壁と窓が上下に繰り返され、柱の垂直線は屋上までのびていた（図1―1、2）。

審査員の大熊は、土浦案について「特殊な精神な気分に満ちた意匠でプランも間取りもよく纏まって構造的にも余程よく考えられている。構造的に間取りを考えているものとして一番よく出来たものである。只詳細図を見ると如何にも工費の点に於て相当費用がかかる様に思われる。即ち施工にかなり骨が折れることが多少の欠点の

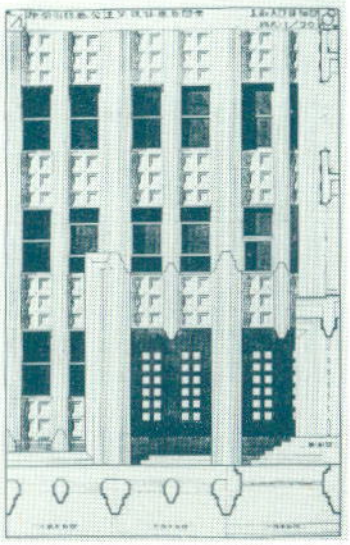
図1―2　入選案　窓周り詳細

様である」と評した。また佐野は、「頗《すこぶ》る奇抜なもので余り類を見ない様式である。審査中に頭を（ママ）付けて放熱器と呼んでゐた。如何にも放熱器がリーブの様に非常にヒダと出の多い柱形の連立した釣り合いも極めてよい作品である。美点が多いと同様欠点も他の作品より少なくなかつた」[1]と評した。工費がかかること、施工が難しいことがマイナス点になったのだが、佐野が土浦案の垂直なラインの連続を「放熱器」（ラジエーター）とたとえたことは、機械という近代性の象徴を暗示していて興味深い。

展覧会の評論において、建築家の岡村蚊象（のち山口文象）は土浦案について、「単純なるものの反復は吾々の感情に一種の倦怠をさえ覚えさせると言うことも、考えにいれて置く必要があらう」「プロポーションから見て塔が小さきに過ぎてはいまいか」と言いつつも、「寧ろおそらく私はこの作品をもって入選作中第一位に推すことに躊躇しないのみでなく、如何して一等にならなかったのかを怪しむ位である。そして、この作者の洗練された感性と統一あるフォルムの取扱いとは前掲した欠点を補って尚《なお》十分余りあるものでなければならない」と書いている。[2]

このような評価は、帰国して間もない土浦の励みになった半面、大倉土木内での土浦の設計に制約を与えることにもなった。その例が大倉別館である。銀座3丁目にあった7階建ての大倉別館は、関東大震災で旧館が焼失した跡地に1928（昭和3）年9月に着工、翌年10月に完成した。[3]この外観が、土浦の神奈川県庁舎設計競技案と似ていたのは、会社の上層部がそれを望んだからであった。のちに土浦はこう語っている。

「僕は非常に嫌いな建物です。（中略）重役なんてしょうがないもんで、これは（引用者註：神奈川県庁舎の

1 大熊喜邦「独創的作品」、および佐野利器「太陽の悩み」『本庁舎建設六十周年記念神奈川縣廳物語』神奈川県行政資料保存版、1989年3月、99—101頁

2 岡村蚊象「神奈川県庁舎応募当選図案漫評」『本庁舎建設六十周年記念神奈川縣廳物語』神奈川県行政資料保存版、1989年3月、102頁

3 『大成建設社史』大成建設、1963年、294頁

入賞）大変な収穫だと思ったんでしょうね。そのスタイルでこれ（引用者註：大倉別館）をやれっていうんですよ。僕は県庁とこういうオフィスビルとは違うんだからそれはだめだといっても、いうことを聞かないんでとうとうああいうふうにやらされちゃってね。僕は非常に不満でそんなものこんなところに建てたんじゃみっともなくてしょうがないっていったんだけどもね」[4]

土浦はすでに、機能と意匠の関連について意識的であり、実用を重視すべきオフィスビルに装飾を用いることに否定的だった。蛇足になるが、賞金2000円は当然会社に入るものと考えた社長に対して、義父の吉野作造は、懸賞設計は個人のものと主張したという。そのおかげで、アメリカ渡航の費用はすっかり清算できたのだった。

駐日ソ連大使館と新橋医院

次に担当したのは、麻布・狸穴の鍋島別邸の跡地に建つ駐日ソ連大使館（通称・ソヴィエト大使館）だった（図2）。4300坪の敷地に建つこの建物は、初めに大使館の建築顧問の佐野利器と大熊喜邦が複数の請負会社に設計と見積もりの競争入札をさせたものの、一等案を大使館側が承諾せず、改めてレーモンド事務所に設計依頼したという経緯があった。土浦は、最初の競争入札の設計に参加した一人だった。土浦の応募案は他の当選案とともに、1928年に開催された日本建築学会主催の第2回建築展覧会

4 「土浦亀城氏に聞く」『建築家』1984春、日本建築家協会

図2 ソヴィエト大使館正面玄関

で展示された。その計画案がレーモンド事務所の設計と似ているという指摘に対して、土浦は、『新建築』誌上で、次のように説明している。

「自分は設計中たびたび自宅に持ち帰って案を練って居たし、チェコの建築家ファイアースタイン氏（フォイエルシュタイン）も度々訪れて来たので、自分の設計に批評をしたり助言を呉れたりした。其後間もなく氏は米国に旅行したので、出来上がった設計は知らない筈だが、半年程後再び日本に帰って来た時、再設計がレーモンド事務所に頼まれたので、同事務所のファイアースタイン氏が之を担当した。夫が計らずも類似の設計が出来た理由であつて、両者は断然別のものである」[5]

レーモンド事務所の担当者のベドジヒ・フォイエルシュタイン[6]が土浦案をよく知っていたから、類似した結果になったということだった。ところが基本設計をしたレーモンド事務所は着工前に手を引いてしまい、大使館の担当者と施工会社だけで工事を進めることになった。土浦は、施工を請け負う大倉土木の担当者として現場に常駐し、大使館側の主導のもとに完成させた。そのような経緯があったため、土浦は大使館側の要求に応えつつ、友人フォイエルシュタインの設計案を尊重した。土浦邸に現存する「ソヴェート大使館」と題した1冊の写真アルバムには、工事の過程が写真で記録されており（図3）、表紙には大使館側の建築技師長のチェルトフ・チェトロフから土浦への感謝の言葉がつづられている。

コンクリート造2階建て、延べ床面積880坪の大使館本館は、東棟1階が社交の場、西棟1、2階が事務スペース、東棟2階が大使の住居になっていた。庭に面した東棟の南側は、カーブしたバルコニーと大きなガラス窓があり、内外ともに明るく近代的だった。しかし、外壁の淡いクリーム色のス

5 土浦亀城「ソヴェート大使館の建築に就て」『新建築』1931年1月号

6 Bedrich Feuerstein（1892–1936）チェコのボヘミア地方に生まれ、1914年にプラハ工科大学を卒業、1924年から1926年までパリのオーギュスト・ペレのもとで働く。1926年来日し、1930年チェコに戻る

図3 ソヴィエト大使館建設現場 1930

タッコについて、土浦は、「外壁は、白セメントと石粉を等分に混ぜた、スタッコの可成り粗面な仕上げである。此の粗面さが、スパニッシュ風なセンチメンタルな感じを与えるので面白くない。白か灰色で、もつと滑らかな、ごみの附かない面にした方が、科学的な感じがして、此の新興国の建物にもつとふさはしい」[7]という感想を述べている。設計者であるレーモンドとフォイエルシュタインを欠いた現場は、従来のシャンデリアが舞踏室に取りつけられたり、原案で描かれた細部のこだわりが勝手に変更されたりするなど一貫性に欠け、全体として納得のいく状況ではなかった。

さらに土浦は、大使館の両側に建てられた木造2階建てのアパートメントと領事館の現場も担当した。14家族用のアパートメントは、それぞれに3室の居室と台所と浴室があり、暖房は本館からスチームが配管され、台所にはガス湯沸かし器がついていた。諸々の問題があったにせよ、明快な構造、大きなガラス窓、無装飾というモダニズムの建築の現場全体を監理した経験は、その方向へと進む確信につながった。

土浦は、竣工後に「伝統に縛られて居た建築の様式も次第に自由な天地に開放されつつある。此大使館の様式も決してソヴェートのものではない、現代の国際的建築様式の一例として見るべきである」[8]と記し、国際的な様式としての認識を強調している。

その後まもなく、白い箱のような新橋医院（銀座、1930）が完成した（図4）。間口2間半、奥行き4間の小さなビルだが、地上4階地下1階の鉄筋コンクリート造で、外部は白色スタッコ仕上げ、1階のファサードのみ黒御影石張りという近代的な外観を有していた。1階は貸しスペース、2階は診療室、

7 註5に同じ

8 土浦亀城「新建築ソヴェート大使館」『科学知識』、1931年5月号、科学知識普及會

図4 新橋医院 1930

3階と4階は住居になっており、4階の正面および背面にテラスを設けている。入り口から半階分上がったところに1階の床があり、半階下がると地下室があった。住居部分の3階には6畳間二つと台所、4階は4畳半と風呂とテラスがあり、洋間はない。木造家屋が並ぶ1930年代の銀座の運河沿いに出現した白いコンクリート壁面と水平窓は、土浦が設計して実現した初めてのモダニズム建築であり、少し後に完成するトクダビルと共通するデザイン要素を備えていた。

山本邸と植村邸

大倉土木時代に土浦が担当した住宅としては、神田駿河台の山本邸（1929、図5）、世田谷の植村邸（1933、図6—1）、目白の山本博邸（1933、図7）がある。

駿河台の山本邸は、洋紙販売業の博進社の社長、山本留次の自邸で、鉄筋コンクリート造、地下1階地上3階の邸宅の一部は倉庫になっており、広い中庭を囲んで、居住の場と応接の場が別に配置されていた。外壁やインテリアには、幾何学的なパターンが多用されているが、それらはライト的な意匠というよりは、むしろ分離派が好んだ建物全体を統一する幾何学的パターンだった。

植村邸は、府下の砧村（現在の世田谷区成城）に写真化学研究所を設立し、東宝映画の初代社長となった植村泰二の邸宅だった。１１００坪の敷地に建つ延べ床１４１坪の大邸宅で、土浦の当時の作品には

図5　神田駿河台の山本邸　1929

図6―1　世田谷砧村の植村邸　1933

図7　目白の山本博邸　1933

珍しく切妻の瓦屋根がのっているが、「玄関の屋根、供待ち、その左、パラペットの上に瓦をのせた所等は茂木清太郎氏の案に依ったものである」[9]と記しているように、土浦自身の設計とはいえない部分があった。

とはいえ、折り戸で区切ることのできる広い居間と食堂、その南側のテラス、テラスを覆うオーニング用の白いスチールパイプなどに、土浦のモダンな生活感覚が発揮されている（図6―2）。居間の暖炉まわりには、ライトが好んだイングルヌックを思わせる4畳半ほどのスペースがあり、ソファが造り付けられている。この家で育った長女、中江泰子さんの回想によれば、「父母に姉妹五人、祖父母、お手伝いさん三人、通いのじいやと運転手さんと常時15人ほどの賑やかな暮らし」[10]だったという。映画関係者を招いた大勢のパーティのときは、居間とテラスと芝生の庭を一体として使った。普段の暮らしにおいても、庭にパイプ椅子を出して、ティータイムを楽しんだ。ここではアメリカ的なアウトドアリビングの暮らしが実践されていた。

豊島区目白の山本博邸は、以前、駿河台に自邸を建てた山本留次の子息のための住宅だった（図7）。総延べ床218坪の邸宅は、陸屋根の洋館部分と和館からなり、洋館の構造は木骨ラス張り、外壁は淡青色リシン仕上げ、窓などの木部は藍色、パイプやサッシュ類は白色ペンキ塗りであった。1階中央に広い居間があり、その前にポーチ、ポーチの前に細長い蓮池があり、東南の角には温室という土浦の他の作品と共通した特徴を備えていた。

新橋医院のように装飾のない機能的な作品もあったが、大倉土木の仕事の多くは、土浦の考えがその

9 「植村氏邸」『新建築』1933年8月号

図6―2　植村邸の居間と食堂

10 中江泰子・井上美子『私たちの成城物語』河出書房新社、1996年

まま実現されたとはいえない。一方、個人的に依頼される住宅作品や設計競技には、土浦の考えがはっきり反映された。その施主たちは、主に同年代の友人たちであった。

2 小住宅の設計

純洋式の文化アパートメント

土浦は1926（大正15）年に帰国して間もなく、日本初の純洋式アパートとして完成したばかりの御茶の水の文化アパートメントに入居した（図8）。それは、妻・信子の父である吉野作造や、吉野の友人である財団法人文化生活普及会の理事長、森本厚吉の勧めによるものであった。[11] 森本は、「能率の高い進歩的生活を送って、1人で普通の2、3人分の働きをしようと努力する文化生活の開拓者」をアパートの住人に想定しており、「家賃は高いが能率のいい生活ができる」と土浦に語ったという。[12]

11 森本厚吉（1877–1950）京都府に生まれる。札幌農学校本科を1897年に卒業した後、1903年にアメリカ・ボルチモアのジョンズ・ホプキンス大学院で経済学と歴史学を学ぶ。1906年帰国。1918年には北海道帝国大学農科大学教授。法学博士。

12 「文化生活の新しいホーム、財団法人文化生活普及会に就いて」『文化生活』1923年5月

図8　文化アパートメント

キリスト教の伝道者として来日し、実業家、建築家として活躍したアメリカ人のウィリアム・メレル・ヴォーリズ設計による鉄筋コンクリート造の文化アパートメントは、欧米型の生活様式をそのまま取り入れていた。地下には自動車車庫、洗濯場、1階に店舗、社交室、大食堂があり、各住戸にはすべて洋式ベッド、寝具、机、椅子、電話、ガス調理台、ストーブが設備され、居間にはマントルピースさえしつらえられていた。もともと文化アパートメントは、地下1階地上5階、全60戸として計画されたが、1932（昭和7）年までは、地上4階建てであった。住戸タイプは、1室型、3室型、4室型、5室型、7室型の5種類で、土浦が入居したのは、最も小さい1室型（5・7坪）だった。

このようなアメリカ風の生活空間に暮らすのは、外国人や海外生活経験者たちであった。土浦は文化アパートメントに住んだ2年足らずの間に、建築家フォイエルシュタインや、のちに施主となる同年代の知識人たち

図9—1　山縣邸

と出会った。しかし、1928（昭和3）年の春に亀城の父が逝去したこともあって、土浦夫妻は実家のある杉並町天沼へと移った。翌年、東京市麹町区元園町へ、1930（昭和5）年には、東京市麹町区永田町へと越し、そして1931年には東京市荏原郡下大崎（翌年住所改正により、品川区五反田）に最初の自邸を建てることになった。

ライト風からデ・スティルへ

1926年、土浦が個人的に設計した最初の作品は、ライト的な意匠と平面をもつ山縣邸だった（図9—1、2）。施主は土浦の友人、東京帝国大学工学部出身の船舶工学者、山縣昌夫（1898—1981）である。府下駒場に建設された木造1階建ての住宅は、ライトのプレーリーハウスのような水平にのびる屋根と十字型平面に特徴があり、土浦の住宅作品のなかではライトの影響が最も強く表れている。しか

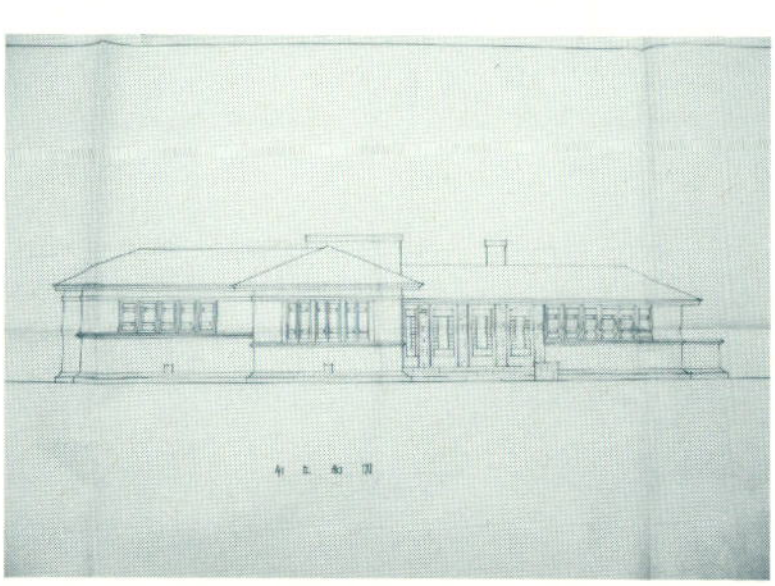

図9—2　山縣邸南立面図

し、内部においては、食堂が茶の間（和室）になっていて、欧米式の生活様式は徹底されていない。

山縣邸から、その後の吉田邸、伊藤邸、大脇邸、谷井邸に至る住宅作品に見られる変化は、土浦のライト風からモダニズムに至る過程を示している。1928年から1930年にかけて設計・建設したこれらの4軒の住宅は、すべて同年代の友人のための小住宅であった（図10、11、12、13）。

図10　吉田邸（J邸）1929

図11　伊藤邸　1930

図12　大脇邸　1930

図13　谷井邸　1930

図14　大脇邸の居間

吉田邸（J邸）と南澤学園町（現・東久留米市学園町）の大脇邸は文化アパートメント時代の友人、世田谷吹上（現・豪徳寺）の谷井邸は信子の女子高等師範学校付属高等女学校時代の友人の家であった。土浦の記述によれば、「此の人達は、自分と略同年輩の青年俸給者であり、建築界の新しい傾向も理解し、住宅を新築するに當ても従来の家屋の不便を出来る限り除き、様式や習慣に囚われず、有らゆる点で合理的なるものを作りたいと謂ふ、熱心な希望を持て居た」[13]のであった。

この4軒の住宅は、コンクリートの基礎、木造の軸組、陸屋根（屋上テラス）、外壁はセメント塗り、内壁は漆喰、ベニヤ板、壁板等を用いたところが共通していた。そして、その内壁や天井に使われたフジテックス（フジテッキスとも表記。米国製のセロテックスやインシュライトなどをまねた国産の圧縮繊維板）などの工業製品は、住宅部材の標準化を考慮したものであった（図14）。

4軒の住宅の外観の意匠は、吉田邸から谷井邸へと

13　『新興藝術研究　第二輯』刀江書院、1931年6月、190頁

しだいに単純化しており、より幾何学的に整理された形態へと移行する過程を示している。この変化は、幾何学的な構成美を求めるデ・ステイルから、それをさらに単純化・抽象化したバウハウスへの移行とみることができる。ライトがデ・ステイルに影響を与え、それがバウハウスへと至る近代建築の流れを、土浦は短期間で追いかけたことになる。

中流知識階級のために

この4軒の住宅が大邸宅ではなく、中流の知識階級のための小住宅であったことも、バウハウス的なデザインへの移行を早めた。土浦はヨーロッパの建築運動の影響を受けて、中流階層の集合住宅の建設を念頭においていた。言い換えれば、集合住宅を理想として、個人住宅を建てていた。1931年に土浦は以下のように書いている。

「雇い人の数も少ない。無くつてすめば尚更よい。生活は出来るだけ簡易に、能率的に、健康的に、と考へて居る。言い換えれば、世界の建築界の目下の研究問題である共同住宅の如きものを現代人は望んで居るんだ[14]」

「労働者の施設は流行の社会問題であるし、富豪はいつでも不足を感じて居ないのであるから、結局中流の知識階級と言ふ中間物だけは、社会の注目から忘れられて居る……(中略)在来の住宅に住むに耐

14　土浦亀城「新住宅建築の問題」『国際建築』1931年第3号

えなくなつた人は共同住宅に要望して居たものを以て個人住宅を建てる」[15]

このように土浦の関心は、「中流知識階級のための合理的な住宅」をつくることにあり、その考えを新聞や雑誌に寄稿している。1931年の『婦人公論』1月号に掲載された「千五百円の家」[16]、翌年の「拡張の出来る設計」[17]などがその例である。

「千五百円の家」（図15）は、使用人を使わない方針で、できるだけ無駄な場所のない能率的な間取りを望む、中流インテリ層のための住宅の提案だった。3間×4間、12坪の平屋建ての南側に幅4尺のポーチをつけた最小限住宅で、面積の半分を占める居間の東側に台所と食堂、北側に畳み込みベッドつきの寝室がある。台所と食堂の間に間仕切りはなく、またトイレと洗面所と風呂は一室にまとめられた。設備としては、壁にガスあるいは石油の湯沸かし器を取りつけて、台所の流しと洗面器と浴槽に給湯し、暖房はガスストーブか石炭のユンケルストーブを居間に置いた。当時、水洗式トイレには浄化槽が必要で1台350円以上、湯沸し器は300円ほどするため、この二つは1500円の建築費には含まれていない。

「主婦のための最も能率的な間取り」と「暖房・衛生設備」を備えた機能的な居住空間は、1929年のCIAM国際会議のテーマである「最小限住宅」の考え方を踏まえており、戦後日本の小住宅を先取りしたものであった。ただし、設備を個々の家で負担するのは高価すぎるので、できれば設備を共有し、建材を大量生産できる集合住宅が望ましかった。

土浦が次に提案した「拡張の出来る設計」計画案では、「生長する家」をテーマにした（図16）。新し

15　土浦亀城「中産インテリ階級　明日の住宅　簡易生活への試案　千五百円の家」『婦人公論』1931年1月号、中央公論社

16　註15に同じ

17　土浦亀城「拡張の出来る設計」『婦人公論』1932年9月号

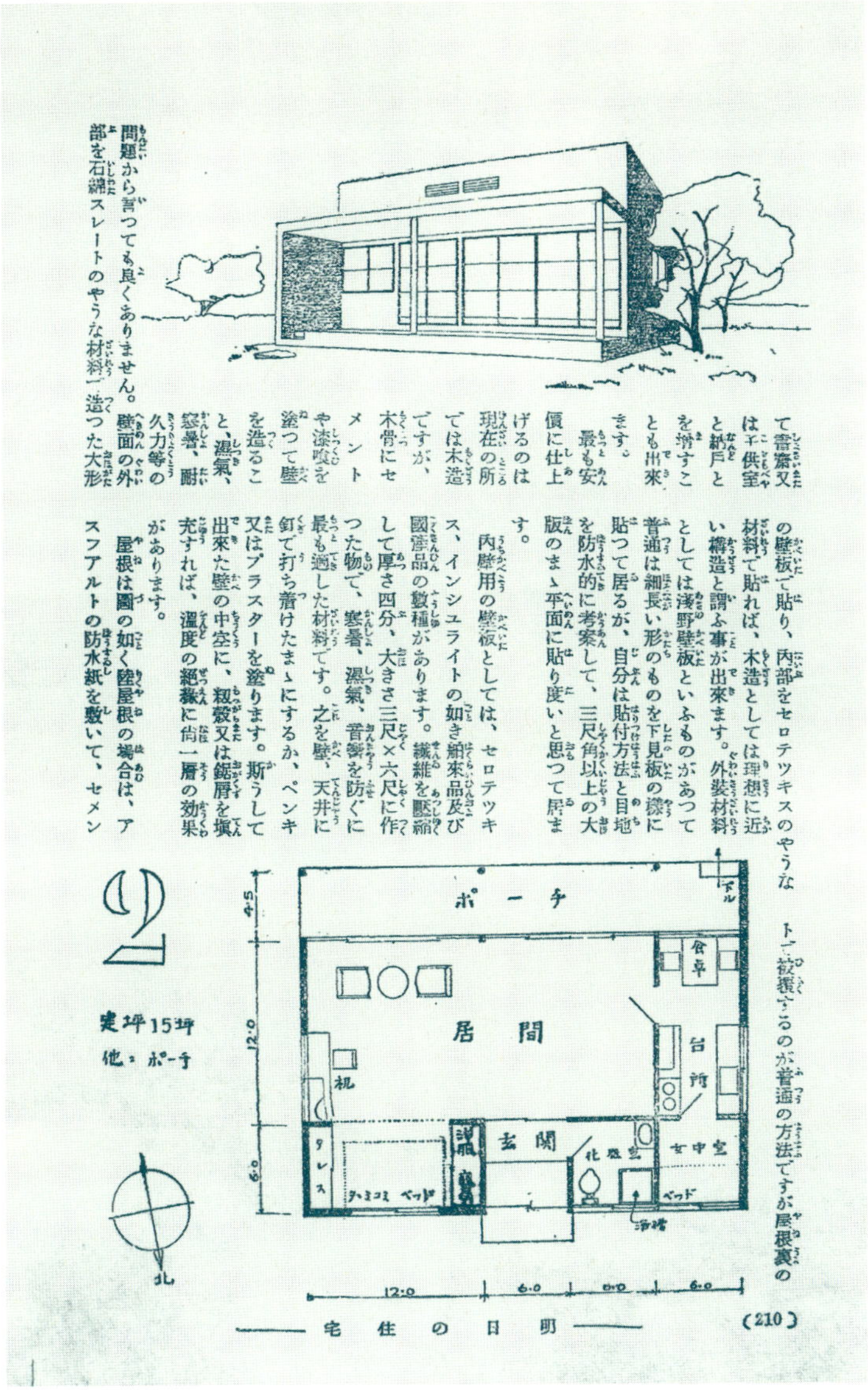

て書斎《しよさい》又《また》は子供室《こどもべや》と納戸《なんど》とを増《ま》すことも出來《でき》ます。

最《もつと》も安價《あんか》に仕上《しあ》げるのは現在《げんざい》の所《ところ》では木造《もくざう》ですが、木骨《もくこつ》にセメントや漆喰《しつくひ》を塗《ぬ》つて壁《かべ》を造《つく》ると、濕氣《しつき》、寒暑《かんしよ》、耐《たい》久力等《きうりよくとう》の問題《もんだい》から言《い》つても良《よ》くありません。壁面《へきめん》の外部《ぐわいぶ》を石綿《いしわた》スレートのやうな材料《ざいれう》で造《つく》つた大形《おほがた》の壁板《かべいた》で貼《は》り、内部《ないぶ》をセロテツキスのやうな材料《ざいれう》で貼《は》れば、木造《もくざう》としては理想《りそう》に近《ちか》い構造《かうぞう》と謂《い》ふ事《こと》が出來《でき》ます。外裝材料《ぐわいさうざいれう》としては淺野壁板《あさのかべいた》といふものがあつて普通《ふつう》は細長《ほそなが》い形《かたち》のものを下見板《したみいた》の樣《やう》に貼《は》つて居《ゐ》るが、自分《じぶん》は貼付方法《はりつけはうはふ》と目地《めち》を防水的《ばうすゐてき》に考案《かうあん》して、三尺角以上《しやくかくいじやう》の大版《おほばん》のまゝ平面《へいめん》に貼《は》り度《た》いと思《おも》つて居《ゐ》ます。

内壁用《うちかべよう》の壁板《かべいた》としては、セロテツキス、インシユライトの如《ごと》き舶來品《はくらいひん》及び國產品《こくさんひん》の數種《すうしゆ》があります。纖維《せんゐ》を壓縮《あつしゆく》して厚《あつ》さ四分《ぶ》、大《おほ》きさ三尺《じやく》×六尺《しやく》に作《つく》つた物《もの》で、寒暑《かんしよ》、濕氣《しつき》、音響《おんきやう》を防《ふせ》ぐに最《もつと》も適《てき》した材料《ざいれう》です。之《これ》を壁《かべ》、天井《てんじやう》に釘《くぎ》で打《う》ち着《つ》けたまゝにするか、ペンキ又《また》はプラスターを塗《ぬ》ります。斯《か》うして出來《でき》た壁《かべ》の中空《ちうくう》に、籾殼《もみがら》又《また》は鋸屑《おがくづ》を塡充《てんじう》すれば、溫度《をんど》の絕緣《ぜつえん》に尙《なほ》一層《そう》の效果《かうくわ》があります。

屋根《やね》は圖《づ》の如《ごと》く陸屋根《りくやね》の場合《ばあひ》は、アスフアルトの防水紙《ばうすゐし》を敷《し》いて、セメントで被覆《ひふく》するのが普通《ふつう》の方法《はうはふ》ですが屋根裏《やねうら》の

——明日の住宅——　(210)

図15　土浦亀城「中産インテリ階級　明日の住宅　簡易生活への試案——千五百円の家」婦人公論1931年1月号

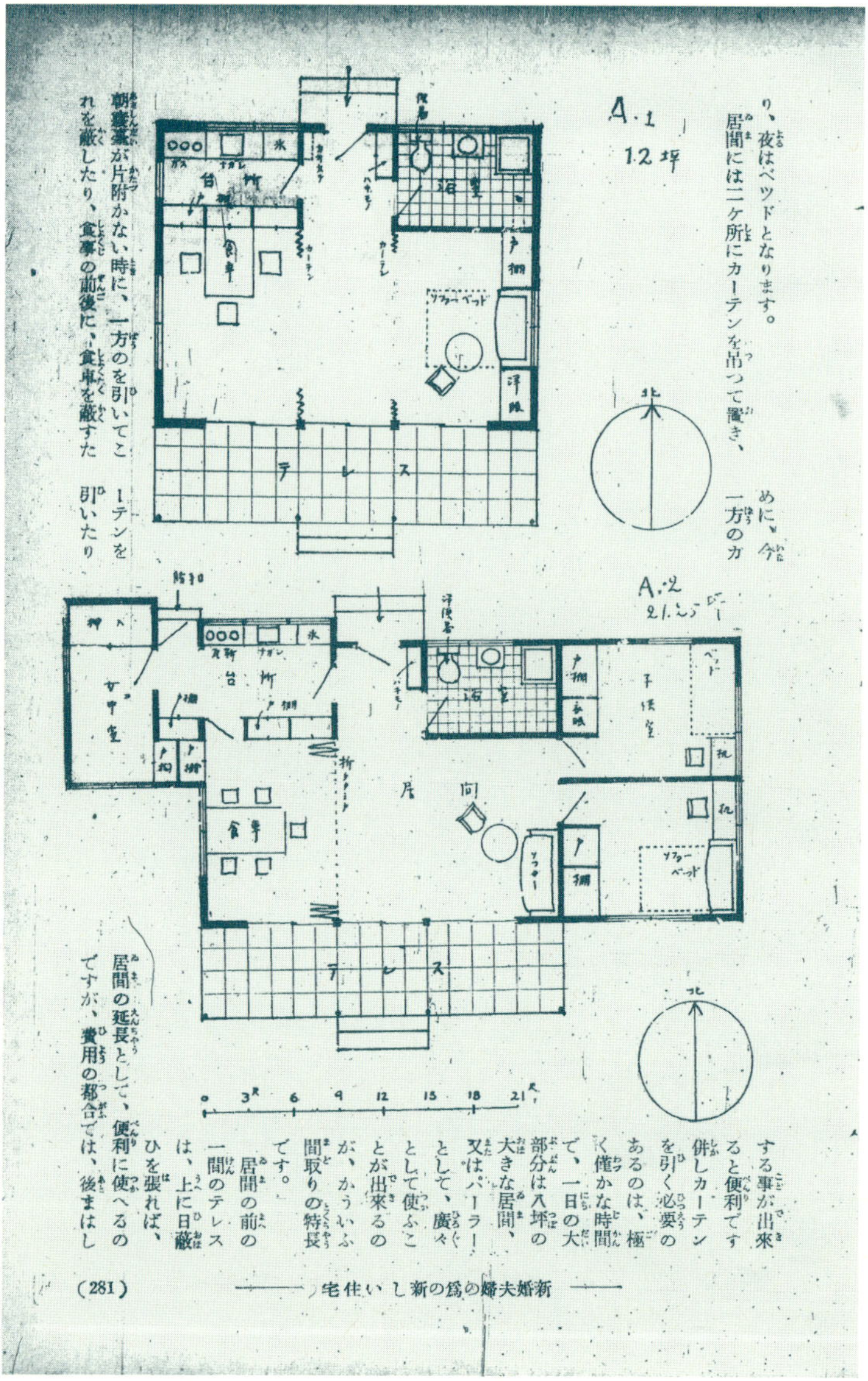
り、夜はベツドとなります。
居間には二ケ所にカーテンを吊つて置き、一方のカ
ーテンを引いたり
朝寝坊が片附かない時に、一方のを引いてこ
れを蔽したり、食事の前後に、食卓を蔽した
めに、今

する事が出來ると便利です。併しカーテンを引く必要のあるのは、極く僅かな時間で、一日の大部分は八坪の大きな居間、又はパーラーとして、廣々として使ふことが出來るのが、かういふ間取りの特長です。

居間の前の一間のテレスは、上に日蔽ひを張れば、居間の延長として、便利に使へるのですが、費用の都合では、後まはし
(281) ――新婚夫婦の爲の新しい住宅――

図16 土浦亀城「新婚夫婦の為の新しい住宅――拡張の出来る設計」婦人公論1932年9月号

い住居は、以下の5点を満たすものでなければならなかった。

①最小限の建築費

②掃除、手入れ等、維持のための最小限の労力と経費

③住宅を、住むための機械として、最大限の能率を上げうること

④明るく楽しい近代生活の享楽

⑤将来における家庭の発展と向上の予想

ここでも「千五百円の家」と同様に、家事の効率化を重視している。土浦は最小限のスペースとして、居間(寝室、食堂に兼用)、台所、浴室(水洗トイレの場合は兼用)の3室を挙げた。さらに家族の変化に対応するために拡張できる住宅の条件として、①取り壊す部分を最小限にする、②台所、浴室等の設備の部屋を動かさない、③取り壊しやすい構造にするという3点に集約した。そして拡張の出来る家の構造は、変更が自由で新旧の継ぎ目に跡が残らない乾式構造が適しているとした。

徹底した合理性と機能性を追求する姿勢は、和風の伝統や西洋の様式を重視する建築家とは一線を画したものであり、土浦のモダニズムを特徴づけていた。「明るく楽しい近代生活」、「家庭の発展と向上」など近代的な家族像を描いたところにも土浦の先駆性があった。

土浦稲城と土浦信子

文化アパートメント時代から、土浦は個人的に友人たちの住宅の設計を始めていた。1926年の山縣邸、1929年の吉田邸(J邸)、1930年の伊藤邸、大脇邸、谷井邸、1931年のトクダビル、俵邸、平林邸、五反田の土浦自邸など、1934年12月に土浦亀城建築事務所を開設するまでに、すでに30軒ほどの作品を設計している。これらの住宅の多くは、『国際建築』や『新建築』誌に発表され、新進建築家、土浦亀城の名を知らしめることとなった。大倉土木に勤務していた土浦が個人的にこれだけの設計ができたのは、弟の土浦稲城や妻の土浦信子の協力があったからであろう。

土浦稲城は1902(明治35)年に生まれ、1926年に日本大学工学部の前身である高等工学校の建築科を卒業した。1924年から31年まで遠藤新建築創作所に勤めて自由学園や甲子園ホテルを担当、1932年からは設計事務所を自営していた。「土浦稲城」の名で雑誌に掲載された作品には、1933年の石井邸(図17)や岩原スキーハウスがある。1934年からは土浦亀城建築事務所の所員となり、1969年の事務所閉鎖まで勤務した。『建設界紳士録』(1962)によれば、主な作品として、自由学園、甲子園ホテル、洛東アパート(京都)、野々宮アパート、強羅ホテル、北支製鉄社宅(北京)、南ボルネオ製鉄工場(インドネシア・バリクパパン)、国際観光ホテルが記されている。稲城は、常に兄を支える有能な協力者だった。

アメリカのライトの事務所でトレースから勉強を始めた信子は、インターナショナル・コレスポンデ

図17　稲城設計の石井邸（兵庫県仁川）1933

ンス・スクールという通信教育を2年間受けて、在米中に修了した。帰国後、１９２９年の朝日新聞社の「新時代の中小住宅懸賞設計」（図18）に入選、その住宅案が「朝日住宅展」でのモデルハウスとして実現するなど住宅設計で活躍し、日本初の女性建築家として雑誌や新聞に取り上げられている（図19）。信子が設計に関わった作品は、大脇邸、谷井邸、五反田の土浦自邸、長者丸の土浦自邸、志賀高原の女高師ヒュッテなどである。大脇邸は、朝日住宅展での入選作品によく似ており、信子の設計ということもできるだろう。また自邸に関しては、１９３５年アサヒグラフ編『今日の住宅―その健康性と能率性へ』の「住宅と主婦の考案」の項目を担当し、その設計の工夫を信子自身が主婦の立場から解説している。土浦が事務所を設立してから3年ほどは所員とともに事務所で働き、主にインテリアを担当したが、その後は建築の世界から遠ざかった。[18]

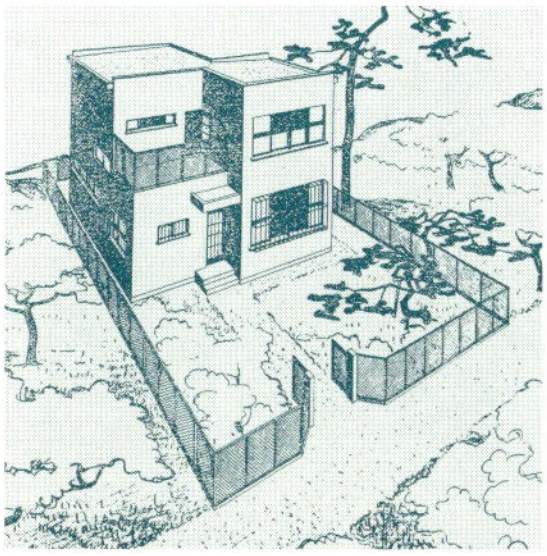

図18　土浦信子「新時代の中小住宅懸賞設計入選案」1929

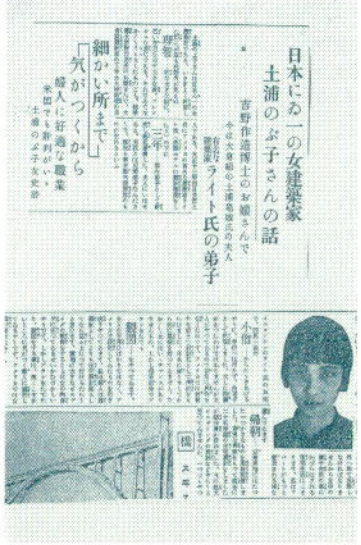
日本に唯一の女建築家
土浦のぶ子さんの話
吉野作造博士のお嬢さんで
今は大倉組の土浦亀城氏の夫人
有名な建築家ライト氏の弟子
「細かい所まで気がつくから」
婦人に好適な職業
米国でも評判がいゝ
土浦のぶ子女史談

図19「日本に唯一の女建築家」

18　土浦信子については、小川信子・田中厚子『ビッグ・リトル・ノブ　ライトの弟子、女性建築家土浦信子』（ドメス出版、2001年）に詳しい。

3 フォイエルシュタイン

大倉土木に勤めながら、個人的に住宅設計をする日々において、新しい考えを試す機会は設計競技だった。当時土浦が応募した設計競技には、1929年の「地下鉄ビルヂング」「斎藤報恩記念会館」「髙島屋デパートメントストア」がある。先の2件を共同設計したのが、ベドジヒ・フォイエルシュタインだった。土浦は、ヨーロッパの建築情報に詳しいフォイエルシュタインとの交流を通して、ともに新しい建築のあり方を模索していた。

チェコ出身の建築家

フォイエルシュタインは、1892年にチェコのドブロヴィツェ・ボヘミアに生まれ、1914年にプラハ工科大学を卒業し、パリやプラハの劇場の舞台装置、特に友人の劇作家カレル・チャペックのための舞台装置のデザインで活躍するとともに、ニンブルクの火葬場(1921–24)、プラハ軍部地理局

（1921–25）を設計した。その後フランスの近代建築家オーギュスト・ペレの事務所に勤め、1925年に開催されたパリ万国装飾美術博覧会（通称アールデコ博）では、仮設劇場を担当した。1926年5月にやはりチェコ出身のアントニン・レーモンドの誘いで来日し、レーモンド事務所の協同設計者（collaborator）として、ライジングサン石油会社（現・昭和シェル）横浜支店、同社宅、聖路加国際病院旧病棟、そして駐日ソ連大使館を担当した。

土浦とフォイエルシュタインは、1926年に文化アパートメントで知り合った。チェコのニンブルク市の火葬場などを設計していた彼は、すでに先進的な近代建築の設計者として知られており、翌年の東京日日新聞の記事「復興の東京に落付いた建物を　ファイアースタイン（フォイエルシュタイン）氏を迎え明るい芸術味の創造へ」によれば、「震災で破壊された東京を明るい芸術的な住み心地のよい都市にするため市民は努力してゐるがともすればアメリカ風が現れすぎるのでもっと日本の文化に即し日本人の生活に理解をもった建築家の来ることを望んでゐたこの時、舞台装置の大家としてヨーロッパに名をなしてゐるばかりでなく建築界に新しい運動を起こしたベドリッヒ・ファイアースタイン氏を迎へたことは喜ばしいことである」と書かれている。

さらにその記事には、大倉土木の土浦亀城の言葉として、「フ氏は本当に日本のわかる人です。地震後の東京は復興のために協力してゐるがヨーロッパで一番新しい建築芸術の大家を迎へたことは混とんとしてゐる日本の建築界の空気を打破するに非常な刺戟となります」とあり、土浦との交流がすでに始まっていたことがわかる。

3年ほどの間ではあったが、土浦夫妻はフォイエルシュタインと親しく交流した（図20）。単身来日していたフォイエルシュタインは、よく夫妻の家を訪ねてきて一緒に食事をしたという。彼らの親しさは、1928年から5年間にわたる彼らの往復書簡から窺い知ることができる。[19]

フォイエルシュタインは、1928年の春から夏にかけて、築地の聖路加国際病院の改築（1929–31）のために、ルドルフ・B・トイスラー博士に同行して、ニューヨークやオハイオ州クリーヴランドの病院を視察した。その旅の途中で土浦夫妻に宛てた手紙には、信頼感と親しさがあふれている。

「文化アパートに来た私宛ての手紙を保管しておいてください」（1928年4月13日　フォイエルシュタインから信子へ。ハワイにて）

「2日前に亀城に手紙を書きました。6月29日付のあなたからの手紙が届きました。あなたに頼まれたものはすべて買いました。ただし、レーヨンのアンダーウェアを除いて。靴のボタンは見つかりませんでした。文化（引用者註：文化アパート）の森本夫人に、9月17日に到着すると伝えてください。部屋を予約したいと伝えてください。これからクリーヴランドの病院を視察に行く予定です。時間があれば、ロサンゼルスに立ち寄ります。サンフランシスコ宛てに手紙を書いてください。サンフランシスコで買い物ができると思いますから、欲しいものがあれば知らせてください」（1928年7月19日　フォイエルシュタインより信子へ。ニューヨークにて）

「お父上の逝去をお悔やみ申し上げます。私がまだ東京にいた頃手術をしたのに残念です。8月にサンフランシスコを発ち、9月17日に横浜に到着する予定です。あなたがたが文化アパートから引っ越した

図20　ライジングサン石油会社社宅（横浜 1929）で信子とフォイエルシュタイン

19　1928年4月12日付から1932年4月5日付まで15通のフォイエルシュタインからの書簡が現存する。プラハ国立工業技術博物館書庫に所蔵される土浦からの書簡については、Helena Capkova "Transnational Correspondence-Tsuchiura Kameki, Tsuchiura Nobuko and Bedrich Feurestein"（『デザイン史学』第8号、2010年、デザイン史学研究会）を参照した。英文からの翻訳は筆者

という知らせを聞き残念に思いました。寂しくなりますが、私たちの計画や将来の夢には影響しないでしょう。大使館の仕事を失ったことは心配ありません。そのようなことはよくあることです。信子さんと吉田夫人に買い物をしました。（中略）船まで迎えに来て税関で通訳してもらえると助かります」（1928年7月17日　フォイエルシュタインより亀城へ。ニューヨークにて）

「ロシア大使館や、市庁舎（引用者註：名古屋）のコンペはどうなっていますか？」（1928年5月18日　フォイエルシュタインから信子へ。ニューヨークにて）というように、個人的なことから仕事のことまで書かれている。

地下鉄ビルディング設計競技

1928年9月にフォイエルシュタインがアメリカから戻ると、翌年、二人は共同で、東京地下鉄道株式会社本社停車場ビルヂング建築設計図案意匠懸賞（1929、図21）と仙台の斉藤報恩会館設計競技（1929、図22）に応募した。このときの図面には、信子や、信子の妹の秀子のサインがあり、彼女たちが図面作成を手伝っていたことがわかる。

東京地下鉄ビルヂングの案は、選外佳作第四席となった。神田末広町を敷地とする、地上8階地下2階のこの建物は、屋上庭園や横長の大きな窓という近代建築の要素を備えたものであった。これ以降の

図21　地下鉄ビルディング設計競技案　1929

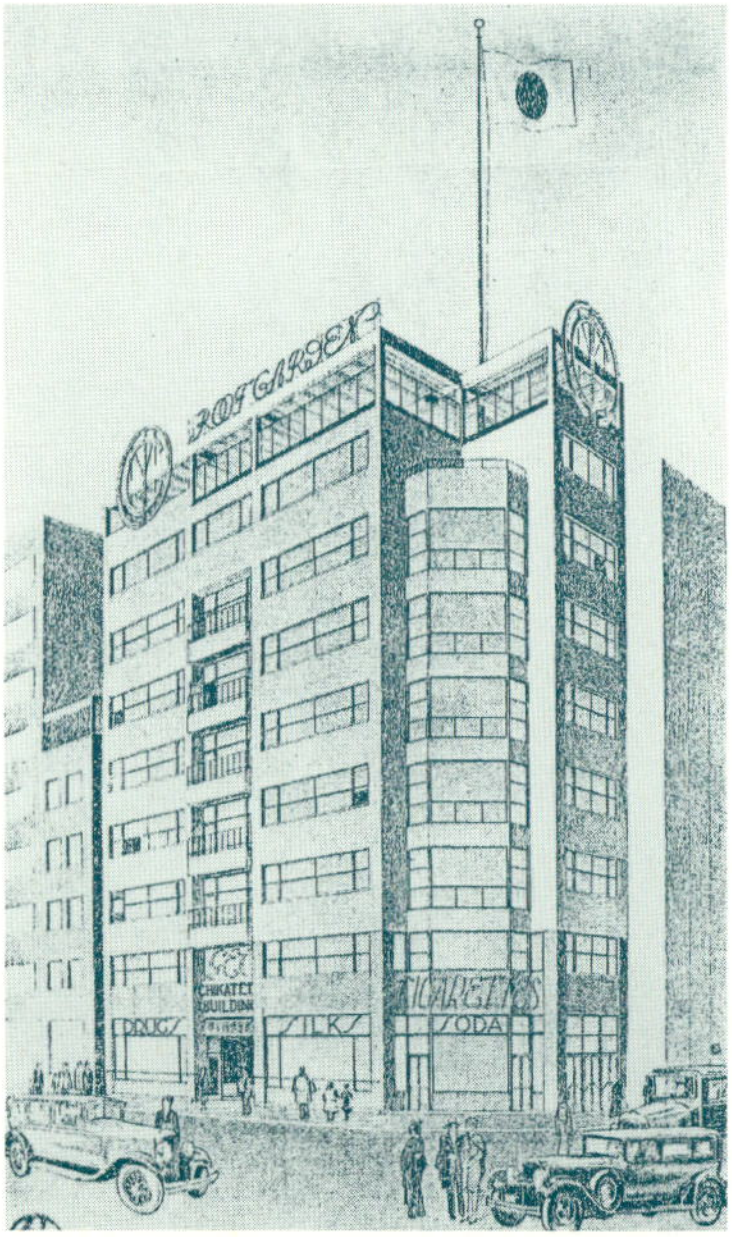

土浦の作品は、平滑な白い壁面で構成されるモダニズムに移行する。
　仙台の斎藤報恩会館応募案は、正面玄関前の大きな庇を支える4本の細い柱と、カーブしたバルコニーに特徴があり、中央のメインホールと両翼の平屋部分で構成される。パースに稚拙さがあるものの、全体に無装飾の四角い箱型の軽やかなデザインには、新しい時代の大胆さがあり、レーモンドが1931年から32年にかけて設計した東京ゴルフ倶楽部を思わせる。しかし入選したのは、地元の建築家の伝統的な案だった。この土浦たちの計画案は、1931年にチェコの芸術雑誌『ムサイオン』に掲載されたが、日本ではあまり知られていない。
　この2案について、「両デザインは、日本とチェコスロヴァキアの近代建築からヒントを得たアイデアの結晶である。」と指摘されている。国を超えた影響関係は、世界的なモダニズムの動向のもとで、意欲的な建築家たちが刺激し合っていたことを示している。
　土浦とフォイエルシュタインの共同設計は、二つのコンペ案だけで終わった。なぜなら、1930

図22　斎藤報恩会館設計競技応募案　1929

UCLA LIBRARY
not for reproduction

UCLA LIBRARY
not for reproduction

図23　髙島屋デパートメントストア設計競技案　1930

年2月、聖路加国際病院の着工直前にもかかわらず、フォイエルシュタインが突然チェコに帰国したからである。創立者のルドルフ・トイスラーとレーモンドが設計をめぐる対立から溝を深め、レーモンド事務所はその仕事から全面的に手を引くことになり、フォイエルシュタインがレーモンドの協同設計者という立場を失ったことが直接的な原因だった。フォイエルシュタインが離日したのち、土浦は一人で髙島屋デパートメントストアの設計競技に応募しなければならなかった（図23）。

プラハと東京の往復書簡

フォイエルシュタインが日本を去ってからの二人の交流と活動は、往復書簡から知ることができる。

1930年3月30日　土浦亀城からフォイエルシュタインへ

この手紙が届く頃には、あなたはパリか母国におられることと思います。そう願っています。私はまだ同じポジションで、同じように働いています。（中略）

昨日新聞で聖路加国際病院の地鎮祭についての報道がありました。これは新聞に掲載されていた写真です。中央におられるのが秩父宮殿下と妃殿下、左に立っているのがトイスラー博士です。ここで祝福されるべき唯一の人があなたです。そうすれば多くの人があなたのことを記憶に留めたことでしょう。

私は数寄屋橋の近くのバーのインテリアを設計しました。

新しい高島屋の設計コンペが行われます。ひとりで応募するつもりです

数寄屋橋の近くのバーがどこを指すのか不明だが、大倉土木の仕事であろう。聖路加国際病院の地鎮祭にフォイエルシュタインがいないことを惜しむ友情にあふれた文面である。それに対するフォイエルシュタインの返事には、寂しさとヨーロッパでの絶望感が漂っている。

1930年5月24日　フォイエルシュタインから土浦亀城へ

マルセイユまで静かな旅でした。太陽はあまり照らず、霧が多くて私の耳にはとても悪い状態でした。船の上で薩摩夫妻[20]に会い、親しくなりました。また蜂須賀侯爵[21]も同じ船でした。彼はエジプ

20 薩摩治朗八夫妻。実業家で美術収集家でもあった薩摩治朗八（1901–1976）は、ヨーロッパで日本人芸術家の活動を支援した

21 貴族院議員で探検家の蜂須賀正氏（1903–1953）と思われる

トに向かっていて、ヨーロッパに2年滞在する予定だそうです。とても楽しい仲間でした。

パリにはあまり長くいませんでした。天気が雨ばかりで、旅行の疲れもありました。私は、ペレ氏や数人の友人に会ってからプラハへの汽車に乗りました。

ここプラハで私は休んでいます。ここの状況は日本とよく似ています。4年間留守をしていた間は仕事が沢山ありましたが今は何もありません。私の友人の多くは仕事がなく事務所を閉じています。フランスも状況は悪いです。私は待つことにします。(中略)信や妹たちやあなたのご家族はどうしていますか？　髙島屋のコンペがうまくいくといいですね。東京で手伝うことができなくて申し訳ありません。現在のヨーロッパはまったく望みがありません

次の土浦からの返事には、愛知県庁舎と髙屋のコンペの報告、そして京都記念美術館のコンペに参加しないことが書かれている。ソ連大使館が間もなく完成することやノイトラの来日についての記述から、土浦が忙しく活動していることがうかがえる。

1930年6月13日　土浦亀城からフォイエルシュタインへ

あなたからの一通目の手紙が昨日プラハから届きました。無事戻られたと聞き嬉しく思っております。船でお会いになった薩摩夫妻は、日本のお城を真似た酷いスタイルの日本人学生寮をパリに建てた方に違いありません。しかし彼らは大変裕福なので良いクライアントになるでしょう。あな

たの国もフランスも、状況が大変悪いとのこと。どうなっていくのか待つしかありません。

「名古屋県庁（ママ）」の当選案が建築学会の雑誌で公開されました。スタイルについては話すまでもありません。参加しなくてよかったと思います。「髙島屋」のコンペのために、私は1週間でドローイングを書き上げましたが、入選できませんでした。入選案は明日展示される予定です。新聞に掲載された一位の案は「古典的」なものでした。

今は京都の記念美術館のコンペがあり、締め切りは7月15日です。今回は参加しないつもりです。審査員はどうしようもない人たちです。

ソヴィエト大使館はほぼ完成しました。後は塀と守衛小屋が工事中です。チェルトフも変わりありません。大使館の人たちはすでに引っ越してきており、古い家具を持ち込み全てが台無しです。数日中に写真を撮って送ります。大倉は約7万円失ったので、私は惨めな思いをしています。オフィス以外では、今は重要な仕事はありません。

2、3日前に友人のリチャード・ノイトラが日本を訪れました。彼はアメリカ代表として近代建築国際会議に出席するためにブリュッセルに向かう途中です。彼に日本の新しいものや古いものを見せました。機会があれば、あなたも会うといいと思います。先日の夜、彼は現代建築に関する講義を行い、私はその通訳をしました。

信子は最近とても活動的です。私たちは数回、若い建築家による会議を開催しました。彼らの中には、2、3週間前にコルビュジエのもとから帰ってきた前川[22]がいます。またあなたがSima[23]に紹介

22 前川國男（1905–1986）建築家。東京帝国大学建築学科卒業後、パリのル・コルビュジエの事務所で働き、1930年に帰国してレーモンド事務所入所。1935年事務所開設。主な作品に神奈川県立音楽堂・図書館（1954）、東京文化会館（1961）、東京海上ビルディング本館（1974）など

23 Simaが誰であるか特定できていない

してあげた山田[24]もいます。彼はヨーロッパやアメリカから現代建築の映像を持ち帰っています

1931年1月22日　土浦亀城からフォイエルシュタインへ

手紙ありがとう。ヨーロッパのことはいつも興味深く読ませてもらっています。先日大学での職へのオファーがあり何度か試験的な講義をされたとのことでしたが、どのようになったか知らせてください。依頼されていた日本での2つのコンペの写真を同封しました。また別の手紙で、ストックホルムの現代建築展覧会のための大きなサイズの写真を送るようにとのことでしたが、サイズがわかればすぐにお送りします。

ソヴィエト大使館や私の近作である小さな家の写真が掲載された雑誌を別送します。大使館は昨年の7月に竣工したのですが、いくつか仕事が残っているためチェルトフは2月まで滞在するようです。私にとっては喜ばしい仕事ではなかったのですが、幾分かの損失はあったものの残りの仕事が終わってお金が支払われれば、とても喜ばしいことです。個人的にはチェルトフとも大使館の他の方々ともいい間柄です。

おそらくスワガーから聞いてご存知かと思いますが、レーモンドはもう聖路加国際病院の仕事をしていません。モジージェクは数日中に事務所を去り、アメリカに行くようです。レーモンドは今、大変忙しいわけではなく、最近コルビュジエのもとから戻った私の友人の前川が彼の事務所で設計の仕事をしています。彼らは大阪のキリスト教系の学校の設計をちょうど終えたところです。教文

24
山田守（1894-1966）建築家。東京帝国大学建築学科卒業後、逓信省営繕課に入り、電信局など逓信建築の設計を行う。1945年に退官し、1950年に建築事務所を設立。代表作に東京中央電信局（1925）、東京逓信病院（1937）、東海大学キャンパス（1962）など

館はまだはじまっていません。Japan Advertiserは数週間前に火災にあいました。レーモンドは再建設の仕事を得ようとしましたが、まだうまくいっていません。私は大倉組ではさほど忙しくありません。私が設計を手がけたコンクリートの小さな家が現在建設中です。個人的に、2つの小さな家を建てましたので、それらの写真を今度送ります。昨年7月に私たちは新興建築家連盟を創設し、100名のメンバーが集まりましたが、結局政府によって社会主義的な考えであるという理由で強迫され、解散しました。

現在、帝国博物館のコンペがありますが、日本スタイルの建築が要求されているため、今回は参加しないつもりです。

何か建築に関する面白い出版物があったら、送ってください

土浦からの手紙には、ソ連大使館や聖路加国際病院、レーモンド事務所の近況、自分が設計した二つの住宅（おそらく谷井邸と大脇邸）、新興建築家連盟が設立後間もなく瓦解したこと、帝室博物館のコンペといった日本建築界の最新情報が書かれている。その返信をフォイエルシュタインが書いたのは9か月後であった。美術雑誌『ムサイオン』に仙台の斎藤報恩会館設計案が掲載されたこと、ほかの2誌に土浦の住宅作品（名称不明）が掲載されたことが記されている。

1931年10月21日　フォイエルシュタインから土浦亀城へ

半年も返事を書きませんでした。怒っておられることでしょう。私のことを『ワルイトモダチ』と思わないでください。

数ヶ月前私は、チェコのモダンな建築家の最近のプロジェクトが掲載された『ムサイオン』という出版物を送りました。私たちの仙台のプロジェクトも載っています。あなたが設計した東京の住宅もSTAVITELやSTAVBAに掲載されました。両方ともあなたに届いていると良いのですが。

昨年の夏、私はソヴィエトを3週間だけ訪れました。状況を自分の目で見るためにロシアまで行ったのです。私は政府の仕事をするつもりでした。職を得ることはとても簡単です。しかし私にはそこの住環境が合わず、しばらくの間チェコスロバキアに留まることにしました。

確かにソヴィエトでの新たな生活は実に興味深いものです。しかしそれは特に政治家や社会学者にとってのことです。西洋の感覚を持った建築家にとってはそうではありません。ソヴィエトは膨大な問題をかかえて巨大なスケールの仕事をしています。彼らはウラル地方の国々やアジアに100を超える都市を建設しています。しかし、仕事がどう行われるかではなく、いかに早く、質素な方法で行われるかが大事なのです。全てのことは私にチェルトフのことを思い出させます。最もモダンなものが最も古いものと混ざっています。私たちのセンスでは、あのような方法から満足感を得ることはできません。

それに加え生活費が日本やアメリカよりも高いのです。何もかもが汚く、不快です。8月からは、ここプラハで私が年初めから携わっている本屋の建設の監督をしています。資金不足など下請け業者やオーナーとの多くのトラブルがありました。もう竣工したので写真をすぐに送ります。

今はコンペの設計をしています。教授職の件についてはまだ決まっていません。半年はかかるでしょう。

日本の建設事情を早く聞かせてください。私が日本を去ったことは失敗でしょうか。ヨーロッパ全土とアメリカの危機はとても深刻です。フランスとチェコスロバキアは例外ですが、これもいつまで抵抗できるでしょう。

あなたはまだ大倉組に勤めていますか？ ほかの仕事もしているのでしょうか？ 聖路加病院のことについてその後何か聞きましたか？ スワガー氏に手紙を出しましたが返信が来ません。彼らも何か問題に巻き込まれているのではないかと思います。

いつか私は日本に戻ると信じています。日本のことを考えるとホームシックになります。私が住んだ中で最も素敵な国です」

ヨーロッパの状況は日本よりも危機的だったようだ。ロシアで落胆したフォイエルシュタインはプラハで仕事をしているが、将来の見込みは立っていない。日本に戻りたいという気持ちが、次の手紙からも伝わってくる。聖路加病院の塔への批判も興味深い。

1932年4月5日　フォイエルシュタインから土浦亀城へ

よくお二人のことを考えています。あなたたちがプラハに到着した夢をみました。あなたはまだ大倉組にいますか？　それとも個人の仕事を得たでしょうか？　戦争の影響を感じますか？　私には日本がどうなっているかまったくわかりません。

ジャパン・タイムズの購読を申し込んでもらえますか？　チェルトフやスワガーには会いますか？　トイスラー博士から手紙と聖路加病院の写真数枚が届きました。新しいタワーが台無しにしていますね

次の手紙で土浦は五反田の自邸について記している。記述は詳細で、手描きの図から斜面地をどのように建築に反映したのかを知ることができる。また、この自邸を雑誌に掲載してもらうよう依頼していることから、土浦が海外のメディアに対して常に積極的だったことがわかる（図24、25）。

1932年　4月30日　土浦亀城からフォイエルシュタインへ

1　下大崎にあるこの小住宅は私自身のために建てました。居住者は夫婦とメイドです。

2　敷地は斜面にあり、南側は道路、北側（裏にあたる）は丘です。198m^2、土地価格4800円。

3　1階77・2m^2、2階33・5m^2、計110・7m^2、総工費は7300円、内訳は写真を参照。

4　建物：木フレーム乾式構法。外壁は圧縮アスベストプレート6ミリ厚、60×90cm。亜鉛釘で打

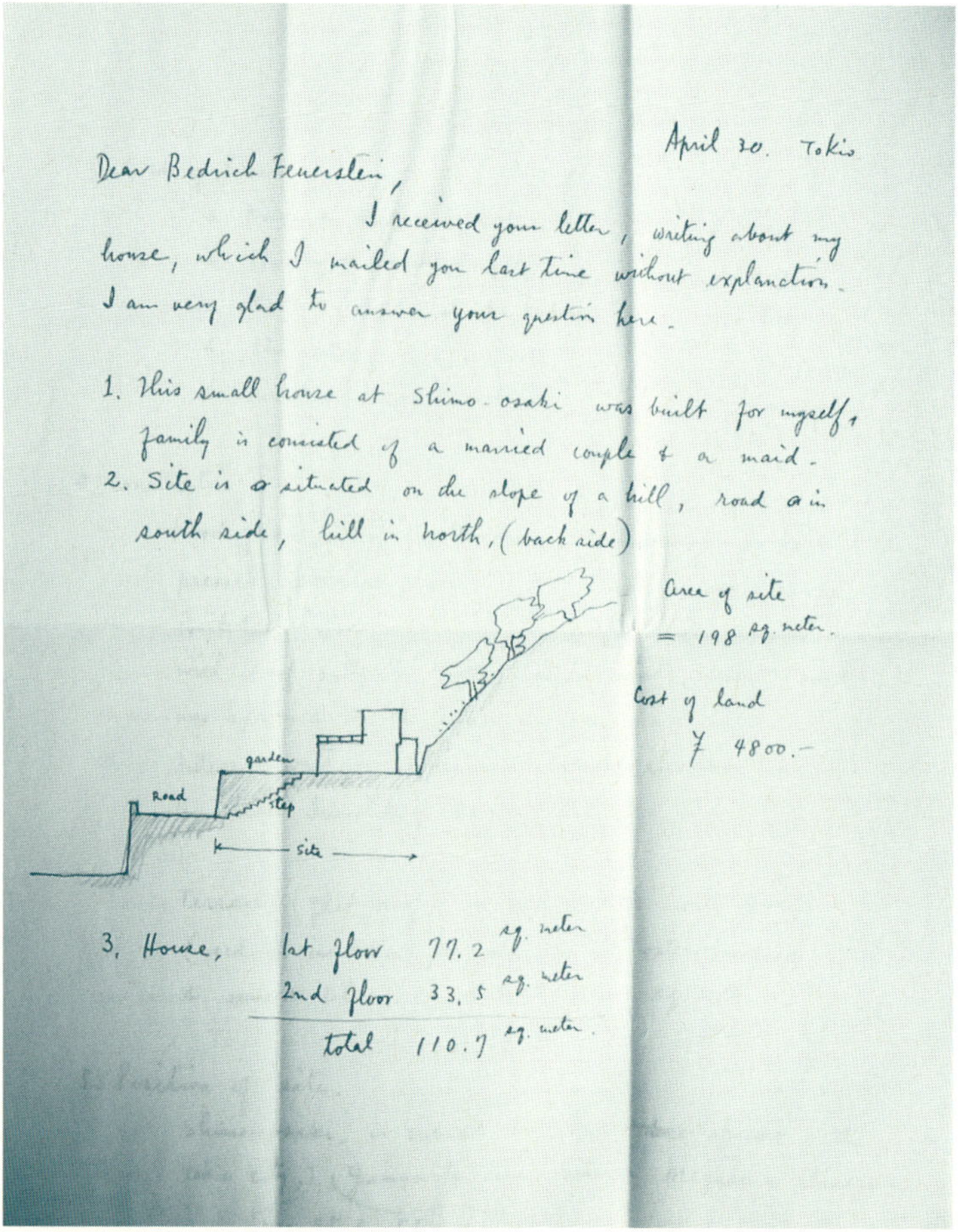

April 30. Tokio

Dear Bedrich Feuerstein,

I received your letter, writing about my house, which I mailed you last time without explanation. I am very glad to answer your question here.

1. This small house at Shimo-osaki was built for myself, family is consisted of a married couple & a maid.
2. Site is situated on the slope of a hill, road in south side, hill in north, (back side)

Area of site
= 198 sq. meter.

Cost of land
¥ 4800.-

3. House, 1st floor 77.2 sq. meter
2nd floor 33.5 sq. meter
total 110.7 sq. meter.

図24　土浦からフォイエルシュタインへの手紙

図25　五反田の土浦自邸　1931

150

ち付け、4ミリ幅の接合部は屋根用パテ埋め込み、全体の仕上げは防水白セメント吹き付け。内壁はアメリカのインシュライト12ミリ厚に似た木系繊維板。テラス（平屋根）は断熱用壁板、防水アスファルトおよびセメントタイル。75／m²

5　立地環境：下大崎は郊外ですがほぼ首都圏です。山手線の目黒と品川の間の五反田駅の近くです。

最近このような乾式構法によって数軒の住宅を建てました。安くうまく仕上がりました。この工法は工場で準備するので、現場では非常に早く建設することができます。漆喰は使いませんでした。日本のような多湿な国では、これが最適な工法だと考えています。この試みは東京で大きな評判を呼び、いくつかの雑誌や新聞で取り上げられました。

私は12月にこの小住宅を建て、麹町から引っ越しました。すでに数回のパーティを開きましたが、いつもあなたがいないことを寂しく思います。

この住宅を何かの雑誌で取り上げてもらい、そのコピーを送っていただくことができれば、幸いです。あなたの近作もお送りください。是非拝見したく存じます

1933年2月22日　フォイエルシュタインから土浦亀城

1年以上手紙がありませんが、どうしたのでしょうか？　私の手紙は届いていますか？　なぜ返事がないのでしょう。あなたの家族のこと、日本での生活のことなど知らせてください。ただ忙し

いというだけならよいのですが。私のプラハでの生活はあいかわらず忙しく、舞台や映画の仕事やコンペなどをしていますが、あまり面白いものはありません。建築の仕事はあまりありません。人々は建物にお金をかけることを恐れ、政府はお金がありません。（中略）最近、日本の能や万里の長城に関する記事を書きました。現在日本の住宅建築について準備しています。写真や図面やディテールが必要なので、のちほど詳しく手紙を書きます。資料を集めるために日本に行くことを考えています

これ以後の手紙のやりとりはない。大倉土木に勤務しつつ新進建築家として活躍していた土浦は、それまでになく忙しい時期を過ごしていた。1934年末には建築家として独立し、野々宮アパートという大きなプロジェクトが始まる。フォイエルシュタインの妹から彼の訃報を知らせるカードが届いたのは、1936年のことだった。「私がインターナショナルスタイルになるのに非常に影響がある人なんです[25]」と回想しているように、1930年前後から新しい建築の確立に取り組んだ土浦にとって、フォイエルシュタインは最も身近な同志だったが、その交流は数年間に限られていた。

25 註4に同じ

4 ノイトラの来日

土浦が神奈川県庁舎設計競技に入選した1926年、ロサンゼルスにいたノイトラは、シンドラーとの協同で国際連盟本部の設計競技に応募していた。ノイトラと土浦は文通によってお互いの作品の情報を交換しており、1926年12月14日付のノイトラから土浦に宛てた手紙には、「神奈川県庁舎設計競技に入選した案を含む作品図面を送ってください。(中略)数少ない進歩主義者である私たちは、国際的なプロパガンダのために力を合わせなければなりません」と書かれている。

また、土浦はモーザーとも文通を続けていた。モーザーが1926年7月に書いた手紙には、岸田日出刀とシカゴで会ったことが書かれており、また同年8月、スイスに帰国したモーザーは、8月28日付の手紙にこう記している。

「日本のコンペでの成功おめでとう。入選した作品の図面のコピーを送ってください。この入賞が君の日本でのキャリアに役立つと確信します。(中略)私はのんびりやっています。将来への楽観的展望が必要です。なにしろチューリヒは人口15万人にもかかわらず、スイスで一番の大都市なのです。人の気持ちも含めて、いかにすべてが小さいか想像できるでしょう。私は現在、中規模住宅の設計をしていますが、今も労働者住宅に興味があります。これはまだアイデアでしかありませんし、実現するには組織づくりからしなければならない長い道のりになります。父は賛成していませんが、私は国際連盟のコンペに応募するつもりです。君も日本政府からプログラムを入手してください」

1927年8月8日付の手紙には、オランダのJ・J・P・アウトとマルト・スタムがヴァイセンホーフの住宅展に出品したことや、ベルラーへがアメリカで講演することなどが書かれている。[26] このように土浦は文通によってヨーロッパのモダニズムの最新情報に触れていた。

ノイトラの来日

ノイトラは1927年にコンクリート造のジャーディネット・アパートを、1927年から1929年にかけてロヴェル邸を設計し、アメリカ建築界におけるモダニズムを先導していた。アメリカ最初の鉄骨造住宅ロヴェル邸は、ロサンゼルス市北部の急斜面を造成して打った基礎の上に、工場で準備した鉄骨部材を組み上げ、床や壁は、長いホース状のノズルでコンクリートを吹きつけるガンナイトという最新工法を用いたものだった。大きなガラス窓が並ぶ白い箱型の外観は、科学的、合理的、そして健康的な「近代」というイメージそのものだった（図26、27）。

ノイトラがウィーン工科大学時代に学んだオットー・ワーグナーや、アドルフ・ロースの近代建築の理念が、アメリカの工業力を背景として、ロヴェル邸で実現されたことになる。ノイトラは当時、自動

26
"Berlage is preparing to tour the U.S.A. He is invited to lecture at Ann Harbor Michigan. Oud and Stam are the most vital architects in Holland right now. They have the best houses at the Stuttgart exhibition of modern houses."

車産業、特にT型フォードの生産性を理想としていたから、ロヴェル邸の玄関や階段には、工業化のシンボルとして車のヘッドライトが照明器具の代わりに取りつけられた。

ノイトラが来日したのは、フォイエルシュタインがチェコに帰国して間もない1930年6月だった。ノイトラは、パリで開催されるCIAM（近代建築国際会議）に行く途中で日本に立ち寄り、東京で「新建築の意義と実際」と題する講演を行った。土浦はその通訳を務め、東京の新しい建築を案内した。合理性や機能性を重視するモダニズムの建築は、日本でも注目されており、この講演の前夜に赤坂で行われたノイトラの歓迎会には、吉田鉄郎、石本喜久治、山口文象、山田守、堀口捨己、前川國男、谷口吉郎など、きら星のごとき若手建築家が参加した（図28）。

この講演においてノイトラは、「新建築家とは、構成主義的な要求と機能主義的な要求とを、

図27　居間から玄関に上がる階段

図26　リチャード・ノイトラのロヴェル邸（ロサンゼルス 1929）

図28　ノイトラの歓迎会（東京赤坂1930年6月10日）後列右から木村栄二郎、吉田鉄郎、土浦亀城、石本喜久治、小山正和、能瀬久一郎、今井兼次、岡村（山口）文象、土橋長俊、斎藤寅郎、前列右から山田守、堀口捨己、滝澤真弓、ノイトラ、土浦信子、青山忠雄、山中説治、矢田茂、前川國男、谷口吉郎、川喜田煉七郎、市浦健

パーテー

細心な注意を以って一定のプロポーションにバランスせしめる専門的な経験を実現せんと試みる者である。（中略）吾々は有名なる建築家を余り求めない。共同精神に富む忠実なる研究家を、より多く求めるのであります[27]」と語った。

つまり、新しい時代の建築家は、建築の構造や材料という構成的な要素と、用途や効率という機能的な要素の両方を、バランスよく設計しなければならない。そして、新しい建築は、一人の天才によってつくられるのではなく、汽船や飛行船の設計のように、無名の専門家の能力の集積であるべきと語ったのである。すなわち標準化された部材を工場で大量生産し、質の高い住宅をつくることが建築家の使命だと主張した。

このようなノイトラの考えに土浦は共感し、合理的で機能的な建築をさらに追求することとなった。トクダビルは、そのような土浦の姿勢を具現化した作品である。

有効率100パーセント——トクダビル

京橋区銀座西5丁目にあった徳田歯科医院（トクダビル）は、4丁目の服部時計店と同じ1932（昭和7）年に竣工した（図29、30）。服部時計店の古典的な装飾が施された外観とは対照的に、それは平滑なガラスの水平窓と白い壁面で覆われていた。1929年に関東大震災の復興小学校の一つとして鉄

27
「新建築の意義と実際（講演要旨）」リヒャード・ノイトラ、土浦亀城訳『国際建築』、1930年第7号

筋コンクリート造で建てられ、現在も使われている泰明小学校の校庭に接した敷地は、みゆき通りに面していた。土浦はこの敷地について、「松坂屋の前で銀座通りに交差する八間の大通り（引用者註：現在のみゆき通り）に面し、マツダランプ売店の角から真正面に見えるという絶好の位置にある。夫に隣は小学校の庭、裏は数寄橋公園であるから、三面は永久にふさがれる心配がない」[28]と書いている。

そんな絶好の地に建つトクダビルの斬新さは、白い壁にアーチ型の窓がある3階建ての泰明小学校と比べても、際立っていた。23・5坪の敷地に建つ鉄筋コンクリート造の地下1階地上6階のビルは、施主、徳田鐵三の歯科医院と住居であり、また店舗や貸し室を併設していた。このビルの設計にあたっての土浦のテーマは、空間的・経済的

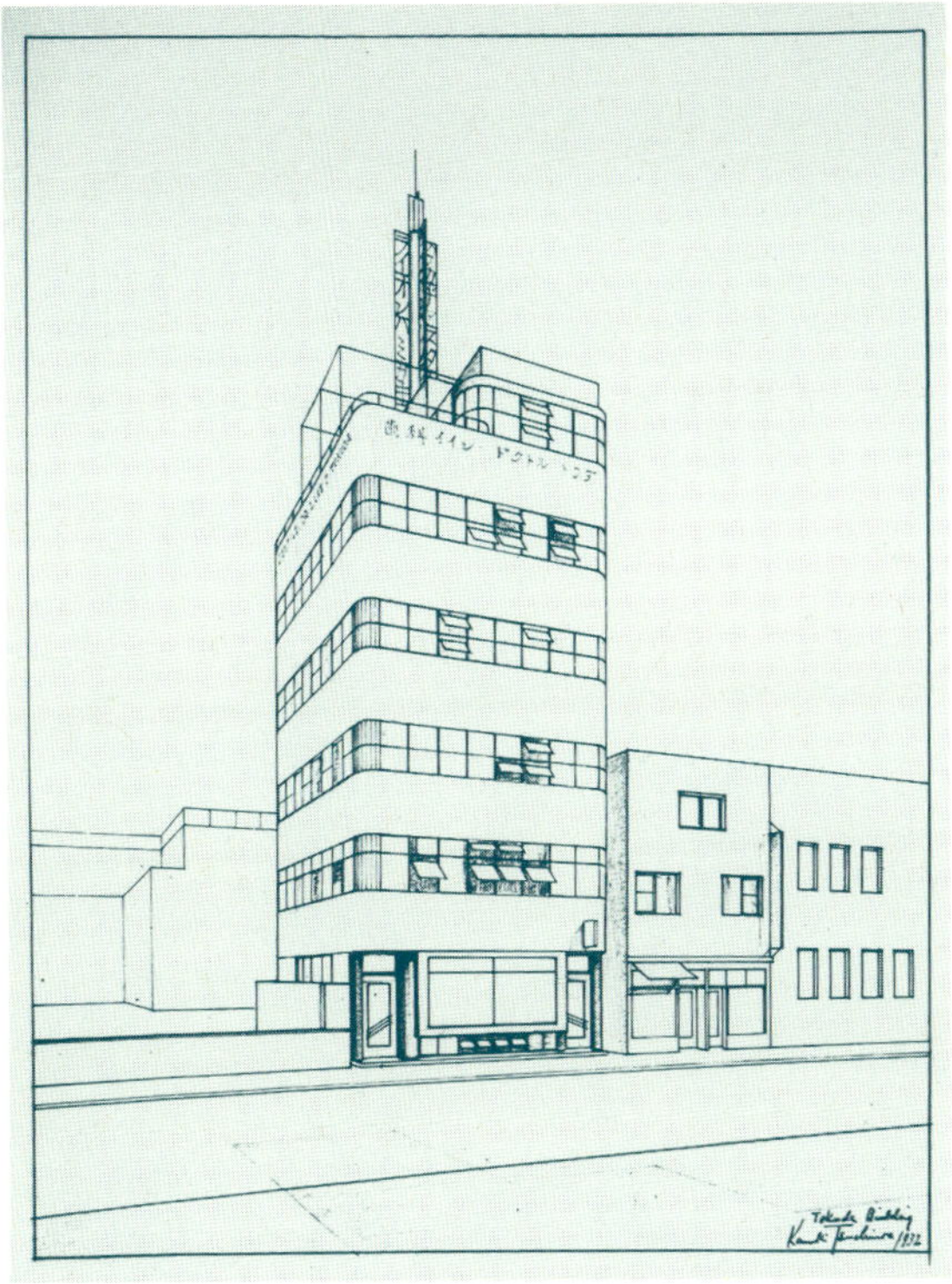

図29　トクダビルのパース

28　土浦亀城「徳田歯科医院　有効率100パーセント」『国際建築』1932年第11号

図30　トクダビル外観

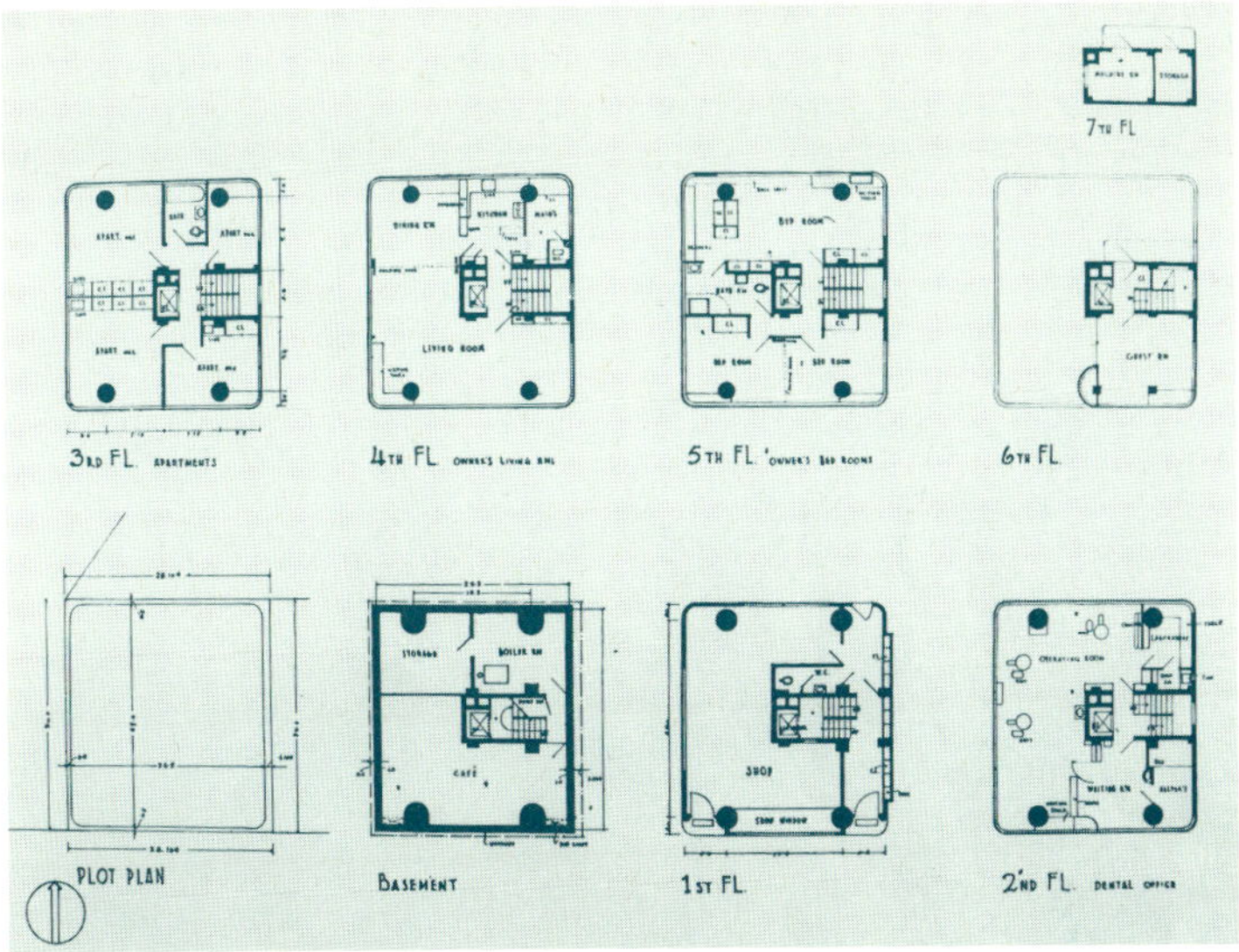

図31 トクダビル平面図

な面での「有効率100パーセント」だった。

みゆき通りに面した大きなショーウィンドウは、シルバーのブロンズ仕上げの鉄製窓枠に縁取られ、その下に地下室の明かり採りの回転窓が並ぶ。ショーウィンドウの大きなガラス面の下部は十字型に細いサッシュで区切られ、黒いガラスモザイクを張った円柱が、窓枠から両側のドアのほうに円弧を描いていた。左側のドアは1階の貸し店舗へ、右側は地下や2階より上に行くエレベーター階段ホールへと動線を分けていた。階段を半分上がった踊り場にエレベーターを設置してスペースを切り詰めるやり方は、のちの土浦の建築にも見られる。

このビルの一番の特徴は、4本の構造柱を壁面より内側に独立させることによって、柱形のない平滑な外壁面を実現したことだ（図31）。四本の円柱を室内に入れた理由について、土浦は、ほぼ正方形の敷地いっぱいに建物を建てるためと説明している。地下室は防水層などがあるので、確保できる面積がどうしても上階より狭くなる。その地階の柱を敷地境界のなるべく近くに置いて、まっすぐ上にのばせば、上階では壁より内側になる。そう考えて柱を内側に入れたのだが、それはとりもなおさず、外壁は構造と切り離されて自由になるという近代建築の原則を実践することにもなった。結果として、腰壁と水平窓のラインがなめらかにカーブする出隅をつたって建物の周囲を包む、のちのカーテンウォールにつながる斬新な外観が生まれた。

空間的・経済的な有効率

施主、徳田鐵三の子息によれば、鐵三は大正時代に渡米し、ネブラスカ州オマハ市の大学とニューヨークの大学院で歯科医学を学び、ヨーロッパ各国の歯科医学を視察しながら、1928年に帰国して、銀座西5丁目に徳田歯科医院を開設したという。[29] それから4年後にトクダビルは完成した。欧米風の生活様式と、アメリカ仕込みの徹底した合理性は、施主と土浦とに共通していた。「有効率100パーセント」は空間的な有効性とともに、経済的な有効性をも意味していた。

空間的な有効性を追求して、建築面積は敷地面積の91%にあたる21.2坪、壁面と敷地境界線の距離は1寸（3cm）くらいになった。そのため、道路と公園に面する窓は滑り出し窓だが、小学校と隣家に

29 植田実『集合住宅物語』みすず書房、2004年、81頁

面する窓は、引き違い窓にしなければならず、はめ殺し窓を加えて3種類の窓が混在する。しかし、それに気づかないほど、オリーブ色のスチールサッシュの窓枠は統一感があり、外観はあくまでもスマートだった。曲面ガラスがない当時、出隅のカーブした部分は、10cmほどの細長いガラス板を極細のサッシュで並べて曲面に見せていた。

一方、経済的な有効性を裏づけたのは、貸し室である。地下に貸し喫茶室、1階に貸し店舗スペース、2階にアパート4室と浴室、6階にゲストルームが用意された。施主のスペースは、2階の徳田歯科医院と、4、5階の住居と屋上である。この住居の一部も貸し室にできるよう、間仕切り壁は設置が簡単なセロテックスが用いられた。

屋上は子どもの遊び場や庭園になり、さらにエレベーター機械室がある7階の塔屋から出る6階のフラットルーフを菜園にして、煙突を兼ねた広告塔が設置された。「地上九十尺に突出した煙突の周囲は十字型に四方に向ってネオンランプがあかあかとともされて、屋上庭園を照明し畑の野菜を促成し（ネオンから太陽光線が出るようになれば）月々何百円と言う広告料も生み出す」[30]と土浦は考えていた。ここまで徹底した効率化の背景には、機能主義建築の台頭ばかりではなく、世界大恐慌を抜け出したばかりの厳しい時代背景があったように思える。それでも、広告塔の明るさは明るい時代の到来を期待させただろう。同じ時期に建てられた新橋の「銀座パレス」というカフェの屋上にも、大きな広告塔が立っていた。

3階のアパートには、それぞれ洋服ダンス、引き出し、流し、ガス台、温水暖房、電話がついていた。

30 註28に同じ

浴室とトイレは共同だが、当時そのような設備はまだ珍しかった。4階と5階の徳田家の住居も機能的で、台所と食堂の境は食器戸棚と冷蔵庫で区切り、食堂と居間との間は、折り戸で仕切っていた。ほとんど四方にある窓によって、室内はどこも明るかった。ただし3階で直径80㎝、5階で直径70㎝もある円柱は、狭い室内では目障りだったかもしれない。

土浦が最も苦労したのが、この円柱とそれをつなぐ梁の大きさだった。4本の円柱で支える大胆な構造に対して、建築許可を下す東京市の建築局からクレームがつき、梁を強化せざるを得なくなった。「柱が4本だけではぐらぐらするから、あのビームに大きなハンチつけさせられる。だから結局あんなビームになっちゃった[31]」と土浦は、戦後のインタビューで語っている。柱も梁もなるべく細くして、スマートな内部空間にしたかった土浦にとって、柱から腕木のように持ち上がる梁の形は不本意だった。それでもプログラムの合理性がデザインに結びついているところがトクダビルの魅力である。

トクダビルとバウハウス

銀座という土地柄か、1階にあったメイ牛山美容室や、徳田歯科医院の顧客には、映画スターなど著名人が多かったという。ドイツのデザイン学校、バウハウスへの留学から戻ったばかりの建築家、山脇巌・道子夫妻は、1933年1月から8月まで、このアパートに住んでいた[32]。道子の父の計らいで、3

31　註4に同じ

32　山脇道子『バウハウスと茶の湯』新潮社、1995年、125—127頁階のアパートの1室と、5階の徳田家の子ども室を借りたという。3階は生活の場、5階はドイツから届いた織り機を設置してアトリエにしていた。

　山脇道子の記憶によれば、建築家の川喜田煉七郎や写真家で編集者の名取洋之助などが訪れて、バウハウスの話をしていたという。1932年に川喜田は、銀座7丁目の三ツ喜ビルに新建築工芸学院（当初は建築工芸研究所）を設立し、バウハウス流のデザイン教育を実践していた。それは、合理的・機能的な考えに基づいて、用と美の統合を図る教育だった。土浦も川喜田や山脇巌、牧野正巳、市浦健らとともにこの学院の講師を務めている。桑沢洋子、亀倉雄策、勅使河原蒼風などがここで学び、土浦事務所からも所員の土浦稲城、今井親賢、河野通祐、松村正恒が通っていた。また川喜田は機関誌『建築工芸アイ・シー・オール』を発行して、バウハウス教育の啓蒙と普及を目指していた。山脇夫妻や土浦も協力していたが、学院が存続したのは1935年の年末まで。[33]雑誌も1936年に廃刊となった。わずか5年ほどの活動だったが、建築・デザインの分野への影響は大きく、構成教育の考え方は戦後の美術教育の図画工作へとつながった。

　トクダビルは、バウハウスの思想を具体化した建築として、銀座の地でこの新しい運動の拠点の一つになっていた。しかし、輝くような機能美が称賛される時代は、長く続かなかった。1945年3月の東京大空襲の焼夷弾によって、トクダビルは室内が焼けおち、戦後間もなく徳田鐵三がこのビルを手放してから、所有者は何度も変わったという。1990年代後半には、コンクリートの壁面がアルミパネルでカバーされていて、「月光荘本社ビル」という看板がかかっていた。角の丸みは最後まで特徴的

33 梅宮弘光「透明な機能主義と反美学——川喜田煉七郎の1930年代」『モダニズム・ナショナリズム 1930年代日本の芸術』せりか書房、2003年

だったが、老朽化により2000年に取り壊された。

銀座を代表するビルの一つだった時期は短かったけれど、1950年代の日本映画の銀座の風景のなかにトクダビルが登場することがある。1952年の東宝映画『東京の恋人』には、主人公を演じた三船敏郎がけんかをするシーンの外堀川辺りの背景にトクダビルが写っている。この映画に限らず、トクダビルは隣の泰明小学校と並ぶ銀座のモダンな建物のシンボルとして撮影されている。あるいは画家、松本峻介のスケッチなど戦前の絵画にも描かれている。すでに取り壊されてしまった今では、映画や絵画のなかでしかその姿を見ることができない。

5 工芸から工業へ

アメリカから戻った1926年、土浦は文化生活普及会が発行する雑誌『文化生活』において、日本では住宅改良のための洋館の建築費が高価であることを指摘し、「先ずその理由を正し、種々研究した結果、私は住宅建築の標準化を此問題の一解決策として提唱したい[34]」と述べている。そして、それを解決するための標準化の好例として在来の日本住宅を評価した。

「日本住宅は、今日迄の日本人の生活によく合致し、難点の打処のない立派なもので且つ安価であった。加ふるに、芸術味の豊かであったことも忘れてはならない。勿論日本建築は、永年の伝統的歴史あつて今日の完成を築いたものであるが此日本建築には動かすことの出来ない立派な標準がある。まづ第一に、畳が三尺に六尺の大きさで一つのユニットを成している。（中略）構造の上からも、柱の立場所が定まつていて、柱、根太、梁等には大きさに標準がある。鴨居の高さ、屋根の高さ等も殆ど一定している。造作の点から考へても、障子、襖等は一定の大きさで何処にでも使へる便宜がある。斯く在来の日本建築の標準は、極めて巧みに成り立つているのである[35]」

これは「畳、引き戸から箪笥にいたるまで、皆が同じ標準寸法を用いている[36]」と感心したノイトラの日本建築への評価と同様の理解であり、モダニズムを標榜する建築家に共通する認識でもあった。

さらに土浦は、アメリカにおける「材料」と「間取り」と「スタイル」という3つの分野で標準化の考えが進んでいることに注目した。

「（標準化という）其点から最も進歩せるアメリカに例をとつてみれば、三つの標準を列挙することが出来る。第一に材料は、柱、梁、板等の大きさ及其構造に於ける間隔がほとんど一定し、柱には2インチ、4インチの種類があり、これを隅柱、間柱等に、単独に或ひは、二つ三つ合はせて用ひ得る。梁は総て2インチのもので、高さは8インチ、10インチ、12インチの三様に分かれている。その為に、柱、

34 土浦亀城「住宅建築の標準化」『文化生活』文化普及会、1927年第1号

35 註34に同じ

36 Richard Neutra, "Life and Shape", New York: Appleton Century Crofts Publishers, 1962, p.226

梁、板等は、何れも工業的に大量生産を実現する事ができるのである」[37]

アメリカの工業化と大量生産のシステムを称賛していたノイトラは、ロヴェル邸（1927–9）において、工場生産された鉄骨部材を現場で組み立てる工法を用いた。さらに自邸であるVDLリサーチハウス（1932）では、コルクや圧縮繊維ボード等の新しい工業製品を実験的に用い、またビアード邸（1934）では、鉄骨とスチールパネルのみで住宅を構成するなど、工業化製品を積極的に利用していた。[38] ノイトラ事務所出身の建築家、ハウェル・ハミルトン・ハリスは、そのようなノイトラの当時の取り組みを、「ノイトラにとってスイーツ・カタログは聖書であり、ヘンリー・フォードは聖母だった」[39]と評した。スイーツ・カタログとは、建築用工業製品のカタログであり、ヘンリー・フォードは大衆車の大量生産を可能にした自動車王である。

土浦もまた積極的に日本住宅の標準化を評価し、それが工業化に結びつく必要性を説き、そのためには製品の標準化および工業化が進んだアメリカを模範にすることを推奨した。工業製品を用いて住宅を安く大量に建てることが当時の土浦の目標だった。それはCIAMの1928年の結成時のラ・サラ宣言、および第2回会議のテーマである「生活最小限住宅」にも通じる、時代に即した思想であった。

37 註34に同じ

38 Thomas S. Hines, "Richard Neutra and the Search for Modern Architecture", Rizzoli International Publications, Inc., 2005. pp.103–140.

39 Harwell Hamilton Harris, Forward to Esther McCoy, "Vienna to Los Angeles: Two Journeys". Arts+Architecture Press, 1979. p.8

乾式構法の3つの住宅

トクダビルと同じ頃、土浦は、平林邸、俵邸、五反田の土浦自邸という3軒の木造乾式構法による住宅を完成させた。第一章で述べたように、この構法はドイツで考案された「トロッケン・モンタージュ・バウ」（英語ではDry Construction）の和訳で、鉄骨ないし木骨の構造体の内外に工場生産された部材を張りつける構法を指す。

第一次世界大戦後のヨーロッパは、深刻な住宅不足となり、早く安くできる低所得者層のための住宅を供給する必要に迫られていた。建設時間を短縮するために、工場で規格化された部材を大量生産し、それを現場で組み立てるために乾式構法は生まれた。つまり、建設作業の合理化である。

牛込区納戸町（現・新宿区納戸町）の平林邸（図32）と、小石川区駕籠町（現・文京区千石）の俵邸（図33）、そして下大崎（現・品川区東五反田）の土浦自邸（図34）は、いずれも延べ床面積30坪から40坪程度の木造2階建て住宅だった。在来の木造による躯体に、外壁は厚さ2分の石綿スレートを2尺×3尺に切り、亜鉛または真鍮の釘で胴縁に打ちつけて、目地にはルーフパテを詰めた。五反田の土浦自邸だけは、石綿スレートの上に白セメント吹きつけたが、他の2軒は石綿スレートそのままを仕上げとした。内壁は、繊維系圧縮ボードのフジテックスにペンキを塗った。

「乾式の最初の発想は、石綿スレートで外壁をつくれば非常に簡単にできるし、石綿スレートは腐らない材料でもあるのでいいのではないかということでした。ところが実際にどのように仕上げたらよいか

図32　平林邸

図33　俵邸

図34　五反田の自邸

ということがたびたび議論になったのです。私は思い切って平らに張ってしまおうと考えたのです。パネルの間の目地は、コーキングという材料を詰めることで処理しました。コーキング材は永久的なものではないから、悪くなればまた詰め直せばよいという考えでした[40]」

土浦は、「工場製作を多く、現場作業を少なく」するためには、進歩した組み立て式、すなわち乾式構法を採用しなければならないと考えていた。材料を見直し、標準寸法を決定するための国内の参考例として、川崎のトラスコン工場を挙げた。アメリカ製のトラスをつくるその工場の外壁は、スチールサッシュの細い鉄骨の枠組みにガラスや石綿板をはめ込んだもので、住宅として応用すれば面白い構造をつくることができると考えたのだ。

しかし、「今度の場合は、単に木造家屋の壁体にのみ関する局部的な試みであり、時日もあまり経過してゐないから、其の成否に就いては未だ断定を下すのも早いし、その材料や施工にも、又此処に取扱はれた問題の外にも研究を要する沢山のものがあるのであるから、乾式構造として完成せしめるには今後も相当の努力を要すると考へねばならない[41]」と記しているように、3軒の乾式構法の住宅は、あくまでも実験的なものだった。

40 「昭和初期モダニスト回顧録——新しいものへの挑戦者　市浦健、谷口吉郎——土浦亀城氏に聞く」『SD』8807

41 土浦亀城「乾式構造の住宅」『国際建築』1932年3月号

日本トロッケン・バウ研究会

1932（昭和7）年8月、土浦、川喜田煉七郎、市浦健、蔵田周忠《ちかただ》、青山忠雄などにより、「日本トロッケン・バウ研究会」が結成された。[42] 乾式構法の住宅をすでにいくつか試み、「新建築工芸学院」の講師でもある土浦は研究会の主要メンバーだった。同年12月の「日本トロッケン・バウ研究会第一回講習会」で、土浦は「今までのような手工業的な方法を清算して、大工業的にしなければならぬ」[43]と語り始め、建材としての石綿スレート（アスベストボード）、目地に用いるパテ、スレートの留め方などについて具体的に説明した。

さらに土浦自邸（五反田）に1年以上住んだ実体験に基づいて、「壁の隙間から鼠が入って上まで上がってしまった」「ストーブの煙が二階の目地にススになって出ている」「釘にゆるみが出来て、スレートが反ってきた」などの問題点を挙げ、その対処法として、「普通の釘より、ねじ釘のほうがゆるみがこない」「内部のボードに傷がつきやすく、埃が出やすいから、水性塗料で保護すべき」「ボードの角はいたみ易いから、隅を丸めてその上に水性塗料を塗る、あるいは木を入れる」ことが必要であると語った。

また、浴室に石綿スレートを張ってペンキを塗ったが、アク止めしたにもかかわらず、湿気でペンキがはがれてしまったという失敗も報告した。以上のような難点を踏まえつつも、「まだこれから研究すべき問題が澤山残ってゐるが、要するに、出発点は合理的に安くやらふといふのだから、それから離れ

42 梅宮弘光「年表1930–1940 建築」『モダニズム・ナショナリズム 1930年代日本の芸術』せりか書房、2003年

43 土浦亀城「トロッケン・バウの実例」『建築工藝アイ・シー・オール』洪洋社、1933年3月号

てはいけない」という言葉で講演を締めくくった。

従来のように木材を漆喰で塗り込むことは、湿気や木材の耐久力、伸縮や壁の亀裂の点で問題があり、それよりも工業製品の壁板を木骨の内外から張るほうがよいと土浦は考えていたのだが、そのための技術的な解決はついていなかった。

土浦の乾式構法の住宅について、元所員の河野通祐はこう語っている。

「日本の地域性と真っ向から対立したんだと思います。その対立で苦労するのは、我々だったんですよね。たとえば木でフラットルーフをやれといったって大変なことですよ。蔵田周忠さんなんかがやっているのを見ますと、みんな非常にうまく逃げをとっていますね。こっちはそれが許されない」[44]

自邸を含む4つの乾式構法

その後土浦は、1934（昭和9）年の今村邸（図35）と高島邸（図36）、1935（昭和10）年の田宮邸（図37）と土浦自邸を乾式構法で建設した。先に紹介した3つを合わせた7つの住宅すべてにおいて、石綿スレートは2尺×3尺を単位とした。厚さは、2分と2分5厘があり、今村邸までは亜鉛釘で留めていたが、田宮邸では石綿スレートの上端1寸を段違いに重ね、縦目地に丁型金物を用い、また土浦自邸では、釘ではなくねじ釘を用いるというように工夫を重ねた。

44 「元所員へのインタビュー：土浦亀城の建築思想」『SD』1996年7月号

図35　今村邸

図36　高島邸

図37　田宮邸

外壁の仕上げは、石綿スレートそのものを仕上げとしたものと、アスベストの入った防水セメントであるネールクリートを吹きつけたものがある。土浦は、石綿スレートの「熱の絶縁材であると同時に、耐火防水の性質をも兼有する」外壁材としての性能に期待していた。

これらの乾式構法の住宅の屋根はすべてフラットルーフで、ルーフィング3層、アスファルト防水、シンダーコンクリートの人造研ぎ出し仕上げが用いられた。内壁と天井に用いられたフジテックス、外壁の石綿スレートを含めて、これらの建材はまだ実用段階に至っておらず、「要するに自分の木造乾式構造は、鉄骨乾式構造に進む前の試案であつて、全体的に充分な効果を得る事は望み得ないのであるが、在来の木造に比して幾分でも近代的建築材料の特徴を利用し得た事と、建物の生命をいくらか永くするだらうと言ふ点に満足を感じてゐるし、工費の点では、将来はもつと安くなる筈のものであると言ふ点に希望をつないでゐるのである」[45]と、将来への期待を強調した。

しかし現実は厳しく、1931年の最初の土浦自邸（五反田）から1935年の土浦自邸までの期間に、「材料の方は製造家や販売者が無関心のために3年前から見て少しも変化していないのが遺憾である」[46]と述べている。土浦は以後、住宅に乾式構法を用いることはなかった。

中流層のための集合住宅が必要だと考えた土浦にとって、乾式構法はその第一歩としての試みであった。しかし、最初に乾式構法の住宅がつくられた1931年から、1942年までの期間に土浦が設計した50の住宅のうち、乾式構法の住宅は7例にすぎない。このうち2例が自邸であることを考えれば、乾式構法の住宅がいかに実験的なものだったかがわかる。ちなみに、残りは木造在来構法が36軒、

45 註41に同じ

46 「土浦邸」『新建築』1935年3月号

RC造が7軒だった。

標準化された工業製品で住宅全体を構成するという土浦の試みは、現実的には困難を抱えており、土浦の住宅作品の多くは、木造在来構法を用いつつ、内装材や設備や家具に新しい工業化製品を使うというものであった。また、陸屋根を含む幾何学的な形態を実現するために、庇やバルコニーを工夫するなど、日本の風土にふさわしいモダニズムを模索した。何よりも乾式構法に集約される標準化についての考え方は、土浦のモダニズムの基本をなす概念であった。

6
国際様式の木造住宅

土浦の住宅作品は、乾式構法よりも在来構法のものが圧倒的に多いが、在来の木造であっても、その外観は白い箱型の単純な幾何学的形態というモダニズムの特徴を備えていた。土浦は様式に関して、「日本人にとっては、和風か椅子式にするかが先決問題であって、椅子式となれば洋風スタイルの伝統をもつて居ないのであるから、最も合理的なる様式を採用すべきである」[47]と述べ、外観においても合理性が最優先されると考えていた。

谷井邸とライトの苦言

1930（昭和5）年に世田谷町吹上（現・世田谷区豪徳寺）に建てられた谷井邸は、木造在来工法2階建ての住宅で、南側に居間と食堂が並び、庭とテラスに面して大きな開口部があるという日本の風土に根ざした平面をもつ（図38—1、2）。中廊下を挟んで北側に浴室や女中室があり、2階には客間と応接間と2か所に広いテラスがあった。ガラス引き戸が連続した軽快な南面、パイプの手すりがついた2階の広いバルコニー、陸屋根、白い壁面などモダニズムの特徴をもつ外観だが、カーテンのかかった南立面をよく見ると、ガラス越しに障子が見える。中央の居間は八畳の和室なのだ。和風の暮らしかたを合理的に近代化したこの住宅の写真を、土浦はライトに送った。それに対してライトは、「君もノイトラと同じようにガスパイプの手すりとダンパーのスタイルになってしまったようだ。君は、生命にとって大事なものを取り去ってしまったと思う。（中略）日本のための建築はこうではないはずだ。これは、もう一つのダービーハットではないか。コルビュジエやフランクフルトの機能主義者を真似るのではなく、遠藤と一緒に、何か有機的で日本の精神に相応しいものを創ったらどうか。たとえこれが

47 土浦亀城「新住宅の問題」『国際建築』1931年第3号

図38―1　谷井邸外観

ヨーロッパで正しいとしても、日本で正しいとは限らないのは、ダービーハットと同じだろう。（中略）有機的で肯定的なシンプリシティは良いが、スタイルにおけるシンプリシティは、否定する。君のイマジネーションの貧困さを残念に思う。遠藤は反対方向の極端に走ってしまった。真実は君と遠藤の間にあるといわざるをえない。ふたりともすぐに道を戻り、今まで顧みなかった原則にそって力を合わせるべきだ」[48]という手紙を返した。ライトは、モダニズムが様式として日本の風土に移植されることを懸念したのである。

　しかし土浦は、「ライトのものはライトしか出来ないんですね。我々がやったんじゃ本当のまねになってしまうんですよ。（中略）私はやっぱりライトの所からたくさん学んでいると思います。ただああいうライトが使うような装飾をしないだけです」とのちに語っているように、ライト風のデザインに戻

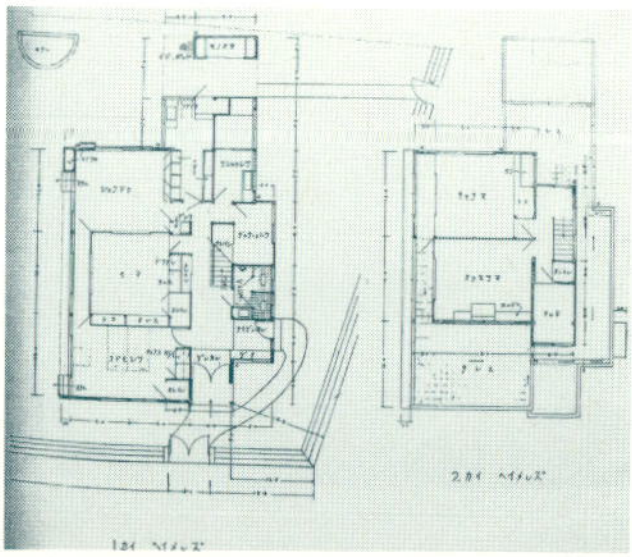

図38―9　谷井邸平面図

48　ライトから土浦に宛てた1931年1月1日付の手紙

るつもりはなかった。当時の土浦にとって、モダニズムは「在来の様式から新しいものに踏み出そうするときには、まず在来の様式を打ち壊す」必要があり、そのために「真四角なものをたてていくということをやったわけで、真四角なものが最終的なものだと思ってやったわけじゃない」ということだった。つまり、モダニズムは「在来の様式を打ち壊す」ための手段だった。[49]

また土浦は、ライトの批判に対して「インターナショナルスタイルの様なのを送ったらね、ライトがっかりしちゃったらしいですよ。（中略）だけどこれは、自分を見いだすためにやむをえないことですね。どうしてもいつまでもライトのスタイルではやって行けない」[50]とも語っている。土浦はモダニズムの手法のなかに、自らの表現を模索していた。

吉野邸と富永邸

前述したように、土浦が戦前期に設計した住宅の大半は、木造在来構法を用いて国際様式を実現したものだった。それは1930年の大脇邸や谷井邸に始まり、1937年の竹原邸まで続いた木造2階建て住宅の系譜である。そのなかから、比較的規模の大きい二つの事例を見てみたい。

1932年に設計が始まり、翌年竣工した渋谷区神山町の吉野邸（図39）は、信子の父・吉野作造の弟で政治家となる吉野信次[51]の家だった。当時商工省の次官だった吉野信次は、信子の母・たまよの妹の

49 磯崎新対談「土浦亀城・1930年前後」『都市住宅』1972年12月号

50 註4に同じ

51 吉野信次（1888–1971）政治家。吉野作造の弟として宮城県に生まれる。東京帝国大学法科大学卒業後、農商務省に入省し、1931年より商工次官、1937年に商工大臣、1938年に貴族院議員と満州重工業開発副総裁となる

図39　吉野邸

きみよが信次の妻という二重の縁もあって、土浦夫妻とは親しかった。

264坪の敷地に建つ延べ床面積82坪の木造住宅は、白いリシン仕上げの外壁、緑色の窓サッシュ、屋根はタイル張りのフラットルーフ（一部銅板葺き）で、水平にのびた庇が建物を囲んでいた。鉄骨鉄網コンクリートの塀に白いペンキを塗ったパイプ製の門扉があり、そこから緑色のモザイクタイルを張った玄関アプローチが始まる。玄関扉の両側には、直径4寸の円形プリズムガラスが縦3列にはめ込まれている。玄関の内側の壁際に造りつけたベンチは、傘立てが一体としてデザインされ、玄関脇の小さな応接室は天井際までの窓で明るかった。

南の庭に突き出た居間は、三方に大きな窓があり、内壁は漆喰に淡い緑色の水性塗料、天井はテックスにクリーム色の塗料を塗り、パイプ椅子は緑色の漆焼きつけにグレーのベロアスキン張り、敷物は濃茶とグレーの縞模様という落ち着いた色調が用いられた。折り戸で仕切

図40—1　富永邸

ることのできる食堂には、緑色のタイル張りの大きな暖炉があるが、本来の暖炉ではなく、打抜き鉄板の奥にはラジエーターが入っていた。居間の南側には白いパイプ製の手すりがついたバルコニーがあり、そこから庭へ下りることができる。南面に横広の居間とテラスをつくる土浦の常套的な平面からすると、庭との関係が重視されていないように見えるのは、防犯上の事情かもしれない。

2階は書斎と寝室と洗面所、階段の反対側に子供室があった。書斎には本棚と机を造り付け、木部は淡い藍色、机の板は漆塗りだった。南側は居間の屋根部分がすべてテラスになっていて、明るく風通しの良い健康的な空気が家全体を満たしていた。

もう一つの例は、目黒区下目黒にあった富永邸である（図40—1、2、3）。戦後、国立西洋美術館の初代館長となる美術評論家の富永惣一は、1933年にヨーロッパ留学から帰国した直後にこの住宅を建てた。おそらく野島康三のダンス仲間を通して土浦と知り合ったと思われ

図40—2 富永邸書斎

図40—3

る。

580坪の敷地に建つ延べ床55・5坪の木造2階建て住宅は、1階の書斎だけが鉄筋コンクリート造だった。庇の水平線が強調された吉野邸に比べると、富永邸の外観は、シャープな線と平滑な面で構成される単純な幾何学的な形態という国際様式の特徴がより徹底されている。バルコニーの突出以外に白い壁面をさえぎる要素はなく、スチールの細い柱と手すりのラインだけが造形上のアクセントとなり、窓の上部の小庇も最小限に抑えられている。白セメントを刷毛引き仕上げにした外観は、とても木造には見えない。国際様式への造形的な挑戦は、ここで一つの到達点に至ったといえる。

北東に玄関のある中廊下型の1階は、南に居間・食堂、東に書斎、西に台所、北に浴室や女中室という土浦の典型的な平面である。大きな木製のガラス引き戸を3連取り付けた居間の南側にポーチがあり、食堂との間を折り戸で仕切るようにしたところも典型的だ。2階は寝室と子ども室に加えて、客間としての和室と洗面所があり、各部屋からテラスに出られるようになっている。1階のポーチや2階のテラスは、土浦の住宅になくてはならないものだった。

内壁は白い漆喰、天井はテックス張り素地仕上げ、ドアなど木部は鼠色、床は板張りというシンプルな空間に、パイプ製の椅子やテーブルが無造作に置かれた室内は、生活する人を主役にするという土浦のインテリアに関する考え方をストレートに表していた。

日本の近代建築を発信する

1932年2月から、ニューヨーク近代美術館（MoMA）で開催された展覧会「Modern Architecture: International Exhibition」は、1920年代から世界各地で勃興した近代建築の作品を選び展示したもので、その成果として『The International Style: Architecture Since 1922』が出版された。同書の著者であるヒッチコックとフィリップ・ジョンソンは、「インターナショナルスタイル（国際様式）」の原則として、1、ボリュームとしての建築（Architecture as Volume）2、規則性の考慮（Concerning Regularity）3、装飾の排除（The Avoidance of Applied Decoration）を挙げた。これ以後、日本においても「インターナショナルスタイル（国際様式）」という呼称が定着していった。

1932年3月、土浦はノイトラに二つの小包を送った。[52] それは、この展覧会ための36枚の写真と、23枚の図面だった。このときすでに展覧会は始まっていたので、巡回展があれば加えてほしいということが手紙に書かれている。手紙に添えたリストには、石本喜久治の白木屋デパート、山田守の住宅、堀口捨己の吉川邸と徳川邸、土浦亀城の住宅、川喜田煉七郎の劇場計画と木村屋とウクライナ劇場計画案の名称が書かれている。しかしこれらが展覧会に加えられた事実はなく、その写真と図面も現存しないため詳細は不明だが、土浦たちが積極的にこの展覧会に参加しようとしていたことは確かである。

同じ頃、土浦は自分の住宅作品を海外で発表する機会をノイトラに依頼していた。1932年4月4日付のノイトラから土浦に宛てた手紙には、「写真をありがとう。アメリカとヨーロッパの雑誌に送っ

52 3月19日付土浦からノイトラに宛てた手紙による

て出版できるよう努力します」と書かれている。しかし、ノイトラのアーカイブには、フィラデルフィアの『Shelter』誌からノイトラに宛てた同年12月4日付の手紙があり、そこには日本の記事と写真を掲載できなかったことが記されている。

アーカイブには、1930年のノイトラ来日の際に、日本の新進建築家たちが依頼したと思われる作品リストと写真も残っている。26項目のリストには、佐藤武夫の大隈講堂（1927）、伊藤正文の枚方の大阪美術学校（1930）、吉田鉄郎の逓信省電気試験所（1930）、土浦信子の朝日住宅展覧会入選案、土浦亀城の吉田邸、土浦とフォイエルシュタインの斎藤報恩会館応募案などが含まれている。[53] ノイトラを通して、アメリカやヨーロッパに日本の新しい建築作品を発信しようとした土浦であったが、それは実現しなかった。

モダニズムが国際的な普遍性と合理性に基づいた建築の工業化と標準化を目指した一方で、ライトは一貫して大地（自然や風土）や素材という地域性との結びつきを重視した。ライトの作品は、1932年のニューヨーク近代美術館の展覧会に展示されたものの、その後出版された『The International Style: Architecture Since 1922』には掲載されていない。モダニズムは、大都市への人口集中によって引き起こされた住宅問題や、社会主義的な思想と関連して「新しい社会の新しい建築」として台頭した。それとともに、ライトの建築にみられる個性豊かな建築空間は、過去のものと考えられた。

のちにライト自身が「モダン・アーキテクチャーは、有機的建築から生まれた[54]」と述べているように、ライトがそれまでの箱型の空間を壊し、流動的な空間と機能的な平面計画を実現したことが、近代建築

53
UCLA Library Department of Special Collections 所蔵

54
"Modern-architecture is the offspring of Organic-architecture: an offspring, already emasculated and commercialized, in danger of becoming a Style." Frank Lloyd Wright, "Organic Architecture Looks at Modern Architecture", Architectural Record, May, 1952

の萌芽となったのは確かである。しかし1920年代後半からの工業化を前提とした抽象的で無機質なモダニズムは、自然と建築の統合を追求するライトの姿勢とは異なるものだった。

土浦は、日本の住宅改善のためには、近代を表現する「形態」が重要であると考えた。日本ではすでに、ライトの作風とその装飾性は周知されており、日本において「ライト式」は、近代を表現するための新しい「形態」にはなり得なかった。近代という新しい社会の、新しい住宅のためには、合理性・近代性・国際性を掲げたインターナショナルスタイル（国際様式）がふさわしいと土浦は考えていた。

国際様式と日本

1920年代に海外渡航を経験した建築家には、堀口捨己、山田守、石本喜久治、吉田鉄郎、岸田日出刀らがいる。堀口は1923年から1924年にかけてヨーロッパに半年滞在した。山田守は1929年から1930年にかけてヨーロッパとアメリカを10か月間旅した。石本は、1923年にヨーロッパとアメリカを旅し、土浦とはロサンゼルスで会っている。土浦の大学時代の同級生である岸田日出刀は、1925年にアメリカとヨーロッパを訪れ、吉田は1931年に渡欧した。これらの建築家たちに比べて土浦の滞在期間は2年8か月と長かった。土浦は旅行者ではなく居住者として生活体験したのであり、その日々の暮らしのなかでモーザーやノイトラたちと建築について語り合い、モダニズムへの確信を深めていった。そして自然や風土を重視するライトの思想を吸収しつつ、国際性や合理性を重視する同年代の建築家との同志的な関係を築いていたのである。だからこそ土浦は、日本の伝統的な建築に見られる合理的な要素を自分の設計に取り込むことに何のためらいもなかった。

土浦の日本の建築界に対する意識は、１９３１年に川喜田煉七郎がウクライナ劇場の国際設計競技に入選したときの言葉に表現されている。

「我々は日本の懸賞設計に応募する時は、非常に妥協し、自分を殺さなければならない。それでさへも常にまだ異端視されてゐるこの現状にあつて、少しの妥協もなく思ふ存分ほんとうの腕を振って出来た作品を提出し、しかもそれが名誉ある当選の栄冠を擔つたといふことは全く川喜田君一人の悦びではない、實に我々にとつても痛快至極なことです。日本では見向きもされないものが、国際的に提出されるとき、始めてその真価がわかるといふことは、如何にも皮肉のやうで、そして如何にも真実なことであるといふことは、はつきりとここで我々の胸に植ゑつけられた譚になります。これを機会に、我々がしつかりと国際的に進出出来るひとつのエポツクを作り上げたいと存じます[55]」

「非常に妥協し、自分を殺さなければならない」と述べたほど、土浦にとって日本の建築界は保守的だった。その前年、日本の設計競技について土浦はこう書いている。

「本年発表された競技を二つの傾向に分類する事が出来る。一は競技規定に日本趣味又は東洋趣味を要求したもので、名古屋市庁、京都美術館、日本生命館がそれである。今一は洋式の自由なるもので、共同庁舎、及び明治製菓売店がそれである。

55 土浦亀城「ウクライナ劇場についての諸家の感想」『建築画報』1931年6月号

どうして日本趣味や東洋趣味を現代の建築に主張する様になったかは一大問題である。国際奨励や反動的な国粋主義が副作用を起こしてその様な趣味の主張を喚起したと言ふ事も出来るが、本当の理由はもつと根本的な所にあるのであらう。然しその結果いかなる設計が当選したか。名古屋市庁には天守閣を頂いた塔が中央に聳え、京都美術館は昔の帝冠式の様なものとなり、日本生命館は百尺の頂上に破風屋根のついた不体裁なものとなつて、誰かに葬儀自動車の様だと悪口を言はれるに到つた。誰も登らない市庁の塔に封建時代の天守閣をつけたり、日本生命館即ち高島屋デパートの陸屋根に映画セットの様な破風をつけたり、此の様な無意味な事が此の新時代の建物を日本趣味にすると考へる人が居るならその日本趣味に就いても一度検討する必要がある」[56]

反動的な国粋主義の副作用として日本趣味が現れたのではなく、本当の理由はもっと根本的なところにあると書いたのは、日本人の国粋主義や軍事化を懸念しているとともに、建築の本質を突き詰めようとしない中途半端さを批判しているのだろう。しかし、時代は土浦が望まない方向に向かっていた。

56 土浦亀城「1930年代——建築（4）新興建築家聯盟のこと」MIYAKO SINBUN 1930年12月7日

IV

アーキテクトの端正な建築

1 事務所の設立と野々宮アパート

建築家・土浦亀城としての出発

1934(昭和9)年11月、土浦は大倉土木を退職し、12月1日に東京の京橋1丁目の山中ビルに土浦建築事務所を開設した。野々宮アパートと強羅ホテルの設計を土浦事務所が担当し、その施工を大倉土木が請け負うという条件によって、円満に退社することができたという。すでにトクダビルをはじめ多くの住宅を設計していた土浦にとって、満を持した独立だった。山中ビルの入り口のドアには、「土浦亀城建築事務所 Kameki Tsuchiura, Architect」と書かれたプレートが張られた。

開設翌年の所員をみると、弟の土浦稲城、稲城の友人の今井親賢(正親)、山口文象の事務所から来た郡菊夫、武蔵工業専門学校を出たばかりの松村正恒がいた。[1] その年の9月に入所した河野通祐によれば「ちいさな設計事務所とはいえ、建築家土浦亀城を師とするアトリエ的な事務所でスタッフは家族のような連帯感で結ばれていた」[2]という。その後、森田茂介、笹原貞彦、森田良夫、村田政眞、富田俊広が所員として加わった。また設立当時は、妻の土浦信子も事務所の一員として設計に参加していた。

1 河野通祐『蚯蚓のつぶやき——無名建築家の生涯』大龍堂書店、1997年、34頁、53頁、および「土浦亀城建築事務所在籍期間表」佐々木喬版、1993年

2 河野通祐『蚯蚓のつぶやき——無名建築家の生涯』大龍堂書店、1997年、54頁

所員にとって、当時の土浦亀城はどのような存在だったのだろうか。土浦事務所で面接したあとひと月ほどたって「スグコイ、ツチウラ」という電報を受け取り、すぐに京都から上京したという河野通祐は、「その頃、土浦亀城先生といえば新進建築家で、日本のモダニズム建築家の一人として活躍されていた。（中略）土浦先生は雑誌『新建築』の同人で住宅をよく発表されていた。また、銀座の三喜ビルで川喜田煉七郎さんが主宰して開校していた、高等工芸学院などで設計指導もしておられた。私にとっては雲の上の人で、先生に直接お目にかかれるなんて夢のような出来事だった」と書いている。同じく所員の松村正恒は、「土浦先生は有名なアメリカのライトの所で修業して、当時の日本ではもっとも進歩的な、建築の設計も私生活も、華やかな存在でした。自家用車を運転するなど珍しい時代に、中古ながらフォードのオープンカー、昼になると銀座の一流レストランへ車を飛ばす」[3]と記している。

銀座の一流レストランとは、土浦が毎日昼食に出かけた交詢社のことだろうか。交詢社で昼食をとった後、明治屋で焼きリンゴなどのデザートを食べるのが土浦の日課だった。一方、所員たちの昼食は、事務所の「隣のミルクホールで焼飯、ライスカレーが十銭で食べられた。常連になると、時にはコーヒーの無料サービスも受けられた。給料日は豪勢にしようと松村さんと一緒に高島屋に行き、二十銭のお子様ランチを食べるのが楽しかった」[4]と河野が書いているから、土浦は別世界に住んでいたことになる。松村はそのような土浦の生活に接して、「都会の富裕層のライフスタイルを垣間見た」[5]と感じていた。窓から村野藤吾設計の森五商店ビルが見えたという事務所は、若い所員たちにとって、憧れと現実とが交錯する場所だった。

3 松村正恒『無級建築士自筆年譜』住まいの図書館出版局、1994年、144–145頁

4 註2に同じ

5 花田佳明『建築家松村正恒ともう一つのモダニズム』鹿島出版会 2011年、61頁

事務所で土浦は、「所員の図面の一本の線まで訂正し」「当時工事中の野々宮アパートの正面図を練り直していた[6]」という。厳しい半面、合理性を重視する事務所で残業は許されなかったので、河野たち若い所員は夜の時間を語学やデザインの勉強、研究会などに使うことができた。河野が土浦事務所で最初に担当したのは、着工したばかりの野々宮アパートの展開図や家具、絨毯、カーテンのデザインだった。

写真家、野島康三

野々宮アパートの設計は、写真家、野島康三から依頼された。野島は、明治時代から九段坂下の交差点にあった写真館を１９２０（大正９）年に買い取り、野々宮写真館として運営しながら、写真家として活躍していた。１９３２（昭和７）年に写真誌『光画』を創刊、翌年には展覧会「女の顔」を開催するなど、戦前期の芸術写真界のリーダーの一人である。野々宮写真館の建物は、関東大震災で被災した洋館を修理して使っていたが、いよいよ建て替えるにあたって、野島はダンスのサロンである「すいやう会」のメンバーの土浦に相談した。妻の信子や、信子の妹の文子が野島の写真のモデルを務めたこともあって、家族ぐるみで親しかった。

土浦の回想によれば、「あの頃文化アパートというのが本郷にあったんですがそれが唯一のアパートだったんです。僕はアメリカから帰った頃そこに1年程居たことがあるんです。それでね、日本にも早

6　松村正恒「アメリカ仕込みの合理主義者」『SD』9607

くこういうアパートをたくさんつくらなきゃいかんという話をよくしてたんですよ。それで野々宮の主人が、それじゃ作ってみようじゃないかということでおおいに共鳴してくれて作ったんですよ」[7]。

こうして都市型の集合住宅をつくるという土浦の理想が具体化することになった。写真館に高級賃貸アパートを併設するという土浦のアイデアに野島が賛同し、新しい事業が始まった。

敷地182坪、建築面積145坪、延べ床面積1224坪の鉄筋コンクリート造地下1階地上7階（中2階を入れると8階）の建物は、1936年9月に竣工した。地階は暗室、倉庫、ボイラー室、使用人室、1階と中2階は「野々宮写真館」、2〜7階がアパートになっていた。

竣工時には、建築家や各界の名士を招待した披露パーティが盛大に行われ、そのために土浦事務所のスタッフは徹夜で準備にあたったという。白と淡い青のタイルを張った太い縞模様の外壁は、周辺のくすんだ家並みから抜きん出て輝いていた。淡青のタイルの幅は、水平に並ぶすべり出し窓の高さに合わせてあり、窓枠も同じ色に塗られていた。明るいス

図1　九段下の野々宮アパートメント　1936

7　「土浦亀城氏に聞く」『建築家』1984年春号、日本建築家協会

図2　右奥に野々宮写真館の入り口、左にアパートの玄関。

トライプの外観は、靖国通りを挟んだ帝冠様式の軍人会館（現・九段会館）と対照的だった（図1）。

中2階まで吹き抜けの正面の車寄せには、「写真　野々宮」という正方形の看板が掲げられた（図2）。新しいイメージづくりのために、それまで使われていた「野々宮写真館」という名前を改称したのだ。ホワイトブロンズ仕上げの太い丸柱が立つ写真館の玄関を入ると、右手窓際に長椅子のある待合室がある。その奥のホールを中心にして大きさの異なる3つのスタジオ（当時は「写場」と呼ばれた）があった。

第一スタジオは中2階まで吹き抜け、南側は床から天井までガラス窓になった明るいスペースで、ナラ板ブロックを市松に張った床にゼブラ柄のカーペット、窓には青いベロアのカーテンというモダンな空間だった。中2階のギャラリーや階段も撮影スペースとして使われ、折り戸を開ければ第二スタジオや日本間とつなげることができた（図3）。天井が低い第二スタジオは通常の撮影に、東面の大きな開口部からテラスに出られる第三スタジオは子どもの撮影用に使われた。事務室、門下生の寝室、図書室、乾板倉庫、研究室などは中2階に、現像室などの暗室は地階に配置された。機能的かつ大規模に展開した「写真　野々宮」の仕事は、現代

図3　野々宮写真館の第一写場（スタジオ）。折り戸の向こうに第二写場。階段は白のテラゾー仕上げ

的なセンスと品格に定評があり、最も成功率が高いお見合い写真を撮ると評判が高かったという。[8]

欧米型アパートメント

アパートの玄関は、写真館とは別に車寄せの左側にあった。スチール製のガラス戸を開けると、玄関の脇に「パーラー」と呼ばれる応接コーナーがある（図4）。ここも中2階まで吹き抜けで、南側は全面のガラス窓に黄色いカーテンがかかっていた。青地に白の水玉模様のカーペットの上に長椅子やパイプ椅子を置いた気持ちのいい空間は、住人が気軽に歓談できる場だった。パーラーの隣にある階段を中2階まで上がると、エレベーターの前に「ホール」と呼ばれる応接室がある（図5）。ここには、えび茶色に白の縞柄のカーペットと茶色のソファや椅子が置かれ、1階のコーナーに比べると落ち着いた雰囲気がある。1階と2階の異なる雰囲気の応接の場は、このアパート全体の居間の役割を担っていた。

2階から4階まではそれぞれ、キッチン、バスルームつきの2室型が4戸、同じく1室型が2戸、キッチン、バスルームのない単室型が3戸と、共用バスルームとトイレがあり、5階から7階までは、キッチン、バスルーム付きの2室型が1戸、同じく1室型が4戸、単室型が7戸と共用のバスルームとトイレがあった。

バスルームはトイレ・洗面・浴槽が1室の西欧型で、すべての部屋は靴を脱がない生活を前提にし

8 光田由里「野々宮ビルをめぐって」『野島康三作品と資料集』渋谷区立松濤美術館、2009年、118頁

図4　アパート玄関脇のパーラー。椅子は黄色の革張り。敷物は青地に白の水玉

図5　アパート中二階のエレベーター前ホール。えび茶色に白縞の絨毯

図6　折り戸の向こうに居間兼寝室

図7　折り戸の手前の食堂。左のドアは台所、右は浴室。

ていた。使用人の部屋を除けばアパートに和室は一つもなかった。各室には、電話、ラジオ、ベッド、食卓、アームチェア、サイドボード、敷物、ブラインド、カーテンが備え付けられ、希望によってはホテルのようにタオルや寝具から朝食まで、地下に常駐するボーイやメイドに頼むことができた。

図8　ワンルーム型アパート。調理戸棚にガスレンジと流し

最も広い2室型は、二つの部屋の間の折り戸を開ければ広い一室として使えるようになっていた（図6）。床はナラ板張り、上下2段のスチール製の滑り出し窓が大きなガラス面を構成し、その窓の下に二つのカウチベッドがソファのように置いてある。反対側の壁には、洋服、寝具、トランクなどをしまうための造り付けのクロゼットが並ぶ。つまり、寝室となる奥の部屋は昼間開け放して居間として使えるようになっていて、コンパクトなキッチンとバスルームは目立たないようドアで仕切られていた（図7）。

1室型は、2室型の折り戸を取り払って狭くしたような間取りで、基本的な構成は変わらない。キッチンとバスルームがない単室型は、幅90cm、奥行き60cmの戸棚のなかに、陶器製の流しとガス器具、食器棚、石鹼入れ、タオル掛け、引き出し、換気扇（機械換気設備と呼ばれた）が組み込まれた（図8、9）。この戸

図9　ワンルーム型の窓側。左奥に洗面台。

棚型の最小キッチンは、「ご参考になりませんか　畳にしたら半畳敷（ママ）」というタイトルで、写真入りで新聞に紹介されるほど珍しいものだった。[9]

洗面シンクの上には、鏡つきの戸棚が取り付けられた（図10）。単室型とはいえ、どの部屋も大きな窓からの採光によって明るく、北窓だけの部屋はない。このように、限られた空間を有効に使うためのさまざまな工夫がなされていたので、短期、長期にかかわらず住人は快適に過ごすことができた。

色彩豊かなインテリア

各住戸の居間には丸テーブル、安楽椅子、肘掛け椅子、ライティングデスク、キッチンには食卓、椅子、サイドボードが備え付けられていた（図11）。これらの家具の材（パイプ、木材）や、椅子の座の色（黄色、紅、紺、緑、茶、黒）は、部屋ごとに異なっており、また各部屋の壁は、青みがかった淡灰色、赤みがかった淡灰色、緑がかった淡灰色、淡緑色、白茶色という5色が、各階の同位置の部屋や同一階の隣り合った部屋がなるべく同じ色にならないように塗り分けられていた。なお、共用部の廊下は赤いゴムタイル張りであり、全体としてモダニズムの「白い箱」のイメージとは異なる色彩豊かな空間であった。

家具をはじめ、絨毯、カーテン、照明器具などすべてを土浦事務所がデザインした。画一的にならな

9 東京朝日新聞　昭和11年9月24日朝刊

図10　洗面台と鏡付き戸棚

図11　各部屋の壁や家具の色は異なっていた

いよう、さまざまな素材と色を用意したことについて土浦は、「部屋によって色や形を変えたのは効果があるが、種類が多いので面倒である。例えば小椅子についていえば、布地が6種、その他に籐張りがあり、その各々が木製のとパイプのとあるから都合14種ある訳である」[10]と記している。

設備としては、オーチス社製の4人乗りのエレベーターのほか、届け物などの荷物を運ぶダムウェーター、ダストシュートがあり、アパート各室にはセントラルヒーティングと給湯設備が完備されていた。屋上階は洗濯室と物干し場、ゴルフ練習場として使われた。

当時の野々宮アパートのパンフレットには、「帝都の中心・最利便の位置」「最新の建築設備と美しい外観」「ホテル様式による近代アパート」というキャッチフレーズが並ぶ。裏面にはさらに、「その優れたる諸条件」として「1・合理的なる近代アパート生活、2・最適の位置と交通の利便、3・完備せる構造及び

10　土浦亀城「野々宮アパートと写真館」『国際建築』1936年11月号

設備とサービス、４・健康にして衛生的、５・経済的なる採算」という項目がある。「アパートとして、日本で最初のホテルサービスを致します」と書かれているように、滞在型ホテルの草分けでもあった。

野々宮アパートの家賃は、当時の平均的な月給の数倍だったという。そのような超高級賃貸住宅に住む人は限られていた。竣工当時のリストによれば、入居者は化粧品メーカーのマックスファクターや貿易会社の社員など外国人が約半数を占めており、日本人では女優の岡田嘉子、美術史家の富永惣一などの文化人や、三井物産、三菱商事などビジネスマンの名が見られる。[11] 野島自身も２０８号室を書斎にしていた。前川國男がフランスから帰国後に住んだことも知られている。

野々宮アパートは、土浦と野島とが共通の夢を具体化し、モダン都市東京に一石を投じた作品だった。しかし、１９４５(昭和20)年の空襲で建物上部が焼け落ちてしまった。その後、残った駆体を補修して白く塗り直し、進駐軍住宅「NONOMIYA APARTMENT」として使われ、占領期が終わるとオフィスビルになったが、１９６７(昭和42)年に取り壊され、日本債権信用銀行本店に建て替えられた。現在その場所は、26階建ての北の丸スクエアとなっている。

11 註8に同じ

2

強羅ホテル

新時代のリゾートホテル

戦前期の土浦事務所で最大の作品は、強羅ホテル（神奈川県強羅町）である。箱根登山鉄道が所有するホテルとして、強羅駅の隣地に建設された鉄筋コンクリート造4階建て地下1階の建物は、野々宮アパートのおよそ倍にあたる2509坪の延べ床面積があった。土浦にとってホテルの設計は初めてだったが、弟の稲城は遠藤新建築創作所に勤務していた時代に、阪神電鉄の甲子園ホテルの設計・建設に携わった経験があり、稲城をチーフとして基本設計が進められた。

箱根のホテルといえば、外国人観光客用に1878（明治11）年に創業した富士屋ホテルが代表的だ。その日本趣味を満載した和洋折衷のデザインとは対照的に、強羅ホテルはシンプルなデザインで統一された（図12）。設計図書に「強羅観光旅館新館」という名称が付いているように、旅館の新館としての計画だったから、新しいスタイルが望まれたのだろう。1936年に、1940年の第12回オリンピックが東京で開催されることが決まり、外国人観光客を見込んで国際観光事業振興の気運が高まっていた。

図12　強羅ホテル正面。アイボリーのリシン仕上げ。1階のみ淡青色タイル張り

上高地帝国ホテル（1933）、川奈ホテル（1936）、赤倉観光ホテル（1937）、志賀高原ホテル（1937）、などのリゾートホテルが建設されたのもこの頃だった。

工事は1937（昭和12）年の春に始まった。当時、箱根登山鉄道の終点の強羅駅周辺は閑散としていて、現場は「大きな石がゴロゴロしていて、それを取り除くことと、基礎をつくるのに苦労した」という。[12]「ブルドーザーもパワーシャベルも無い頃で、ジャッキで石を持ち上げて移動させる仕事は昼夜兼業（ママ）で行われた」のだった。現場には、所員の松村正恒と、施工会社の大倉土木の加倉井昭夫が常駐した。松村を手伝いによく現場に行った河野通祐は、「手伝いなのか、山歩きなのかわからなかった時もあった」とのちに記している（図13）。

図13　1938年竣工時の強羅付近

着工から1年余り、翌1938（昭和13）年7月にホテルは竣工した。コンクリートの柱梁が端正なファサードをつくる正面、柱を内側に入れて水平のラインを強調した客室棟、コンクリートの構造体のフレームで囲んだ屋上バルコニー。その装飾のないアイボリーがかった白色の外壁は、1階部分だけ青いタイル張り、窓のスチールサッシュも青色に塗られている。屋上バルコニーには、原色の縞柄のオーニング（日よけ）が取り付けられ、自然とのコントラストが鮮やかだった（図14）。

12　註2に同じ

図14　東南からの外観。バルコニーには原色の日除け

旅館の伝統を残したホテル

強羅ホテルの正面ファサードの真ん中の、10ｍほども張り出した車寄せの庇は、2本の黒い柱で支えられている。その奥の玄関ホールに入ると、黒い大理石と白いトラバーチンとのストライプの床がまず目に入る。両側に仮枠の鉄板をそのまま残して青色のラッカーで仕上げた太い円柱が立ち、その向こうにパイプ家具がゆったりと置かれている（図15）。右手にフロントの大理石張りのカウンターがあり、左手の2段の階段を上がると、梁の下端まで全面窓にした明るいロビーが広がる。ロビーの天井と壁は、柱梁に白茶色のペンキを塗り、床はマスチックという床材をグレーと青の市松張りとしている。

ガラスとコンクリートのシンプルなロビーの空間を華やかにしているのは、柱間ごとに違うデザインを施した絨毯と家具だった。色も柄も違う絨毯と家具によって、それぞれ独立した居間のようなゾーンが形成され、一番奥にはグランドピアノが置かれていた（図16）。その脇にバーがあり、さらに読書室、囲碁将棋室、娯楽室が並んでいた。

このロビーについて、当時、モダニズム建築に関して多くの著作を持つ美術評論家の板垣鷹穂《たかお》は、「壁や柱の色彩、家具と敷物の図柄、照明器具の形式等々が非常に良く調和し、明快な感じの中に落ち着いた『雰囲気』を含むのである」[13]と書いている。シンプルなモダニズムの空間に鮮やかな色彩でアクセントをつけ、家具やカーテンなどの調度品で彩るのが、一貫した土浦の手法だった。

2階と3階は、眺望のいい東と南に面して客室が並ぶ。4階の客室も合わせて48の和室と16の洋室が

13　板垣鷹穂「強羅ホテルを主題とする感想」『国際建築』1939年11月号

図15　1階エントランス。左手にロビー

図16　1階ロビー。床はグレーと紺の市松模様

あり、どの部屋にもベランダがついていた。洋室の場合、ベランダは半戸外で、ガラス開き戸で仕切られ、和室の場合は大きな窓ガラスによって内部化され、その板の間と和室は障子で仕切られていた（図17）。和室と洋室のベランダの違いが、外観に反映して、立面に陰影をつくっていた。

ホテルといっても、客室の4分の3は和室、さらに2階の北側には156畳の大広間の大宴会場があるというように旅館の伝統が踏襲されていた。和室には、10畳＋12畳＋次の間（6畳＋4畳半）、10畳＋8畳＋次の間（2畳）、8畳＋次の間（2畳）などのタイプがあるが、いずれも浴室はついていない。和室の内装は、竿縁天井と土壁、床の間や書院のつく数寄屋風だった。コンクリート構造の内部に和室をつくることがまだ少なかったこの時代、板垣は、「中に入って畳に座った感じから云うと、洋風建築の内部に無理に日本間を組み入れた侘しさが少しもなく、その上に、日本旅館の最大の欠点である隣室の物音からも完全に遮断されているから、甚だ住み心地が良さそうである。これでもし、専属の浴室と便所とがあれば真と（ママ）に申し分ないであろう」と述べている。

一番大きいタイプの洋室には、8畳の和室がついていた（図18）。それは和洋の二重生活に対応した、現代の家族型のリゾート施設に通じるスタイルだった。洋間の調度は部屋ごとに異なり、照明器具、絨毯、椅子などすべてを土浦事務所がデザインした。土浦信子が担当した絨毯や椅子のカバーには、水玉や縞模様などのしゃれたファブリックが用いられた。

竣工後のパンフレットによれば、和室の料金は「御一人様　金5円ヨリ」、洋室は「御一人様　金7円（バスなし）、金9円（バスあり）」であった。これは、帝国ホテルや富士屋ホテルなど一流ホテルに比

図17　床の間付きの和室。縁側に藤の家具

図18　和室付きの洋室

べれば庶民的だった。食堂、喫茶室、美容室といったホテルに必須の施設以外に、大浴場、婦人浴室、家族風呂、娯楽室などを併設しているところに特徴があり、それは北側2階の畳敷きの大宴会場に顕著に表れていた。その部分だけは、フラットルーフではなく、スレート葺きの切り妻屋根だった。

グリーンパーラーとフラットルーフ

このホテルで最も景色のよい4階の東側には、大食堂と喫茶室的なグリーンパーラーがあった（図19、20）。落ち着いた雰囲気の大食堂とは対照的に、天井の大半をガラス屋根で覆い、その下に日よけを付設したグリーンパーラーは、アジアの高級ホテルのアトリウムのような雰囲気だった。2方向のバルコニーとの境のガラス戸を開け放てば、戸外のように感じられただろう。幅150ミリのIビームのフレームによるガラス屋根に覆われた空間は、このホテルの中で最も斬新だったに違いない。不整形の大理石を敷きつめた床には、鉢植えのシュロや籐の家具が置かれていた。しかしそのグリーンパーラーと周囲のバルコニーは、あまり時を待たずして室内化され、宴会場になったという。

広々としたバルコニーの竣工時の写真は、アルヴァ・アールトのパイミオのサナトリウムの屋上のように、自然に癒される人間という構図を感じさせる（図21）。さらに、バルコニーの端のらせん階段から屋上（フラットルーフ）に上がれば、360度のパノラマとして相模湾から箱根の山々まで眺めることが

図19　4階の大食堂

図20　4階のグリーンパーラー

できた。

所員の森田茂介は、屋上での体験をこう書いている。「今新緑を四周にめぐらしたこの屋上の感じは、新鮮な感情のような気がする。さう言へば、山の中なんかに建つ建物で、広々したフラット・ルーフのものがあつたか知ら。フラット・ルーフといふ人工にして安心して、しかも四周の自然とぢかに接触する。それがこの感情効果なんぢやぁ無いか知ら（ママ）」[14]。

リゾート地に移された都会的な空間は、都市生活者の心身を癒す役割を果たした。都市型住宅を多数設計してきた土浦は、それを補完するものとして、このホテルをとらえていたのかもしれない。

強羅ホテルの空間で最もよく知られているのは、地階の大浴場だろう。東南の角にある大浴場は、傾斜地のため地階といっても地上にあり、その東面は、最上部の突き出し窓を除いて全面がガラス

14　森田茂介「強羅ホテル」『国際建築』1938年11月号

図21　バルコニーには可動の日除け

図22　ガラスブロック積みの地階脱衣室

ブロックになっていた（図22）。プリズムガラスと呼ばれるアメリカ製の製品を模して製造された初期の国産ガラスブロックである。沸かし湯と温泉との二つのプール（浴槽）が並ぶ緑色のタイル張りの大浴場は、ガラスブロックの半透明の光で満たされ、健康的で明るい近代の空間を創出していた（図23）。

　ただし、「耐熱・真空」であるべきガラスブロックの性能は満たされておらず、2枚合わせたガラスの内側に結露による水がたまり、のちに苔が生えてしまったという。グリーンパーラーのガラス屋根もまた普通の天井へと改築された。ロビーのパイプ椅子は、映画『虹立つ丘』（1938）のロケをしたときに俳優の岸井明が座ったら、曲がってしまったという話も残されている。[15] 近代的な空間をつくるためには、まだ建材の性能が追いついていないという、土浦が常に抱えた問題がここにもあった。

15　「元所員へのインタビュー　土浦亀城の建築思想」『SD』1996年7月号

図23　地階浴室。床と柱は緑色のタイル張り

『ホテルの人々』

このホテルにどのような客層が滞在していたのか、その手がかりが、森田たまの小説『ホテルの人々』にある。森田は１９４０年から１９４２年にかけて実際に強羅ホテルに滞在し、この小説を書いたという。

「遠く宮の下のホテルや旅館の一画をこえて、はるか山の裾のきわまるところに、扇面をひらいたように小田原の海がみえるのであった。」というホテルで、小説家である「私」は、さまざまな人々に出会う。映画女優、日本橋の芸者、外交官、大学教授、実業家、医者など富裕層や、婚約者を戦地に送り出した女性、戦地から一時帰国している軍人なども描かれる。滞在者の多くは東京から来ており、長く滞在する人は、静養を目的にしていた。

小説の舞台となるロビーの空間は、

「町の中のホテルとちがって、山の上の温泉場のこのホテルには、ロビイへ出て本を読んだり、紹刺しをさしたりするような客は殆どない。昼のうちは散歩や遊覧に出かける人が多いし、夜は温泉につかって、早くから部屋にくつろいでいる人が多いので、ロビイはいつもたいてい、しんとしていた」

「天井からさがった大きな、ボオルのような糸目もようのあるシャンデリアが、やわらかな光を床に落として、ゆったりと人の気持ちをくつろがせる」

と表現されている。落ち着いた雰囲気をもつ強羅ホテルは遊覧や観光の拠点であるとともに、静養と療養の場でもあった。

ホテルの竣工とほぼ同時に、盧溝橋事件（1937年7月）が起きて、日中戦争が始まり、オリンピックの開催は中止となった。強羅ホテルはオープンしたときから時代の波をかぶるのだが、女優の高峰秀子も出演した『虹立つ丘』の効果もあったのか、ホテルの人気は高かった。

この頃、土浦事務所では、早雲山駅舎の設計も手がけている。季節のいい春や秋は、早雲山へのケーブルカーの駅に長い行列ができるほど、強羅周辺はにぎわったという。その後、第二次世界大戦の末期にはソ連大使館がこのホテルに疎開、広田弘毅元首相と駐日ソ連大使の秘密会議が行われたことでも知られる。戦後は国際興業の所有となり、政府登録観光旅館として存続したが、設備が整ったホテルが続々と建設された1980年代には影が薄くなり、1999年に取り壊された。

旅館とホテルを合わせた機能をもつこのホテルのコンクリートと大きなガラス窓による端正な落ち着いた空間は、慌ただしい都会から訪れる人をやわらかい光で包み、つかの間の保養の場を提供する場にふさわしかった。科学的な合理性と、明朗で健康な空間を目指したモダニズムのホテルとして強羅ホテルは画期的だった。

3　国際様式から戦時の住宅へ

土浦亀城建築事務所の戦前期の主な住宅作品は、赤坂一ツ木町の高橋邸（1934）、土浦自邸の斜め前にあった長谷川三郎邸（1935）、千駄ヶ谷の三島通陽邸（1935）、猿楽町の徳川公爵邸（1935–38）と香川邸（1935–36）、乾式構法による豊島・長崎南町の田宮博邸（1935–36）、渋谷区青葉の宮口邸（1936–38）、麻布の竹原邸（1937）、世田谷の遠藤邸（1937–38）、秋谷の吉野信次別邸（1939）など27軒である。そのなかから時代の変化を示す住宅として、高橋邸、徳川公爵邸、竹原邸、池尾邸、宮口邸、遠藤邸について記しておきたい。

高橋邸

赤坂・一ツ木町の高台に建つ高橋邸は、実業家、茶人として知られる高橋義雄（箒庵）夫妻とその子息の住宅である（図24）。約３００坪の敷地は、北東の方向に山王の森と赤坂見付を見おろすことがで

図24　高橋邸。左手前の夫婦の場と右奥の子息の場　1934

き、その眺望を生かすように設計された。1階のテラス、2階のバルコニー、屋上のテラスなど、景色を楽しむ場所が組み込まれた庭側の外観は、陰影のある立体的な構成の美しさが際立ち、国際的なモダニズムのデザインとしての完成度が高かった。概して国際様式は、「豆腐のように四角い」と評されがちだが、土浦が目指したのはそれぞれの部分のボリュームと奥行き、そして小庇や手すりのシャープなラインによる立体的構成の妙であったことがこの住宅からわかる。

高橋義雄（箒庵）（1861–1937）と土浦の接点は定かではない。この住宅の図面の一部に「大倉土木」と記されており、会社の仕事だった可能性もあるが、『新建築』には土浦の作品として発表された。高橋が水戸出身であること、子息の忠雄が中南米音楽の評論家で目賀田《めがた》綱美《つなよし》男爵と親しかったことから、ダンスを通して子息と知り合いだったかもしれない。目賀田男爵は、土浦のダンスの先生であった。高橋箒庵は、1917

16　小山玲子「明治大正期における茶の湯と茶人――高橋箒庵の茶室の蒐集」札幌大学比較文化論叢16

（大正6）年から一ツ木町に住んでおり、茶室「一木庵」や「伽藍洞」をつくっていたが、新築に際してそれらを移築したという。[16] そのため配置図に茶室は示されていない。

建坪約104坪、延べ床約156坪の木造2階建て（一部コンクリートの地下）の住宅は、夫婦の場、子息の場、使用人の場（女中室、書生室、台所、配膳室）という3つの部分からなっていた。夫婦の場は眺めのよい庭に面した東側に置き、中庭を挟んで西側に使用人の場を置いて、子息の場は、音が聞こえないように離れのように北側に配置した。

夫婦の場は、1階に居間と客間（どちらも和室で、間には防音用に二重の襖が取り付けられた）、2階に洋風応接室、書斎、寝室があった。外観から和室は全く見えず、ただ庭の松の木と敷石がそれとなく日本庭園を感じさせる程度である。子息の場には、1階に24畳のボールルームと、レコードを収納する戸棚を造り付けた音楽室、2階には書斎と広いテラスがあって、食事以外は独立していた（図25）。

外壁はクリーム色のリシン仕上げ、窓のサッシュはすべてスチールサッシュで藍色に塗られていた。内壁はプラスター、天井はテックスに水性塗料塗り、床は板張りに統一されシンプルで明るい。

道路側の外観は庭側に比べて閉鎖的で、門や塀が建物の一部のように立体的に構成されている。道路の境界線から5ｍほど内側に門扉を取りつけて、敷地の一部を道路側に開放し、門扉の右側に大きな木を植えた。それが道路にちょっとした木陰をつくり出し、周囲の景観を豊かにしていた（図26）。

図25 ボールルームから音楽室を見る

図26 高橋邸道路側外観

徳川公爵邸

土浦が設計した住宅のなかで、最も規模が大きく、土浦自身が代表作に挙げていたのが、徳川公爵邸（1935－38）である。水戸徳川家第13代当主で貴族院議員の徳川圀順《くにゆき》（1886－1969）の自邸として、渋谷区猿楽町34番地、現在の山手通りに面した1652坪の敷地に建てられた。建坪約264坪の鉄筋コンクリート造、地下1階地上2階建てという大邸宅だった。のちに貴族院議長や日本赤十字社社長を務めた徳川公爵と直接の面識はなかったが、土浦が水戸の出身ということを知って依頼が来たという。独立したばかりの新進建築家で、主に小規模な住宅を手がけてきた土浦にとって、予算・規模ともに桁違いの計画だった。

玄関の前庭の1点から放射状に線を引いたような扇型の平面は、四角形を基本とする土浦の住宅作品には珍しい。そのため、南北方向の壁は緩くカーブして、玄関前の車寄せも円弧を描いている。建物の中心部にある中庭の壁も、中庭と居間の間で、やわらかな曲線を描く階段も、緩くカーブしている（図27）。

平面は、中庭の周囲の廊下に沿って部屋が配置される構成で、1階には西側に玄関と応接室、南側にサンルーム、居間、食堂、北側に3つの事務室、西側に調理室、配膳室、4つの女中室などがあった。居間の前のテラスは、広い南側の庭に向けて開放的なスペースになっている（図28）。玄関脇の半円状に突出したサンルームは、玄関と同じモザイクタイル張りの床で、半円の部分がガラス窓になってお

図28　徳川邸南側外観　1937

図27　徳川邸の階段

り、この住宅で一番モダンな部屋だった(図29)。陸屋根と2階テラスの水平のラインに、サンルームの円筒が突出した南側の外観は、重厚さを備えた国際様式のデザインとしてまとまっている。ただし2階テラスに取り付けられた、よしずの日よけと、タイル張りの外壁の取り合わせが時代を感じさせる(図30)。

内部の客間や食堂の床はナラの寄木やチークや桜が使われた(図31)。暖炉は大理石、カウンターはテラゾーというように重厚な材料が用いられたが、天井には工業製品のテックスの3尺角を張っている。機能的な空間の流れという点で、どこか中途半端な印象を受けるのは、小住宅の鮮烈なイメージが強いせいだろうか。徳川邸は戦後接収され、さらに米国の航

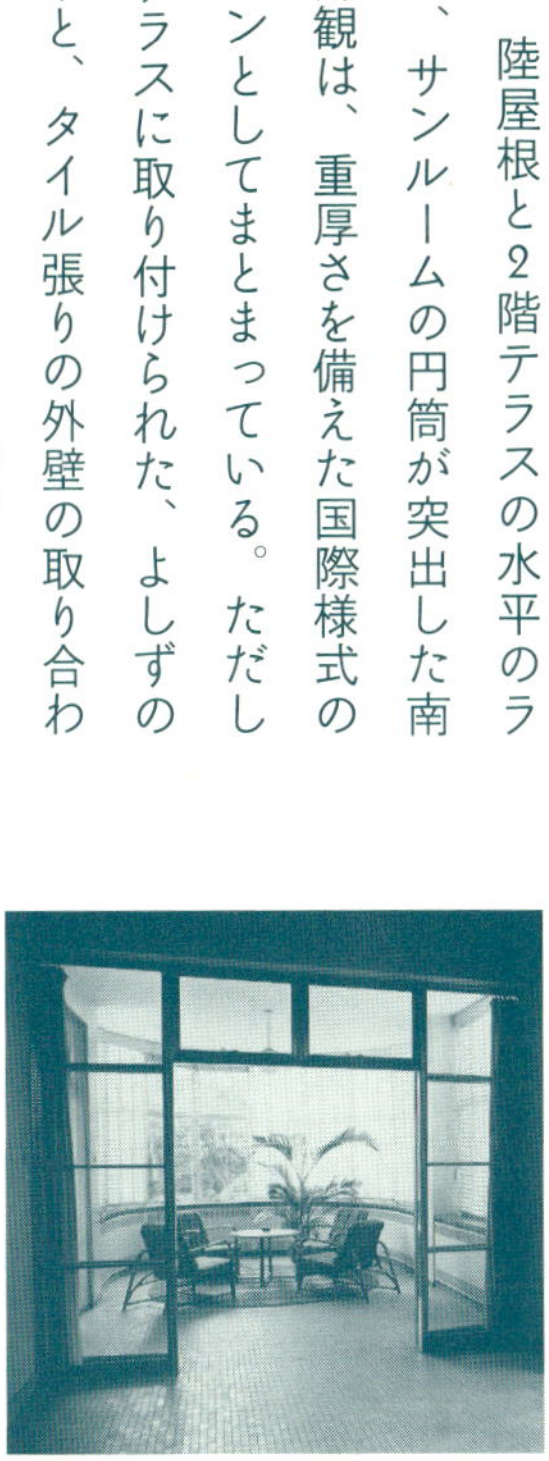

図29 玄関脇のサンルーム

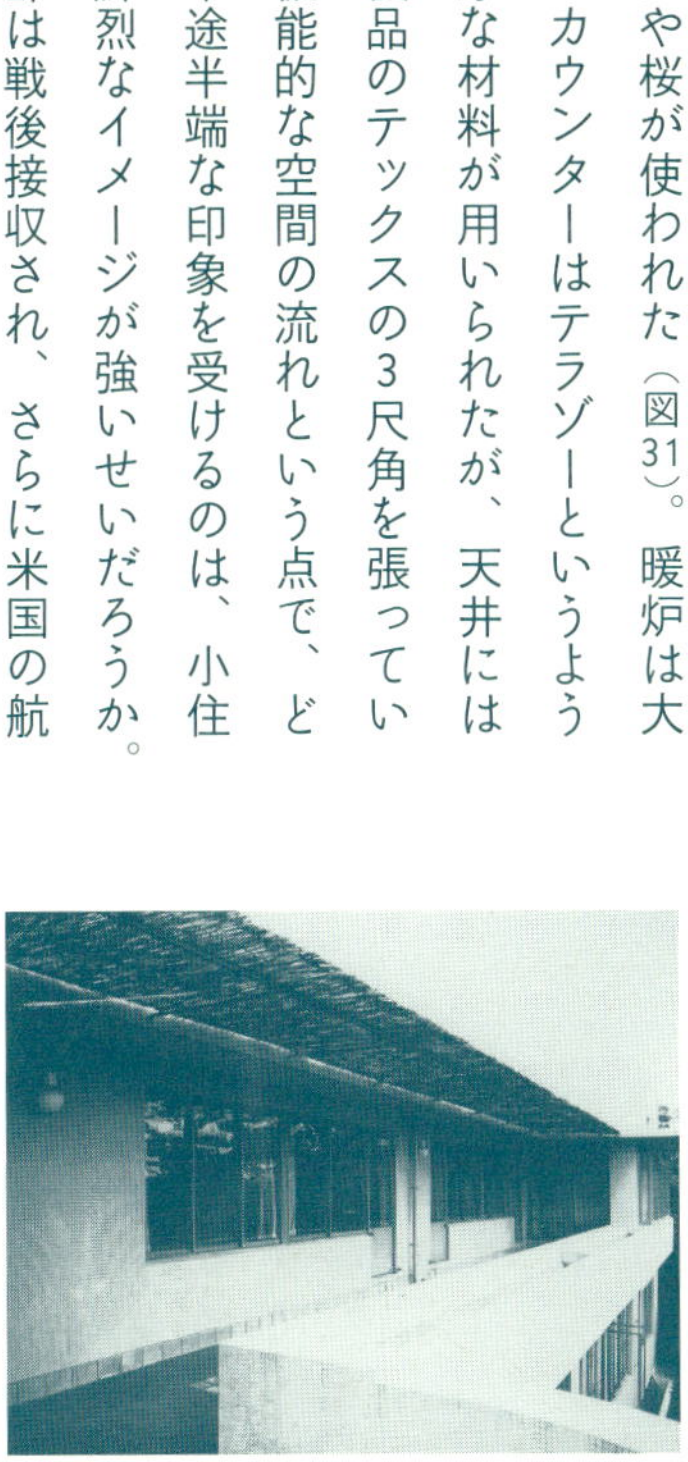

図30 2階のテラス

図31　徳川邸の客間

空会社の寮として使われた後、とり壊された。

　徳川邸の隣地には、徳川公爵令嬢のための香川邸が、徳川邸よりも早い１９３６（昭和11）年に完成していた。こちらは木造のラス張り白セメント吹きつけ仕上げ、窓枠は青緑色のペンキ塗り、パイプの柱や手すりは、灰色のペンキ塗りという、いつも通りの国際様式の外観だった（図32、33）。

　１階は、南側に居間と食堂を置き、その前に大きなテラス、食堂の奥には、茶の間と呼ぶ床の間つきの６畳間があり、北側に玄関、浴室、女中室、書生室、西側に台所がある。２階には、寝室と和室が２間という明快なプランだ。和室が多いこと、玄関の横に３畳の書生室、内玄関の脇に６畳の女中室があること、納戸や厨房が広いこと以外は、他の土浦の住宅と変わらない、若夫婦のモダンな住まいであった。

　１９３７年に完成した同じ猿楽町の角谷邸にも、同じような傾向が見られる。敷地５４１坪、建築面積

図32　香川邸北側外観　1936

図33　香川邸　南側

118坪のこの邸宅も木造ラス張り淡青色リシン仕上げで、スチールサッシュの建具は濃緑色、パイプの柱と梁にはグレーのペンキが塗られていた。

竹原邸

徳川公爵邸の後、設計された麻布・一本松の竹原邸は、建物の角のガラス面が曲面になった住宅である（1937、図34）。ウィーンから帰国し、ピアニストとして活躍していた井上園子の結婚後の新居で、彼女の音楽室が住宅の3分の1を占めていた。2階まで吹き抜けになった音楽室のコーナーは、天井までのガラス窓が円弧を描き、窓の下端には、円弧に沿ってソファが造りつけられた。音楽室の隣はカーテンで仕切った食堂で、その奥が台所など使用人のスペースとなる。2階は、階段を上がったところに吹き抜けを見下ろす観客席のようなバルコニーがあり、その曲面もまた、やわらかな空間をつくり出す要素となっていた（図35）。土浦自邸を除けば、吹き抜けのある立体的な内部空間をもつ住宅は、この竹原邸だけである。2階には、洋室の寝室、それに連なる化粧室と浴室、8畳間の和室と広い納戸があった。

木造2階建て、敷地面積135坪、延べ床面積76坪と、二人住まいには十分な広さだった。外壁は白のリシン仕上げで、木部はグレーのペンキを塗り、玄関ポーチは道路の境界線から引き込んで植え込みをつくり、その上に大きな庇をつけた。

図34　竹原邸　1937　曲面の窓がある音楽室

ガラスブロックが扉の両側に並ぶ、モザイクタイル張りの玄関の上がりかまちが曲線になっているのも珍しい。板張りの床には丸い絨毯が敷いてあり、壁には丸い鏡が取りつけられるなど、随所にアール・デコ風のデザインがあるのは、施主側の趣味だろうか。特に化粧室の化粧台と可動式の物入れのデザインは、メタリックなアール・デコの家具を思わせ、当時22歳の若手ピアニストの華やぎが感じられる（図36）。壁と天井は、テックスに麻布を張ったペンキ仕上げに統一されているが、寝室の壁はオレンジ色だった（図37）。ここまでカラフルな住宅は珍しく、国際様式の多様性を示している。

図35　吹抜けの音楽室上部にバルコニー。右上の開口部は寝室

フラットルーフから切り妻へ

渋谷区青葉町にあった宮口邸（1936）は、1027坪の敷地に建つ、延べ床面積76坪の2階建て木造住宅（地下のボイラー室はコンクリート造）である（図38）。陸屋根、立体的なボリュームの構成、小庇の水平のラインなどに、国際様式の手法が見られるが、

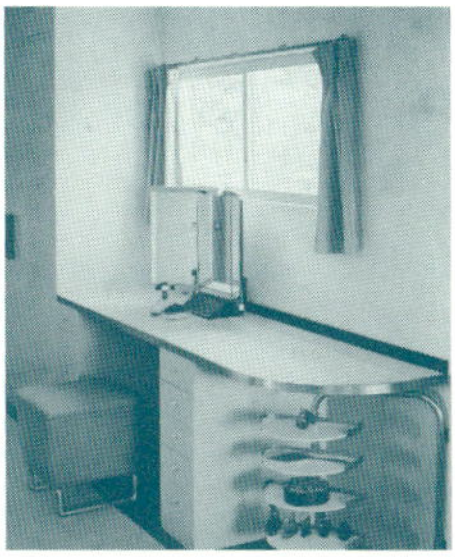
図36　寝室脇にある化粧室の化粧台

図37　暖炉のあるオレンジ色の寝室

図38　宮口邸南側外観　1936

この住宅の西側の部屋をよく見ると濡れ縁があり、その上を水平の庇が覆っている。土浦が常に幾何学的な形態のなかに隠してきた和室の存在が、はっきりと外観からわかるのは、この住宅が初めてだった。

この住宅には土浦が必ず設ける居間がなく、広い食堂をまん中に置いてテラスと連続させ、両側に洋風応接室と和室2室を配した（図39）。食堂に面した4畳半とその奥の6畳がくつろぎの場となっていて、2階には寝室と納戸と洗面所、そして8畳の和室がある。この寝室から、陸屋根の屋上テラスに出られるところは他の住宅と変わらないが、和室を居間の代わりとしたところがこれまでとは異なっていた。

五反田・池田山の池尾邸（1938）は、延べ床72坪の木造2階建ての若夫婦のための住宅で、広い居間と食堂、その南側にテラスのある居間中心の平面をもつ。ほかの国際様式の住宅同様、木骨ラス張りアイボリー色のリシン仕上げ、木部はグレーに塗られていたが、屋根はフ

図39　宮口邸食堂。襖の奥に和室

図40　池尾邸　1938

ラットルーフではなく、切妻の瓦屋根だった（図40）。

　1938年に世田谷に建設された遠藤邸は、居間中心で、和室が全くないにもかかわらず、人造スレート葺きの切妻屋根の木造平屋である（図41）。内部はそれまでと変わらないモザイクタイルやテックスが用いられたが、テラスの柱などにスチールは使われていない。いかに慎ましく見せるかを工夫したような簡素な外観ではあるが、軽く見える屋根、機能的な玄関、居間南側の大きな開口部などに土浦らしさが出ていた（図42、43）。

　1937年以降、土浦の住宅はフラットルーフの国際様式から、切妻屋根へと変化した。その理由の一つは、フラットルーフを可能にする建材と技術が望んだほど改良されなかったこと、もう一つは社会情勢の変化であろう。1937（昭和12）年に始まった日中戦争による物資不足から、1939（昭和14）年11月には、木造建物建築統制規則が公布された。住宅の延べ床面積が30坪に制限されるばかりか、建てることすら困難になった。以後、

図41　遠藤邸　1938　暖炉の煙突がみえる

図42　遠藤邸の玄関

戦後の復興が始まる1949（昭和24）年までに土浦事務所が手がけた住宅は、横須賀市秋谷の吉野信次別邸（1939）、秋山邸（1940）、荒井邸（1942）の3軒だけである。吉野別邸は、海に向かって大きなガラス窓のある片流れ屋根の一部2階建てだが、ほかの二つは和室が中心の木造平屋の小住宅だった。

4 国際性と地域性

1940年代に建てられた前川國男自邸（1941）や、坂倉準三の飯箸邸（1941）が、民家のような和風の瓦屋根をのせているのは、戦時の時代性を反映している。戦争によって国際様式が自粛された後、前川や坂倉は伝統的な民家に日本住宅の原点を見いだし、近代的な空間と統合しようとした。世界共通を目指す国際様式に対して、日本という地域性をどうとらえるのか、1933年頃から建築家の間で活発な議論が行われた。土浦は一貫して、日本的な形態が存在することを否定する立場をとった。

1936（昭和11）年10月に行われた「日本建築の様式に関する座談会」[17]において、

図43 遠藤邸の食堂

17 「日本建築の様式に関する座談会」『建築雑誌』1936年11月号、日本建築学会

「日本的と云ふ意味を分解すると日本の気候風土に適合してゐると云ふ意味と、もつと何か夫れ以外の精神的なものとの二つに分かれるのぢゃないでせうか」と言う吉田鉄郎に対して、

「精神的なものは、建物の形としては現はれて来ないと思ふ、日本の忠君愛国の精神も建物の形としては決して現はれて来ない」と土浦は答えている。

さらに、気候風土の影響からくる趣味性とか伝統精神とかいうものが形に表れると主張する吉田に対して土浦は、

「それは日本的と言うのぢゃなくして、本当は地方的と言ふものだ、日本と同じやうな気候、日本と同じやうな習慣の日本でない国があれば、結局同じだ」と述べている。

土浦は、日本という「国家」やその「伝統」にこだわらず、あくまでも世界の一地域として日本をとらえていた。土浦にとって日本の伝統的な建築様式は、「国家」という主権に関わるものではなく、「地域」という風土や自然環境に関わるものであった。固有の地域としての日本で、住宅をより快適なものにするために「国際様式」を採用した土浦は、日本固有の造形にはこだわらず、あくまで合理的で普遍的な形態を求めた。切妻屋根の遠藤邸や片流れ屋根の吉野別邸なども、陸屋根に代わる合理的形態として採用したのであって、日本固有の形を意識してはいない。その結果、単調なモダニズムが繰り返されることになったとしても、新しい造形の源を日本の伝統に見いだそうとはしなかった。

和洋の生活様式

では、土浦は和室についてどのように考えていたのだろう。彼は畳に座る床座の生活様式が将来なくなるであろうことを予想し、1931年の時点でこう述べている。

「坐るか腰掛けるか、之は明日なる問題なるに拘らず、実行されて居ないのは住居に畳が敷いてあるが為である。併し半日を教室で腰掛け、自動車、電車に乗り、スポーツをやる今の学生には、本式に坐る人が少いから、近い将来に於て全く坐らない時代が来ることを想像し得る[18]」

土浦が戦前期に設計した50ほどの住宅の多くは、居間とそれに連続する食堂を中心とした椅子座式、つまり欧米式を基本としている。土浦が推進した欧米風の暮らし方が、当時どの程度受容されたのかを調べてみると、①和室のない椅子座式の住宅は11軒、②椅子座式と床座式（和室）が混在する住宅は37軒、③和室が中心の床座式の住宅は5軒であり、圧倒的に和室のある住宅が多かった。

①椅子座式の住宅

和室のない住宅は、全体の5分の1程度しかなく、そのうちの2軒は自邸である。そのほかの9軒の施主の多くは、欧米での生活経験を有していた。大脇邸の場合、文化アパートメント時代に知り合った施主が椅子座式の生活を希望した[19]。徳田邸（トクダビルの4、5階の住居部分）の施主、徳田鐵三は大正時代にアメリカで歯科医学を学び、ヨーロッパ各国の歯科医学を視察した歯科医師だった。長谷川

18 土浦亀城「新住宅の問題」『国際建築』1931年3月号

19 中嶋いくこ「土浦亀城」日本女子大学家政学部住居学科昭和55年度卒業論文

邸（1935）の施主である画家の長谷川三郎は、欧州に滞在した経験があり、妻は外国人だった。田宮邸（1935）の田宮博（1903–84）はドイツ留学後、徳川生物学研究所に勤務した理学博士、遠藤邸（1937）の施主は、ハワイから日本に帰国した事業家だった。このような施主は、和室を必要としなかった。

②椅子座式と床座式が混在する住宅

椅子座の居間が中心でありながらも和室のある住宅は、37軒と最も多い。このタイプの大半は、椅子座式の居間・食堂を中心としており、和室は主に客間、老人室、寝室、座敷などの個室（私室）だった。しかし、初期の住宅では、生活の中心となる位置に和室が「茶の間」として存在した。

例えば山縣邸（1926）の場合、居間は7畳半の和室である。他の部屋が洋間であるにもかかわらず、居間のみ和室としているのは、床座式の食事と団欒が施主の家族に不可欠だったからだ。また谷井邸（1930）では、1階食堂と子供室の間に和室がある。

「全部が椅子式であれば、1階の3室は引き戸あるいは折り畳戸で連続され、必要に応じて、あるいは大きな1室として、あるいは2室、3室として使用する事ができて、はるかにフレキシブルな間取りとなります。2階も同様[20]」と土浦は記述しており、椅子坐式の徹底を意図したが果たせなかったことがわかる。

以後の住宅では、書斎、客間、座敷、老人室、主婦室などの和室は2階に位置している。それらの和室の出入り口には洋室と同じ開き戸がついていて、和室も個室の一つとして扱われていた。さらに

20 土浦亀城「谷井邸に関して」『新建築』1931年3月号

図44　赤星邸2階の和室と洋間

1933年以降は、引き戸（襖）を挟んで椅子座の居間・食堂と連続する、現代の和室のような多目的な和室がつくられた（図44）。

このように椅子座の生活のなかに取り込まれた和室には、「茶の間」「個室」「多目的」というタイプがあったが、どれも椅子座と床座の融合を図るというよりは、あくまで居間中心の住まい方の一部に和室を取り込んでいた。吉田五十八が設計した吉屋信子邸のように、椅子座と床座の融合を図るために段差を設けて目線を合わせるといった工夫をすることはなかった。

③床座式の住宅

全室和室ないし、和室を主とした平面をもつものは5軒である。そのうち4軒は1937年以降に建設されており、戦時における状況を反映している。1941年の『建築雑誌』2月号に掲載された「庶民住宅の技術的研究」（住宅問題委員会）に、戦時の生活方式として「居住の形式は主と

図45　赤星邸　1936

して坐式とす」と明記されていることも一因であろう。

このように、土浦が目指した椅子座式の住宅は1930年から1937年までの10軒ほどに限られ、ほとんどは両方の生活様式が混在していた。つまり、西欧的な生活様式を積極的に推進できたのは、わずか7年間にすぎなかったのである。さらに戦災やその後の混乱によって実現した住宅の多くは失われ、戦前期のこうした試みのことさえ忘れられてしまった。

清潔感と素材感

明るく健康的な生活の器としての国際様式の住宅では、衛生的で科学的な工業製品が好まれた。逆に職人の手仕事を連想させるような、木材や石といった素材は敬遠された。土浦は、「清潔、是が新しい装飾の或は新しい設備の第一条件であります」と記している。科学的な「清潔感」を重視するということは、冷たく硬い無機質な質感を志向することであり、その背景には、19世紀以降の近代性における科学性の重視があった。

土浦は、素材感をもつ仕上げを極力排除し、「手仕事」の時代の技術から、「工業」の時代に移行したことをデザインで表現しようとした。セロテックスやフジテックスなどの工業製品で内壁を仕上げる場合、生地のままであったとしても、あるいはペンキを塗ったとしても、工業的な印象を与えることに変わりはなかった。ペンキはどのような素材をも隠し、表面を均質化した。さらに、スチールパイプの柱、手すり、家具等を用いることで、機械的な近代性を加味した。

鉄やガラスのように均質で無機的な素材は、抽象的な形態、内部空間の機能性、工法的合理性と同様に重要であった。そのような土浦の意識は、長谷川邸の玄関のようなスチールの質感を生かした空間や、田宮邸の台所の造作のような幾何学的なデザインに顕著に見ることができる。

土浦は「家具と部屋の装飾」と題した講演で、以下のように語っている。[21]

「（今までは）装飾をする為に装飾をしたのでありますけれども、新しい時代の住宅は寧ろ装飾をしない装飾、装飾なしの装飾と云ふことが、一つのモットーぢやないか、と思ふのであります。（中略）従つて装飾と云ふことより寧ろ便利な設備と云うことのほうが主になつて考へなければならない問題になつて来ます」

「感覚の方から云ひますと余り角張つて居たり、とげとげして居ると云ふことは感心されない、斯う云ふ手触りが固くてつるつるして居る、或は場合に依つては滑らかである、さう云ふ感じを第一に考えて居なければならない」

「客間の家具として最も斬新で我々の眼を惹くのはパイプ家具であります。（中略）パイプの家具は冷めたくて、滑らかで、恰好も感じも非常に理知的であります。全体の感じも軽快であるし、清潔と云ふ点は先刻申した条件に第一に満足するであらうと思ひます」

このように、機能性に基づいた合理的で明快な室内意匠を土浦は志向した。それは均質で硬い質感

21 土浦亀城「家具と部屋の装飾」『建築雑誌』1933年4月号

によって、健康的な空間を提示することでもあった。土浦は白い色に代表される「抽象的」な意匠を用い、素材感を消すことによって、国際性と近代性を強調した。そして平滑な内部空間を実現するために、窓まわりやドアまわりの枠が極力目立たせない逃げのないディテールを追求した。それは「抽象的」で「近代的」なデザインの力を使って、生活を合理化し、民主的な社会をつくることにつながっていた。

5 戦時の建築

1937年7月の盧溝橋事件を機に、日本は急速に戦時体制へと移行した。建築界においても1937年10月の鉄鋼工作物築造許可規則により、軍需施設を例外として50トン以上の鉄材を使用した建物をつくることができなくなった。翌1938年には国家総動員法が制定された。国内の建築事務所の仕事が激減したこの時期、土浦事務所も例にもれず存続が難しくなり、所員の希望によって満州の新京（現・吉林省長春）に事務所を開設することになった。そのような時代に国内で建てることができたのは、数軒の住宅と、戦時に必要な研究・開発に関連した施設だけだった。

理研研究室

強羅ホテルの後、土浦事務所の主要な仕事となったのは、1938年6月に設計が始まり、翌39年に竣工した理研研究室（旧財団法人理化学研究所兵器研究室）である（図46）。現在、埼玉県和光市を拠点とする理化学研究所は、1917（大正6）年に財団法人理化学研究所として文京区駒込に設立された。その敷地の一角に理化学研究所の発展に寄与した第3代所長、大河内正敏の還暦を祝して、傘下の企業からなる理研産業団の寄付によって建設されたのが、理研研究室だった。

地上3階地下1階の鉄筋コンクリート造（延べ床面積1395.01m²）の建物は、戦後「旧43号館」、または「駒込分所」として理化学研究所が和光市に移転してからも使われたが、2010年に取り壊された。

理研研究室は、1辺が60尺（約20m）の正方形の平面、パラペットまでの高さ44尺（約13m）で、スチールサッシュの窓が並ぶシンプルな四角い建物だが、細いサッシュのラインが窓枠なしに並ぶ様子は、実に端正だった。細長い玄関の庇と、張り出したパラペットの水平ラインが平坦な壁面に陰影をつくり、円筒状に張り出した階段室の垂直性と対比をなす。その階段室の壁には、上から下まで幅1mほどのガラスブロックの帯があり、周囲に高い建物がなかった当時、輝くようなガラスブロックの階段室はずいぶん際立っていたことだろう（図47）。

玄関の庇を支える3本の柱は強羅ホテルと同じくテラゾー仕上げで、断面は両側が半円状になった細長い形をしていた。スチールサッシュの横桟にガラスをはめた簡素な玄関ドアから内部に入ると、小さな玄関ホールがある。正面の大河内博士の胸像の背後の壁やエレベーターとの間にある腰壁には、3ミリ厚のベージュの大理石が張られた。鉄鋼工作物築造許可規制がかかったこの時代に、RC造で建設できたのは兵器研究という目的ゆえだろう。しかし、エレベーターの扉の部分には木製建具が取りつけられていて、エレベーター本体が設置された形跡はなかった。

図46　理研研究室　1939

竣工写真には、天井から床までのガラスブロック越しの光で満たされた階段室が写っている（図48）。しかし2010年の時点では、階段室の半円形の踊り場のガラスブロックの高さは1mほどに改築されていた。

しかし、各階の研究室には土浦らしいモダニズムの空間が残っていた。内部の柱は、正方形の平面を南北方向20尺、東西方向15尺に区切るグリッド上にあり、

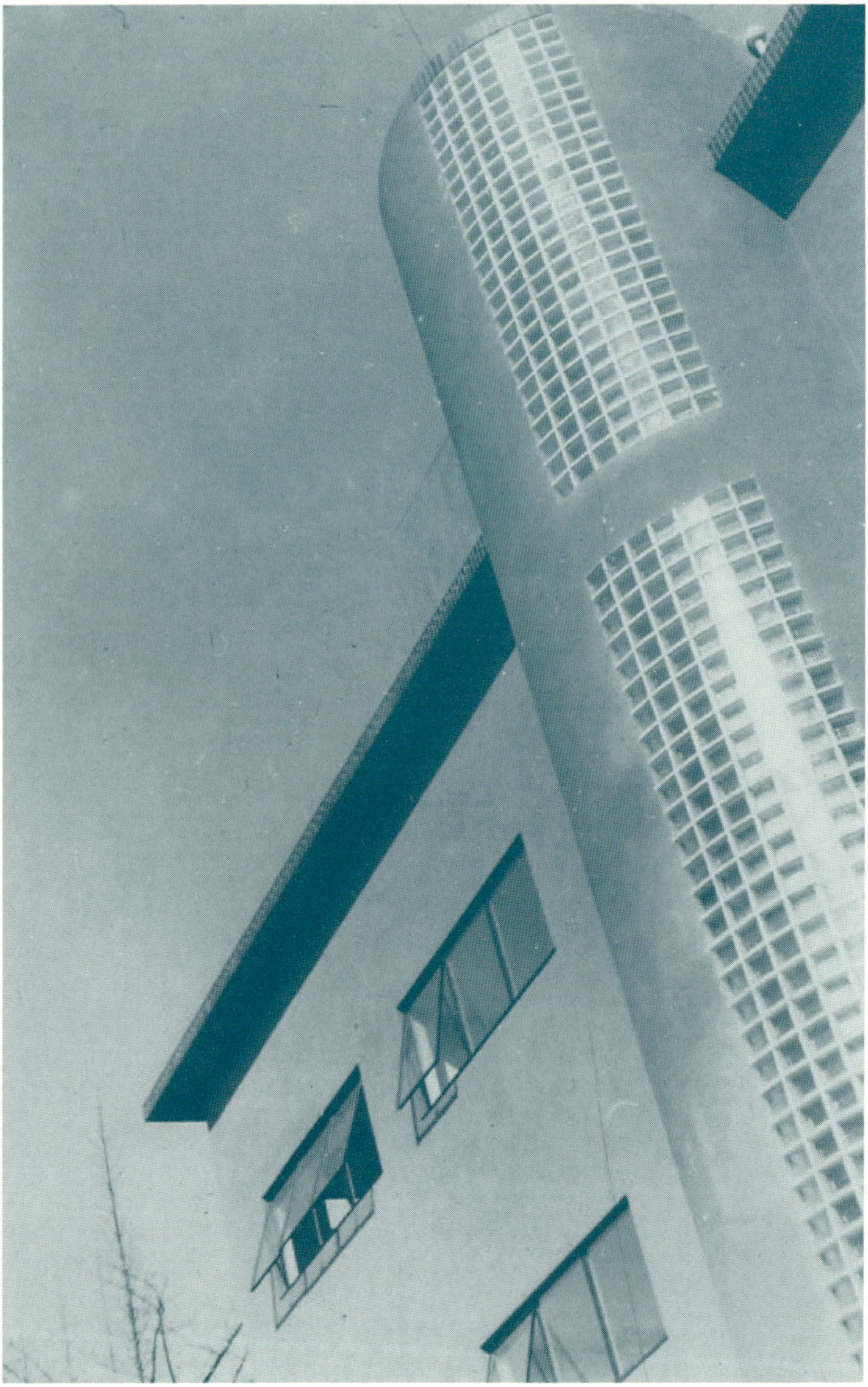

図47　ガラスブロックをはめた半円状の階段室

その柱に沿って、取り外し可能な木造の間仕切り壁が設けられた。腰の高さから天井までのスチールサッシュの窓は、４つないし６つの正方形で構成されていて、研究室内に十分な光を採り込んでいる。上段ははめ殺し、下段は突き出し窓だが、細いサッシュのプロポーションは変わらない。窓の下部の黒いテラゾーのかまちと、黒いタイルの幅木のラインがその明るい空間を引き締めている。均整のとれた無駄のない空間は研究室にふさわしく、各階にトイレと暗室、複写室等をコンパクトに納めた平面計画も機能的だ。

図48　理研研究室の階段室

階段を上り、最上階の塔屋のドアを開けると、広々とした屋上に出た。屋上の周囲の幅２尺ほど外側に張り出したパラペットには、アスファルト防水を押さえるために茶色のタイルが張られている。外壁のメンテナンスのためにつけられた「マルカン」と呼ばれる輪があちこちに残る屋上は、質実で堅牢な建物の雰囲気をそのまま伝えていた。物資不足の時代に建設されたこの建築には、簡素・合理的・機能的で、かつ端正という土浦の「モダニズム」の本領が発揮されていた。

二つの木造の工場

理研研究室と同じ1938年から1939年に設計されたのが、板橋・小豆沢の理研計器工場である（図49）。これは理研研究室が開発した特許実施権を得て、ガス検定器などを製造するために設立された理研計器の工場で、同社の資料によれば、1938年11月1日に建物が一部竣工したと記載されている。試験室・調整室のある棟と、事務室・研究室のある棟が道路を挟んで建てられ、前者の陸屋根と片流れを組み合わせた屋根の木造2階建ての建物には乾式構法が用いられた。

ここで土浦は、住宅で用いた木骨乾式構法と同じ構法を用いて、建物の内外に高さ2尺×幅3尺の「スレートプラトン」を張りつけた。写真で見る限り、木製の窓をパネルのグリッドに合わせて統一したデザインは、ヴァルター・グロピウスが主張した工業製品による匿名の建築という概念を想起させる（図50）。1931年以降、7軒の住宅で試みた土浦の乾式構法への挑戦はこの工場が最後となり、土浦が望んだ鉄骨造の乾式構法による建物はついに実現しなかった。一見、鉄筋コンクリート造のように見える内部の梁は、柱と梁をつなぐ方杖を板材で囲ってペイントしたもので、木造なりに工夫していたことがわかる。守衛室は戦後、道路の反対側に移設され、工場建物も1977（昭和52）年に取り壊されるまで使われていたという。

もう一つの工場は、第二次世界大戦が勃発した1940（昭和15）年に建設された、杉並区大宮前（現・杉並区宮前）の日電化学研究所である（図51）。国産原料からアルミニウムを製造する製法が開発さ

図49　理研計器　1939

図50　スレートプラトンを張った外壁

図51　日電化学研究所、研究室東南部

れると、アルミニウムの精錬原料であるアルミナ研究のための試験場・工場を日本電力が出資して設立することになった[22]。水道道路と五日市街道に挟まれた約1138坪の敷地に、中央の大きな水槽を中心として、ボイラー室、攪拌室、変電室、原料倉庫、研究室、試験工場などが建設された。

簡素な切妻屋根がのった木造平屋の研究室は、外壁は杉板張りの上に、淡いグレーのペンキ仕上げ、屋根はスレート葺きだった。物資不足がそのまま形になったような建物だが、玄関のドアや室内の端正な仕上げに建築家の意思が垣間みえる（図52）。

このように時代とともに材料が制限され、デザインする余裕すらなかったことがわかる。逆説的になるが、限られた建材と技術で最大の合理性・機能性を求めた戦時の建築には、モダニズムのひとつの解があったともいえる。

22　「国産粘土からアルミ」東京日日新聞、1940年3月20日

図52　日電廊下

新京へ

1938年頃の土浦事務所は、東京中央区の「通り3丁目」と呼ばれる、現在のブリヂストン美術館の前の小さな銀行の3階にあった。当時の土浦事務所の様子が、元所員の笹原貞彦の書簡に書かれている。笹原は武蔵高等工業学校を出て、蔵田周忠の紹介で土浦事務所に入社したばかりだった。

「小さな事務所は製図板を抱えてすし詰めであったが、室内は明るいコバルトぎみのグレーで、これが土浦事務所の独自なもので、昭和モダン建築を支えた力であったと今も思いこんでいる」

笹原と同期で入所したのは、東京大学の学生のときから事務所に出入りしていた森田茂介だった。先輩にあたる松村正恒や森田良夫とは下宿が同じで親しくしていたという。

「しかし、昭和十三年の歳の暮れ近くには、戦争の蔭が忍びよって、建築では鉄鋼工作物規制が発令になり、構造金物・ボールトの使用禁止で建築界の難局とともに事務所も激変して満州に移ることになり、先輩たち相次いで寒風の吹く東京駅を出発していった。これで、通り三丁目の青春は終わったように、稲城先生と二人で留守番をした[23]」

国内での仕事が次第になくなり、事務所の存続が困難になったとき、土浦は事務所の解散を考えた。河野通祐によれば、「土浦先生の決断は早かった。事務所を解散するから、今のうちに君たちの転職を斡旋しようと申し出られた」が、所員たちが協議のうえ出した結論は、「設立して間もない土浦亀城建築事務所を簡単に閉鎖するのは残念である。（中略）事務所の運営の費用を減らしても細く長く存続させ

23　1993年8月30日付、笹原貞彦より佐々木喬宛ての書簡より

たい」というものであった。[24]

所員たちの熱意に押された土浦は、満州で仕事をすることを決意する。旅順で中学校時代を過ごした土浦にとって、満州は親近感のある土地であり、たくさんの友人がいたことも決断を後押しした。さらに、義父、吉野作造の弟の吉野信次[25]（1888–1971）は、1931（昭和6）年から1936（昭和11）年まで商工次官、商工大臣を務め、1938（昭和13）年から1942（昭和17）年にかけては、満州重工業開発株式会社副総裁および相談役として活躍していた。

早速、満州軽金属株式会社の厚生施設や、社宅の設計の仕事を得ることができた。しかし、東京の事務所で設計したレンガ造の2階建てテラスハウスの計画案は、満州の実情とかけ離れていることがわかり、現地に事務所を開くことになった。新京にいた高谷隆太郎を補佐するため、1939（昭和14）年2月に郡菊夫と松村正恒の2名が新京に移り、3月には、森田良夫、河野通祐、今井親賢の3名が後を追った。こうして土浦事務所は、中国東北地方の新京に支所を置き、それは1943（昭和18）年まで続いたのである。事務所は旧市街の五十嵐ビル1階で、2階が宿舎になっていたが、3か月後に、大同街に面した東拓ビルに移転した。

この頃の仕事には、満州軽金属安東社宅地計画（1941）、吉林人造石油社宅地計画（1942、図53）、「北支製鉄社宅団地」（1941）、舒蘭《じょらん》炭鉱社宅地計画などの大規模な社宅計画や、新京市長公館（1940、図54）、新京副市長公館、満州重工業迎賓館（竣工後、満州国迎賓館、1940、図55）などの公館、そして新吉林駅（1942）などの吉林鉄道各地駅舎、日鉄兼二浦病院（1942）、撫順《ぶじゅん》炭鉱などがある。

24　註2に同じ

25　3章註51参照

図53　吉林人造石油株式会社社宅計画

図54　新京市長公館

図55　竣工間際の満州重工業迎賓館（竣工後、満州国迎賓館となる）

舒蘭炭鉱の関連施設は、地域計画、社宅、クラブハウス、共同浴場、学校、劇場、駅舎などが含まれており、街全体を設計するに等しかった。冬期は地面が凍結し、夏期にしか工事ができないこともあって、常に人手が足りず、東京から所員の村田政眞と笹原貞彦のほか4名が加わった。[26] 全く異なる環境での仕事は、所員にとって困難の連続だったが、それを伝える資料は少なく、全貌は把握できていない。[27]

写真集『熱河遺跡』

1933（昭和8）年、関東軍は中国の熱河省に侵攻し承徳（現・中国河北省）を占領した。その後、日満文化協会などによる文化交流により、大同や承徳の古蹟が注目されるようになり、東京帝国大学の関野貞らによって写真集『熱河』が刊行された。承徳の古蹟が破損されることを懸念した東京帝国大学名誉教授の伊東忠太（1867–1954）は、子息の伊藤祐信を中心とする調査団を現地に送り、調査は1944（昭和19）年まで続いた。[28]

東京帝大の岸田の誘いだろうか、土浦も承徳をはじめ各地の遺跡を訪れている。1937（昭和7）年から1939（昭和14）年にかけて、土浦は中国の北京、承徳、大同、および中国東北部の哈爾濱《ハルビン》、吉林、奉天や朝鮮半島各地を訪れて、名跡や古建築を撮影した。現存するこれらの写真は、当時の大陸の貴重な記録である。ライカでさまざまな建築を撮影し、1929（昭和4）年に『過去の構成』を著

26 註2に同じ

27 関連資料には、前述の河野の著書、および松村正恒『素描・松村正恒』（建築家会館、1992年）、花田佳明『建築家・松村正恒ともう一つのモダニズム』（鹿島出版会、2011年）、西澤泰彦『海を渡った日本人建築家』（彰国社、1996年）、西澤泰彦「海を渡った建築家　第8回　モダニズム建築家の中国進出―土浦亀城」JIA東海機関誌『Architect』1998年9月号、西澤泰彦『日本植民地建築論』（名古屋大学出版会、2008年）などがある

28 伊藤祐信『熱河古蹟――避暑山荘と外八廟――調査と保存』（伊藤知恵子、1954年）

図56　撮影旅行で。左から村田、信子、岸田

した岸田日出刀に劣らず、土浦もアメリカ時代から写真をたくさん撮りためていた。土浦の新しいライカは、岸田が1936（昭和11）年にベルリンオリンピックを視察に行ったときに買ってきてもらったものだった。

　1939年9月7日、土浦夫妻、岸田日出刀、坂倉準三、村田政眞の5名は、ライカを携えて新京から汽車でまる一昼夜かけて承徳に到着した（図59）。一行は承徳に四日間滞在し、周辺の遺跡の写真を多数撮った。土浦が撮影した「スケッチする一行・ポタラ廟」という写真には、草むらに腰を下ろしてスケッチする4人が写っている（図57）。岸田は「私の分だけでも二百枚近い多数に及び、土浦君夫妻もおそらくそれ以上の写真を撮られたと思う。折角これだけの写真を撮ったのだから一つまとめてみようではないかというような話をし合ったのが、本書の上梓を思い立った初めである」[29]との思い

図57　土浦撮影「スケッチする一行、ポタラ廟」

29　岸田日出刀・土浦亀城『熱河遺跡』相模書房、1940年

図58　土浦撮影「荷馬車に乗って河を渡る」

から、土浦との共著『熱河遺跡』を出版した。

　この写真集には、岸田、土浦と信子の3名の写真が掲載されている。普楽寺、安遠廟、普寧寺、須弥福寿廟、普陀宗乗廟、熱河離宮という項目ごとに並ぶ125点の写真作品には、広大な大地と山々、点在する民家や寺院、芸術的な装飾や仏像の数々が写っている。なかでも普陀宗乗廟（現・河北省承徳）はそのシンプルな形態が近代建築に通じるためか、土浦も岸田も多数の写真を撮影している。土浦が斜め方向から撮影した「大紅台」の写真は、1939年の満州国が主催した写真コンクールに入選したという[30]（図59）。

　写真を見る限り、のどかな田園の風景に戦時の陰は感じられない。土浦がそれを実感するのは、第二次世界大戦開戦後のことだった。

30　西澤泰彦によれば、入選作品は『第一回登録満州国写真集』に掲載された。『SD』1996年7月号

図59　土浦撮影「大紅台（2）」

V

清明なモダニズム

1 戦時と占領下の仕事

断絶のなかで

近代建築は、第一次世界大戦で荒廃したヨーロッパ各国の復興とともに発展した。そのリーダー的役割を果たしたヴァルター・グロピウスやミース・ファン・デル・ローエは、1930年代にアメリカに移住し、グロピウスはハーヴァード大学、ミースはイリノイ工科大学で教鞭をとりながら設計活動を行った。ルドルフ・シンドラーやリチャード・ノイトラなども含めて、1910年代からアメリカに渡った多くの建築家は、ヨーロッパに戻ることなく、アメリカで生涯を終えている。工業力と経済力に加え、ヨーロッパの指導的建築家を得たことで、戦後のアメリカは建築界をリードすることになる。

1950年代以降の日本の近代建築は、前川國男、坂倉準三、丹下健三という土浦よりも若い世代が牽引し、戦前期のモダニストたちは、若手を支える立場になっていった。日中戦争が始まった1937（昭和12）年から連合軍の占領が終わる1952（昭和27）年まで、空白の15年ともいえるこの期間の仕事について、土浦はほとんど語っていない。中国大陸への侵略、アメリカとの開戦、親しい者の招集、疎開、東京大空襲、広島・長崎への原爆の投下。近代建築をつくるという共通意識をもっていたノイトラやモーザーたちとの文通もできなくなった日本で、土浦は何を考えていたのだろうか。

1938（昭和13）年、土浦は所員の生活のために事務所を維持しようと、旧満州に仕事の場を広げ、新京の事務所を引き上げてからは、南方占領地の諸施設や工場の設計に関わった。どちらも地元の材料や工法を用いて、無駄のない簡便な建物をつくらなければならず、そこに建築家の表現が入り込む余地はなかった。国際的な視野から、新しい生活空間を提案してきた土浦が、この戦争に対して矛盾と無力を感じなかったはずはない。土浦は、晩年にこう語っている。[1]

「アメリカを見ていましたからね。機械的な工業力に格段の差があるのを知っていましたから、戦争になった時に勝ち目はないと思っていました。だけどね、世の中の人はそう思ってないんです。知らないですからね」

「僕と同じように感じていた人もいたと思うが、そういうことをあまり議論しなかった。本当に戦争になったとき、これはもうだめだと僕は思いました。文通も途絶えてしまうし、本当の断絶だという気がした。ショックですよ」

義父の吉野作造は軍国化に反対し、『中央公論』にシベリア出兵への反対意見を書いたことが原因で、1924（昭和13）年に東京帝国大学を辞職、その後入社した朝日新聞社も、政府を批判する文章により退社している。その後、言論統制を受けない活動として、明治文化研究会をつくり、1933（昭和8）年に亡くなった。その生き方を間近に見ていた土浦が大陸進出を積極的に考えたとは思えない。し

1　1988年に筆者による聞き取りにて。『ビッグ・リトル・ノブ』182頁

かし、1937年の鉄鋼工作物築造許可規則の公布によって、建築界も戦時体制へと突入、活路を大陸に見いだすことになった。吉野作造の弟の信次が、1937年に商工省次官から大臣となり、政府の中枢にいたことも後押しして、土浦は時代の流れに抗うことなく、新京に事務所をつくった。さらに太平洋戦争が開戦した後は、南方の軍事施設の設計にも携わった。

1942（昭和17）年に日本建築学会が東京・日本橋高島屋で開催した「第16回建築展覧会　南方建築展覧会」は、大東亜戦争の戦果によって、日本が南アジアに領土を拡大することを前提にした展覧会だった。第一部は「南方建築」をテーマにした各地方の風土・文化・建築に関する展示、第二部は会員の作品の展示、第三部は「大東亜建設記念営造計画」設計競技の当選作品の展示であった。土浦は第二部に「満州吉林某会社厚生施設」を出品した。[2] 吉林人造石油会社という社名を伏せてあるのは、軍事機密に関わるからだろうか。展覧会は毎年開催されていたが、この頃、機密上の理由で出品できない作品が多かったという。

この展覧会の第三部に展示された設計競技の一等案が、東京帝国大学大学院在学中の丹下健三の「大東亜道路を主軸としたる記念営造計画――主として大東亜建設忠霊神域計画」である。土浦はこの設計競技の審査員の一人だった。建築界をあげて大東亜共栄圏建設に協力するという意図のもとに開催されたこの展覧会の目的は、第一部では、アジアの各地域の建築を正しく認識・把握することであり、第三部では、大東亜共栄圏にふさわしい建築形態を示すことだった。

神社の形態を引用した丹下案は、「勃興しつつあるモダニズムを、さらに乗り越えようとした造形」

2 「南方建築展覧会記事」『建築雑誌』1942年12月

であり、「モダニストより若い世代による、前衛的なデザイン」と位置づけられるが、[3] 当時は日本的な造形に関心が集まっていた。神社や民家とモダニズムの造形的な特徴の共通性については、１９３０年代から着目されており、１９４０年代には、前川國男の自邸や、坂倉準三の飯箸邸のような民家の形態を思わせる住宅がつくられている。しかし、土浦は日本的な造形に関心をもつことはなかった。地方という風土は認めるが、日本という国家独自の形態があるとは思わないというのが土浦の考え方だった。このような日本的造形を否定する姿勢は、戦時においても一貫していた。

南方の占領地と日泰文化会館

１９４３（昭和18）年頃、戦局の悪化により新京の事務所を閉鎖し、東京・京橋にあった事務所を自宅に移した。そしてこの頃から、南方占領地の施設の仕事が増えていった。１９４２（昭和17）年の「楡林《ゆりん》工人宿舎」は南シナ海に位置する海南島の楡林港にある宿舎の計画案である（図１）。翌年には、「海南島開発協議会建築部　楡林海員宿泊所」「海南島開発協議会建築部商店用共同建築　浴室・厨房・土民使用人宿舎」「海南島開発協議会建築部石原産業株式会社」「海南ホテル」と、海南島の計画が続いている。これらの多くは、所員の村田政眞が担当していたことが図面からわかる。

鉄鉱石を産出し、海上交通の要所でもある海南島は、１９３９（昭和14）年に日本軍が占領し、終戦

3　井上章一『戦時下日本の建築家アート・キッチュ・モダニズム』朝日選書、207頁、1995年

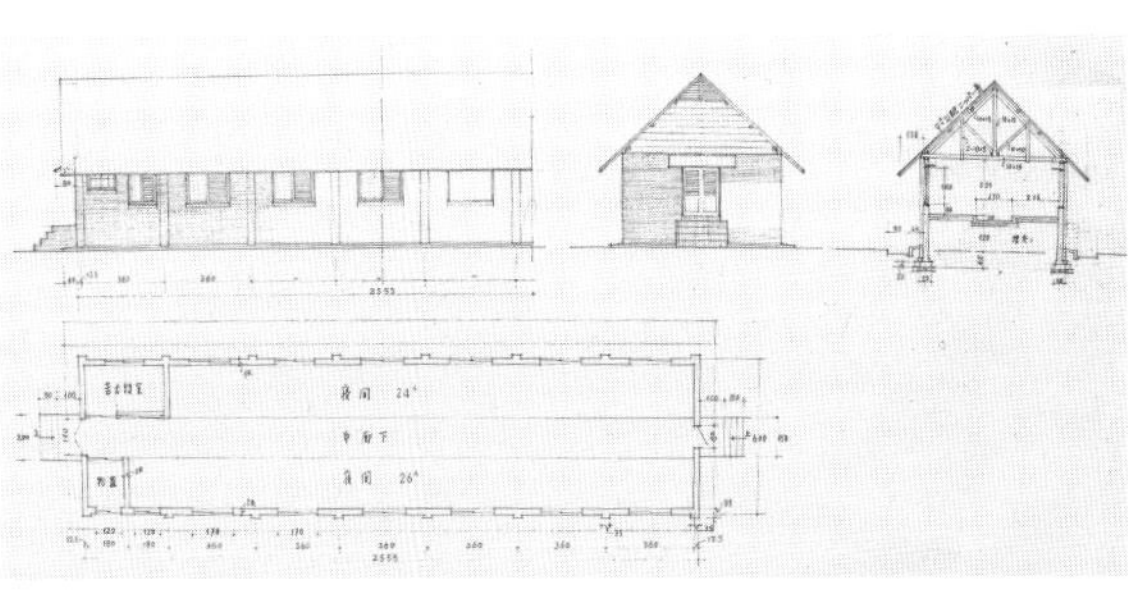

図1　楡林工人宿舎（独身者向）1942

まで統治が続いたところで、楡林港はその入り口となる港であった。１９４３年の「海南島開発協議会建築部　八所・商店用共同建築」「海南島開発協議会建築部　八所・事務所用共同建築」の八所もまた、海南島の港町である。「ビリトン島長官官舎」（図２）のビリトン島はインドネシア西部にあり、「南ボルネオ仮宿舎用家具」の南ボルネオも日本軍が１９４２年から終戦まで占領した島だった。

　このような占領地では、現地の風土と伝統に即した簡易な建物がつくられた。例えば、「楡林工人宿舎」では、長方形の平面に９寸勾配の切り妻屋根をのせ、「八所商店用共同建築」では、五寸勾配の屋根にアーケード（亭仔脚）をつけている。

　１９３７（昭和12）年３月に土浦事務所に入った森田良夫は、新京の事務所を経て、日本製鐵の仕事で１９４４（昭和19）年に門司港から南ボルネオに向かい、終戦を南ボルネオのバリクパパンの日本製鐵製鉄工場の現場で迎えた。そこには土浦稲城も駐在していた。森田は、京橋の土浦事務所に入所した頃の仕事について、「最初は家具の設計。之を四十分の一で描きます。私が入所した頃は、土浦さんの部屋で透視図を描かされました。当時、住宅ばかりやって居ました」[4]と記しているが、戦時の仕事については何も語っていない。

　１９４３年に行われた日泰文化会館設計競技に関する資料としては、「日泰文化会館資材調表」および「日泰文化会館資材概算表」が現存する。この設計競技の一等は丹下健三案だったが、実施設計にあたり、審査員の一人である岸田日出刀は二等の前川國男案と合わせて設計するよう、実施設計を土浦事務所に依頼した。この一件に反発した所員の河野と松村が事務所を辞めることになった。[5]その理由を河

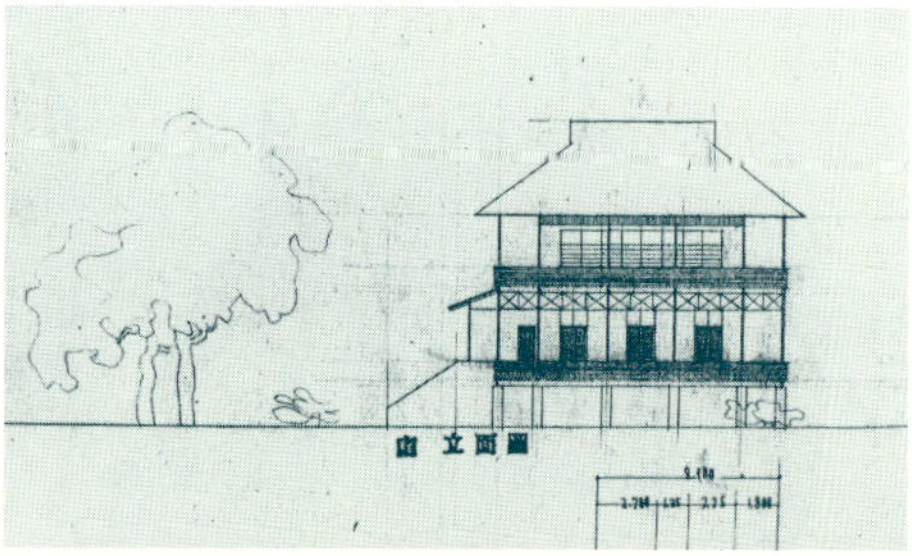
図２　ビリトン島長官官舎　1943

4　1991年7月3日、森田良夫から佐々木斎に宛てた書簡。

5　松村が土浦事務所を辞めたのは、1940年だったという説もある。花田佳明『建築家・松村正恒ともう一つのモダニズム』鹿島出版会、2011年

野は次のように書いている。

「学生であった丹下案を採用するのなら、土浦事務所が実施設計を行っても抵抗はなかったが、前川國男氏は建築家であり、設計事務所を持っている方であるから、応募された案には前川氏の思想があるはずである。実施設計はその思想をつらぬく責任があるので前川氏でなくてはならない、と土浦先生に進言した。松村さん、今井さん、森田良夫さんも同じ考えであった。しかし、先生の考えは、コンペで原案に賞金をかけ、支払ってあるのでそれはそれで清算されている。実施設計は原案には関係ない、というのだった。私たちは何か腑に落ちなかった」[6]。一等案と二等案を合わせるという岸田の依頼を、土浦は「仕事」として請け負ったが、その合理的な考え方に所員たちは納得できなかったのである。

遡って、1926（大正15）年の神奈川県庁舎設計競技で土浦案が三等に選ばれたとき、社員の賞金は会社がもらうべきだとする大倉土木の社長に対して、義父の吉野作造は「設計競技は個人のもの」として賞金を土浦個人が受け取れるよう交渉した。このようなことは、当時の日本の組織では異例だったのかもしれない。状況は異なるにせよ、設計競技案を個人の作品として割り切る姿勢を土浦は貫いたことになる。しかし、戦局の悪化により、日泰文化会館の計画そのものが消滅してしまった。

戦時の建築には、究極の合理化が要求された。例えば、「戦時建築と創意」と題した建築学者の論考には、10項目の条件が書かれている。「決戦下、野戦建築、占領地の資源開発に伴ふ建築施設、軍需生産に関する工場並びに労務者住家及び防空上の応急建築等は何れも次の如き条件が要求されて居る。1・工事期間の短縮、2・建設資材特に鉄材の節約、3・労力の節減、4・施工簡易なること、5・

6 河野通祐『蚯蚓のつぶやき——無名建築家の生涯』大龍堂書店、1997年、70頁

運搬容易なること、6・工場工程を増大して現場工程を縮少すること、7・機械的多量生産に適すること、8・可及的現地産資材を利用すること、9・可及的組立として解体再使用可能なること、10・平面、構造、形態の単純化」[7]と、ほとんどの項目がモダニズムの合理的理念に通じている。しかし、合理化の行き着くところ、デザインは不要となる。

「モダンデザインの理念は、きびしい戦時下にあっても、延命した。だからこそ、敗戦後には、これが大きく開花する」[8]という指摘の通りであろう。ただし、どのように延命したのかを知ることは難しい。

接収を免れた土浦邸

1943（昭和18）年頃、京橋の事務所を長者丸の自邸に移して、土浦夫妻は鵠沼の海岸に近い家に疎開した。その家は、土浦の中学時代の友人が大連に戻るときに手放した別荘だった。やがて終戦となり、焼け野原となった東京では、深刻な食糧難と住宅不足が続いた。土浦夫妻は疎開先の鵠沼にそのまままとどまり、事務所にしていた長者丸の自邸には、所員の加藤寛や村田政眞などが住んでいた。所員たちは空腹をしのぐために、庭の植物の球根まで食べたという。

占領の陣頭に立つ進駐軍は、明治生命ビル、中央郵便局、帝国ホテルなど大規模な建造物はもちろん、旧岩崎邸などの洋風の生活に対応できる住宅を将校たちの住まいとして接収した。戦災で一部が焼け落

7 十和田三郎「戦時建築と創意」『建築雑誌』1944年1月

8 井上章一『夢と魅惑の全体主義』文春新書、2006年、322頁

ちた九段の野々宮アパートも、改修されて占領軍35戸分のアパートとなった。[9]

土浦が設計した住宅では、信子の叔父で商工官僚だった吉野信次の家が接収された。そのため吉野夫妻は、一時期、土浦自邸に住んでいたという。所員はすでにほかに移っていたが、満州から引き揚げてきた亀城の親戚もいたので、かなりの人数が暮らしたことになる。また、下目黒の富永惣一邸も接収され、富永一家は土浦夫妻が住む鵠沼の家に身を寄せた。すでに述べたように、土浦自邸も進駐軍の接収住宅リストに加えられていたのだが、信子が直談判に行ったことが功を奏して、運よく接収を免れている。

住宅の接収が行われるとともに、「Dependent House」と呼ばれる占領軍住宅が建設された。1947年に完成した代々木練兵場跡のワシントンハイツ（現・代々木公園）、翌年の成増飛行場跡のグランドハイツ（現・練馬区光が丘）など、アメリカの住宅をそのまま移植したような住宅地が出現した。土浦が1930年代に目指した生活の欧米化が、このように「占領」というかたちで進行するのを見て、複雑な思いだったに違いない。

1948（昭和23）年にアメリカから戻ったレーモンドは、翌年日本事務所を再開し、スタンダードオイルなどの企業や進駐軍の仕事を請け負っていた。松田軍平や山下寿郎などの比較的大きな事務所をはじめとして、市浦健、村田政眞、坂倉準三といった小規模な事務所も、進駐軍関連の仕事をするようになった。土浦事務所も横須賀や佐世保の米軍宿舎の仕事を請け負った。レーモンド事務所が1953年に設計したキャンプ座間司令部は土浦事務所との共同設計で、レーモンドが土浦事務所を訪れるこ

9 小泉和子・高藪昭・内田青蔵『占領軍住宅の記録（上）』住まいの図書館出版局、1999年、38頁

ともあったという。[10] 1952年に土浦事務所に入った小川信子は、基地の建物の仕様書を英文タイプで打ったこと、横田基地の仕事があったことを記憶している。

パンアメリカン航空会社社宅と小網代の別荘

1948（昭和23）年頃、土浦は事務所を自宅から中央区八重洲4の5の梅田ビルに移した。その頃の仕事のなかには、パンアメリカン航空の社宅（1949）、麻布区本村町に計画されたコンクリート2階建てのハザン邸（1949）、三浦半島の小網代《こあじろ》に建てた3つの別荘（フィッシャー邸、ノリス邸、マッケンジー邸、1952）など米国人のための住宅がある。

そのなかで最も規模の大きな仕事は、1949（昭和24）年に設計したパンアメリカン航空の社宅だった。飛行機時代の幕開けとなった1950年代、パンアメリカン航空はアメリカを代表する航空会社として日本に進出した。そのスタッフと家族のための10戸の社宅が、東京渋谷区初台の1066坪の敷地に土浦の設計で建設された。4戸分は戦災を受けた2階建ての建物を改修し、残りの6戸分は、3棟のデュプレックス（2戸建て住宅）を新築した。加えて、敷地内に使用人用の2階建てアパートが建てられた（図3）。

寄棟の瓦屋根がのった2階建てのデュプレックスは、すっきりした窓まわり、南側の庭に面したテラ

10 元所員である小川信子や手嶋好男への聞き取り、および森田良夫から佐々木喬に宛てた書簡による

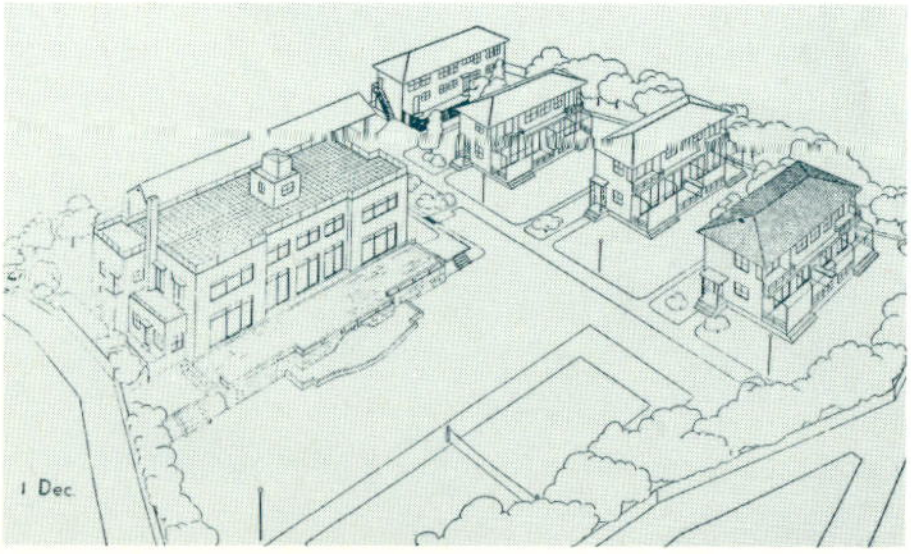

図3 パンアメリカン航空会社社宅 1949

スやバルコニー、その手すりとパーゴラの細い鉄パイプのラインなど、戦前の土浦の住宅に見られる特徴を備えていた(図4)。

各住戸は、1階に玄関を兼ねた居間、食堂、キッチン、トイレ、2階に二つ、ないし三つの寝室とバスルームという典型的な米国型の平面で、まん中の予備の寝室は、デュプレックスの両方の住戸から使えるように設計されていた。板張りの床、プラスターの上に淡い緑色のペンキを塗った壁と天井による室内は、簡素で明るい。2戸の間の壁にはセロテックスを挟み、防音構造にしている。床にリノリウムを張った台所には、オーブンや給湯水栓が備わり、水洗式トイレ、温水セントラルヒーティングなどの設備も完備していた(図5、6)。

図4　デュプレックス西面

占領下であるから当然アメリカの工業製品が使われた。ワシントンハイツなどの占領軍住宅の壁や天井にも、土浦が戦前期に内装材として多用した繊維板「セロテックス」がよく使われている。1階に居間中心のスペース、2階にプライベートな寝室という基本的な構成や、寸法体系に尺寸を用いた点など、土浦の住宅との共通点は多い。

1戸あたりの延べ床面積36.5坪、天井高が1階8尺5寸(2.

図5　デュプレックス1階平面図

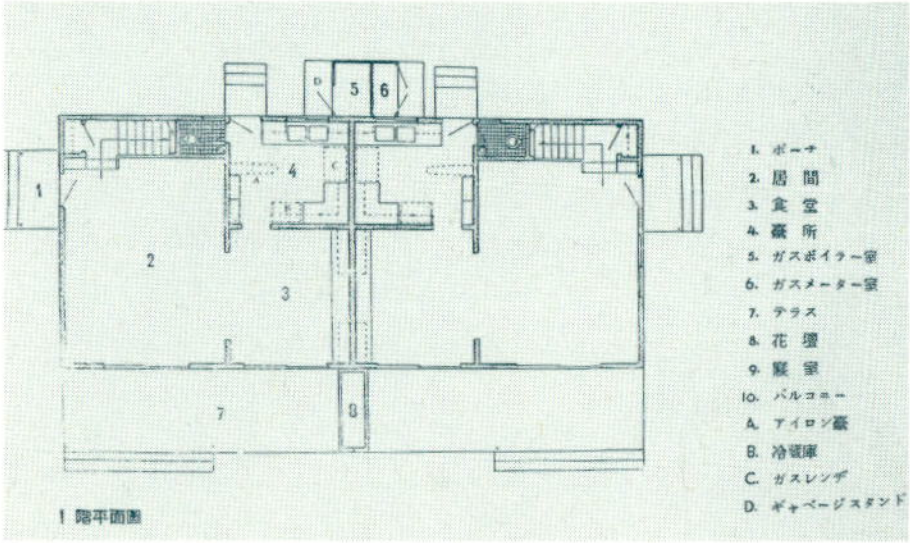

図6　デュプレックス2階平面図と立面

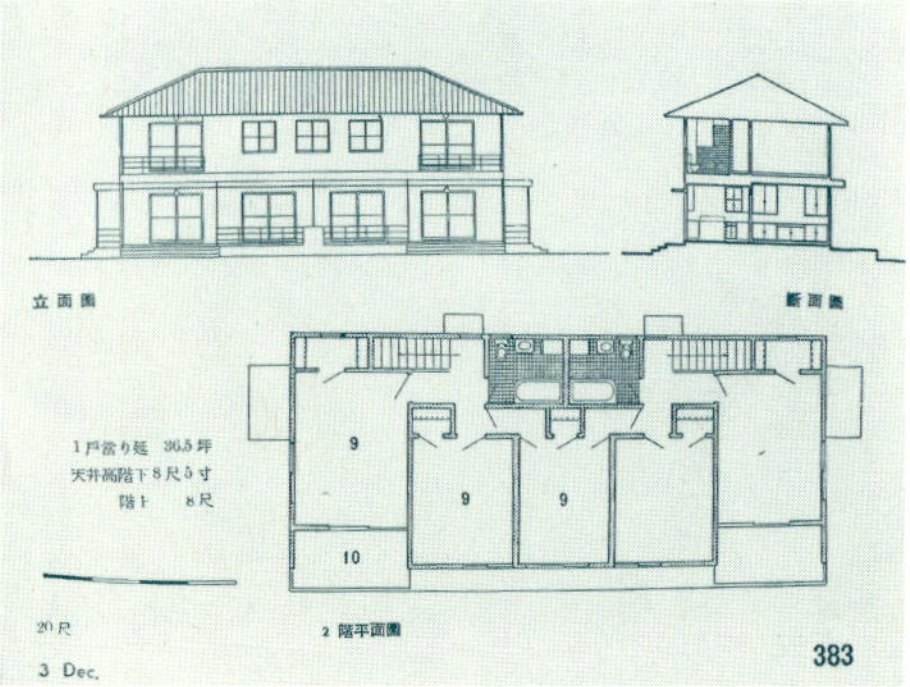

6m）、2階8尺（2・4m）というパンアメリカン航空の社宅規模は、占領軍住宅の中規模に相当する。これは土浦が戦前期に手がけた友人たちの家と同程度の規模であるが、1948年に『新建築』が主催した小住宅のコンペが「12坪木造国民住宅」をテーマにしていたことを見れば、その豊かさは歴然としている。東京では、水道、ガス、電気といった生活インフラにさえ不自由していた。土浦が日本の住宅改善を目指して小住宅を提案していた1930年から、20年が過ぎようとしていた。昭和初期の文化的な豊かさを思えば、振り出し以前のマイナスになってしまったような空しさを感じたと思う。

1952（昭和27）年から設計が始まったフィッシャー邸、ノリス邸、マッケンジー邸という3軒は、三浦半島・小網代湾の海際に建つ小さな別荘である。油壺に近く、海の向こうに富士山が見える小網《こあ》代《じろ》湾は、昔から船の風待ちの場所だったという。のちに、著名人の別荘地として知られるようになる

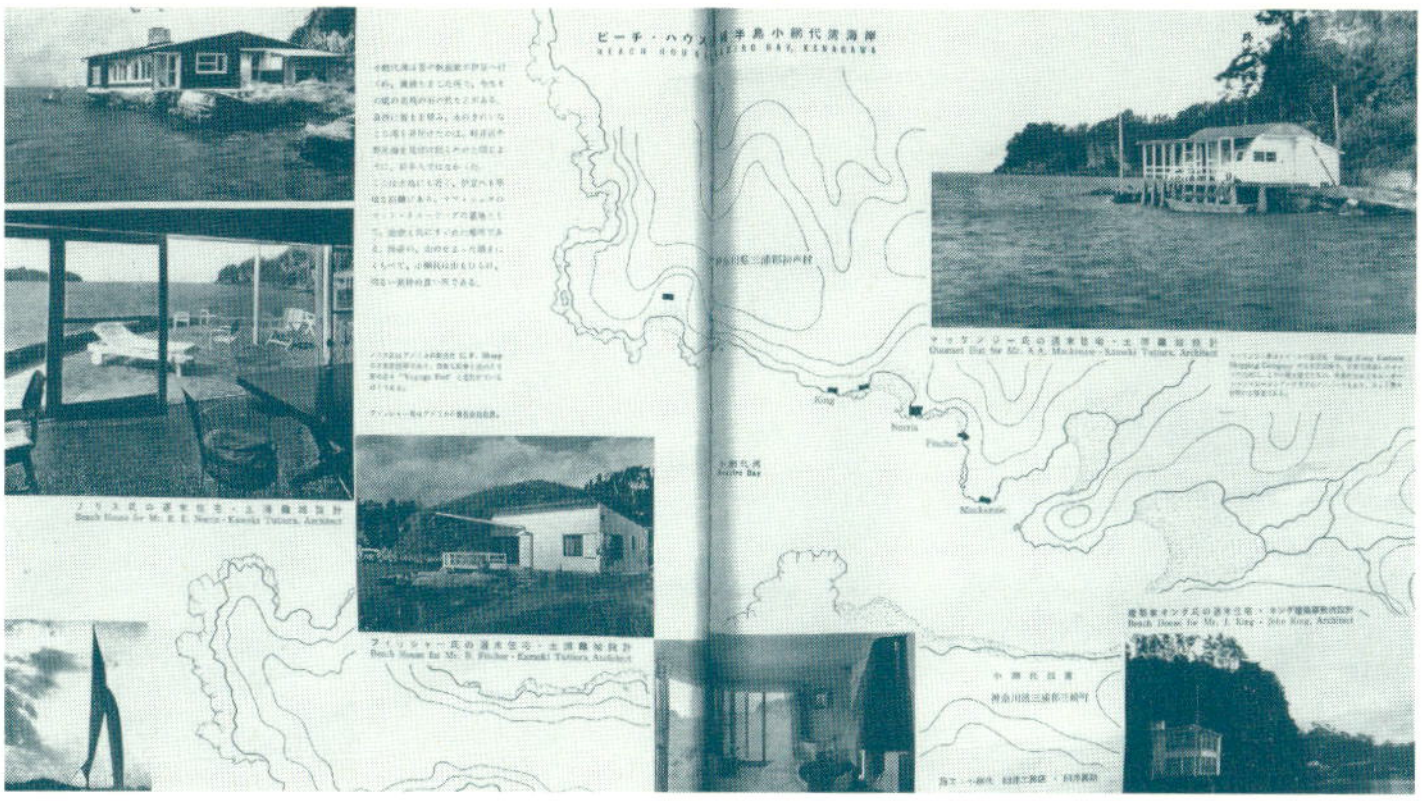

図7　小網代の別荘　国際建築1954年3月号

が、最初に別荘をつくったのは、ヨットの好きな外国人たちだった。アメリカの貿易会社の社長フィッシャー、アメリカの船会社の日本支店長ノリス、イギリスの船会社の日本支店長マッケンジーというヨット好きが集まって、ここに別荘を建築した。

3つの別荘は、それぞれ片流れ、切妻、かまぼこ形の屋根という異なるデザインだった（図7）。『国際建築』1954年3月号に掲載された記事には、担当者として福永昭の名が付されている。福永は戦後、土浦建築事務所に入った所員の一人で、海軍兵学校出身のヨットマンだった。

フィッシャー邸は、24坪あまりの片流れの家屋に、ベランダを45度に振って配し、ベランダの上には、家屋から跳ね上がるような角度で屋根をつけた個性的な形態をしていた（図8）。ノリス邸は、緩い切妻屋根をのせた78坪の木造平屋住宅。マッケンジー邸は、米軍兵舎によく使われるかまぼこ形の24坪の家屋に、ベランダをつけたもので、"Quonset Hut"（かまぼこ形の小屋）と呼ばれた（図9）。

図8　フィッシャー邸

パンアメリカン航空の社宅や、小網代の三つの別荘を戦前期の土浦の住宅の延長線上に置くことは難しい。それは、日本人の生活の近代化と合理化を目指すという大前提がないからである。土浦の戦前期の住宅は、「新しい生活様式の提案」をモダニズムの形態で行うことに意味があった。単純で抽象的な建築形態は、日本の生活様式を引き受けつつ、新しい時代へのメッセージを放つという役割をもっていた。占領下におけるアメリカ住宅の設計に、土浦が意味を見いだすことができたかどうかは疑問である。土浦がより関心をもっていたのは、東京を復興させることだったのではないだろうか。

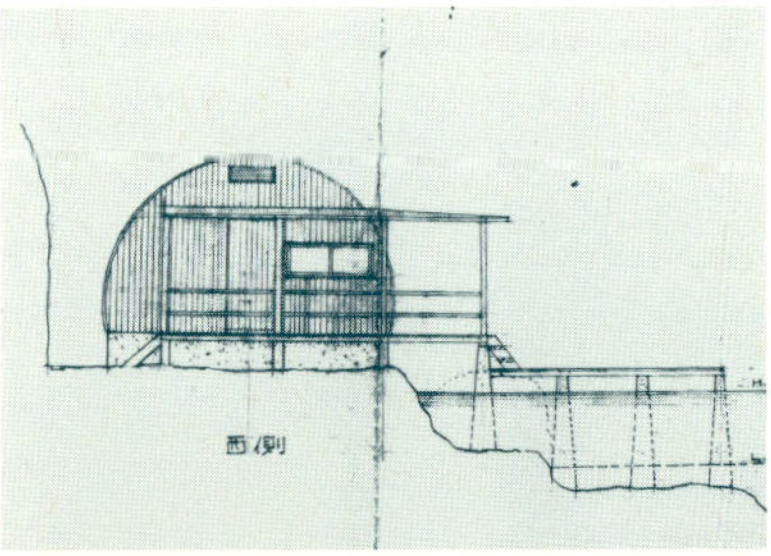

図9　マッケンジー邸

2
東京復興とまちの動線となる建築

1950年代初頭、東京の中心部にバラックと闇市の露店がひしめき合うようになると、不衛生で混乱した状況を一掃するための商業施設が計画された。土浦事務所の仕事としては「西郷会館」の通称で親しまれた「上野広小路商業協同組合」と銀座の「三原橋センター」が実現し、戦後東京の風景をかたちづくることになった。

八重洲・梅田ビルの3階にあった土浦事務所には、1951(昭和26)年頃より進駐軍関係以外の大きな仕事が依頼されるようになり、所員も増えていた。戦前からの所員である土浦稲城、郡菊夫、高谷隆太郎に加えて、加藤寛二、橋本龍一、沢村弘道、温品鳳治、藤田明、竹内弘雄、福永昭、小野和朗、野村昭一、星野淳、小川信子、手嶋好男が1953年までに入所した。1953(昭和28)年11月に土浦事務所に入った手嶋好男によれば、「当時は、レーモンド、土浦、前川、坂倉の事務所が学生たちの憧れだった」[11]という。なかでも戦前の建築雑誌の住宅作品が鮮烈な印象を与えていた土浦事務所は人気が高く、手嶋は岸田日出刀の紹介によって入所することができた。

上野の西郷会館

上野広小路商業協同組合は、JR上野駅不忍口から上野公園へと上る階段脇の崖際に建つ地下1階地上3階建ての細長い鉄筋コンクリート造のビルだった。戦後の混乱期に乱立した上野駅周辺の露店を撤去せよという連合国軍総司令部(GHQ)の指示によって、およそ40店舗が入る共同店舗ビルをつくることになり、その設計を土浦事務所が請け負った。1951年に設計が始まり、翌年完成した。

有名な西郷隆盛像の真下にあり、建物の左右2か所にある内階段を上がると、西郷像の広場に出られ

11 手嶋好男への聞き取り

図10　西郷会館立面図

ることから「西郷会館」と呼ばれていたが、ビルに「上野百貨店」という看板が掲げられていたので、その名前のほうが知られていたかもしれない。商業施設であると同時に上野駅前の歩行者の動線にもなっていて、上野公園に行く近道として利用されていた。

　図面を見ると、5・1mのスパンで柱が並ぶ全長60mのファサードは、端から端までの連続水平窓とタイル張りの水平壁面とが重なるすっきりとしたデザインである（図10）。RCの柱が並ぶ1階は、柱の間にシャッターが下りるようになっており、2階以上は、腰壁より上がガラス窓だ。平面は、道路に合わせて「くの字」に折れており、急斜面の崖に食い込むようなコンクリートの構造体は、土留めを兼ねている（図11）。建物の高さは12・2m、奥行きは地階およそ10m、1階12m、2階14m、3階16mと上にいくほど幅広になり、屋上は、両側に階段室の塔屋が建つ以外は広場になっている。広場の端、つまり建物の軒先にあたる部分には植物が植えられ、上野駅方面から見たときの公園との連続性が配慮されていた。

　各階の平面は、両端に階段室と事務室や便所があるほかはすべて、コンクリートの角柱があるだけの自由に分割できる「売り場」ス

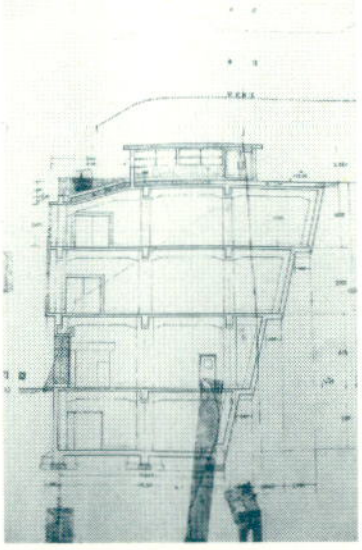

図11　西郷会館断面図

ペースだった。公園への動線となる階段、上にいくほど大きくなる平面、露店を入れるフリースペースなど、機能的につくられた都市建築の要素を備えていた。

高度成長期には上野駅に降り立つ集団就職の若者たちでにぎわい、土産物店や2階にあるレストラン「聚楽台」は繁盛したという。しかし、1階のファサードは、歩道のアーケードで見えず、2階と3階の全面ガラス窓と水平の壁面は、大きな日除けと店舗の看板の裏に隠れてしまい、モダニズムの外観は見えなかった(図12)。また、奥行きの狭い1階の内部空間には小さな店舗が密集し、2階、3階のレストランは、大衆的な内装が施されていたから、土浦亀城の設計と気づく人は少なかっただろう。1980年代以降は、上野駅利用者の減少によって建物も店舗もさびれ、2003年に取り壊しが決まり、2009年に取り壊された。現在は、西郷像前に出られる階段とエレベーターが同じ位置につくられたガラス張りの商業ビル「UENO3153」に建て替わり、全く違う雰囲気になっている。

銀座の三原橋センター

銀座4丁目の交差点から晴海通りを東銀座に向かうと、現在の三越新館を過ぎたあたりに、道路を挟んで向かい合った2階建ての古いビルがある(図13、14)。三日月形の敷地に建つこの二つのビルと、それをつなぐ地下街が三原橋センターと呼ばれる商業施設だ。晴海通りに面した1階は、間口の小さな

図12 取り壊し前の西郷会館 2008

図13　三原橋センター

洋装店やレコード店などの店舗が並び、２階には居酒屋とすし店が入っている。二つのビルをつなぐ地下街には「シネパトス」という映画館と小さな飲食店が並んでいたが、２０１３年の３月をもって映画館は閉鎖された。戦後復興期の雰囲気が残る数少ない建物だが、鉄骨の橋脚の老朽化を理由に取り壊されることになった。２０１４年１月時点で、唯一営業している地下街の食堂では取り壊し反対の署名活動が行われている。

かつて堀にかかっていた三原橋の橋脚をそのまま構造に使ったこの地下街は、日本の地下街の初期の事例の一つである（図15）。浅草地下街（1955）より前の１９５３（昭和28）年に完成しており、現存する東京の地下街では最も古い。地下街に下りるための両側の階段の上に、鉄筋コンクリート造２階建てのビルが左右対称に建っている。上から見ると、晴海通りを挟んで、外側に緩くカーブした櫛形のビルが向かい合っている配置がよくわかる。

櫛形のビルのクリーム色の外壁は平滑で、水平に連続したガラス窓が周囲を巡っている。屋上の三方を覆うパーゴラ、戦前のトクダビルを思わせる角丸の出隅などに、終戦直後の復興期とは思えない

図14　晴海通りの両側に建つ

図15　映画館と飲食店が並んだ三原橋地下街　2012

しゃれたデザインが見られる。これもまた、街の動線をつくる機能的な都市建築である。

建設のきっかけは、戦災のがれきや残土処理と闇市の一掃だった。1948（昭和23）年頃、空襲の焼け跡のがれきを処理するために、京橋川から汐留川に流れる三十間堀川の埋め立てが東銀座で始まった。長さ1・031㎞、幅24ｍの三十間堀川を埋め立てる際に、「パリのシャンゼリゼ街のような理想的な繁華街にしたい」という東京都の構想があったという。[12] しかしその構想はすぐに変更されたようで、1950（昭和25）年には埋め立てられた三原橋の付近に、地下2階地上7階の娯楽商業センタービル2棟とそれを結ぶ地下道の計画が持ち上がった。[13] が、これも実現には至らず、その代わり1953年に2階建てのビルが2棟と、橋梁を利用した地下街が建設され、現在の三原橋センターとなる。建て主は新東京観光会社。

12　「三十間堀に第二銀座　桜並木で新装の商店街を計画」朝日新聞、1948年4月2日

13　「三十間堀に二大ビル　五月から建築に着手」朝日新聞、1950年3月15日

図16　三原橋新映画館現況図地階

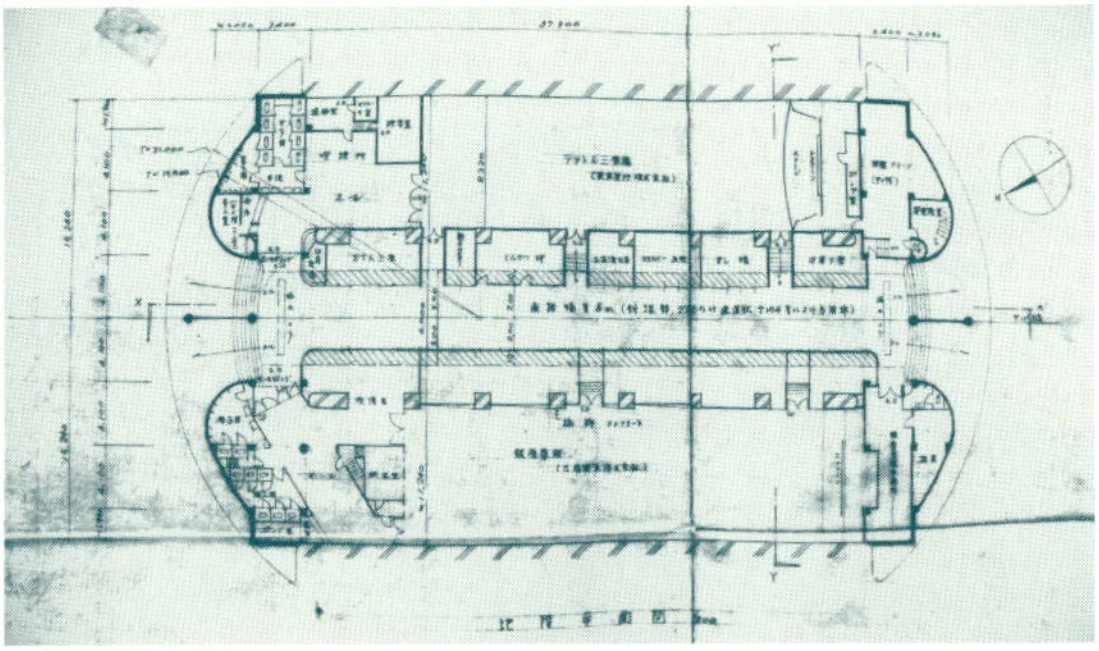

図17　三原橋新映画館現況図地階断面図

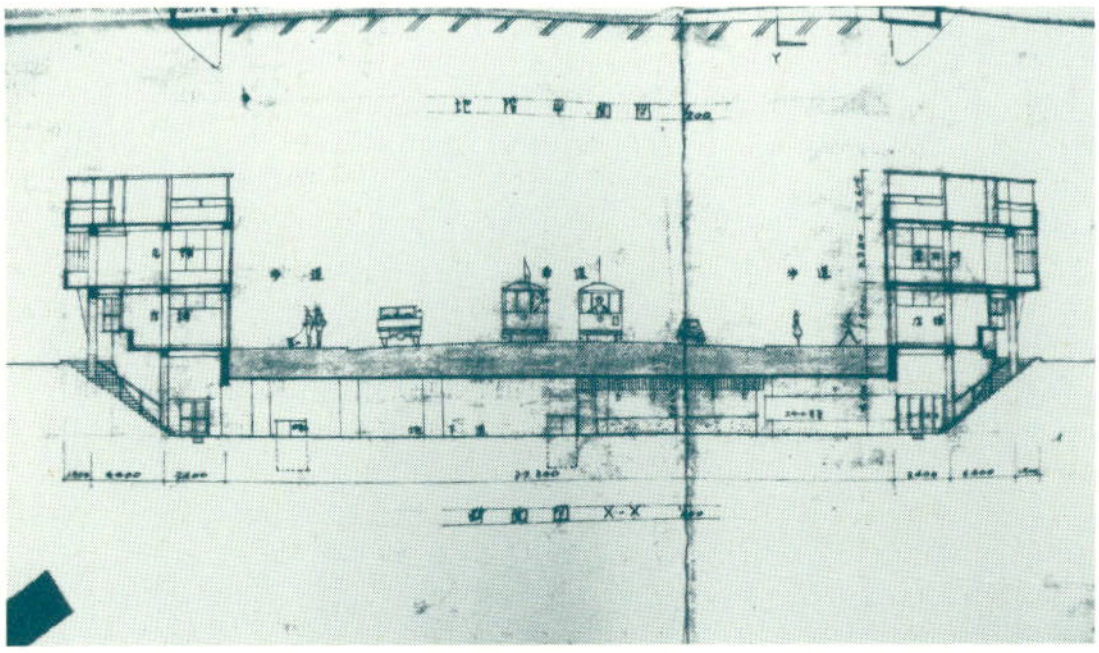

総工費5000万円。商業ビルには、観光案内所や各地の名産品の売店などが出店した。[14] 地下街には、映画館「テアトル三原橋」と「遊技場」(パチンコ店)ができ、通路に沿って飲食店や理髪店が並んだ(図16、17)。

三原橋の橋梁をそのまま残して地下街をつくったため、地下通路に下りる階段の勾配はかなりきつい。2階建てのビルを支えるコンクリートの太い円柱が階段のまん中にあり、階段の両側の壁は、カーブしている。このような曲面を用いたデザインは、土浦の作品には珍しく、担当した所員は構造にも詳しい埜村昭一であった。両側の二つのビルを建てる前に、すでに地下街にはニュース映画館やパチンコ店があったので、地下街の映画館や店舗の整備と改修は1953年頃に行われたという。

14　「三原橋の両側に　橋上ビル店開き」朝日新聞、1953年9月8日

1951年に土浦事務所で描かれた計画案のなかには、有楽町国電ガードより三原橋まで1120mの晴海通りの地下を地下街にするスケッチがあり、また、橋下の利用計画としては、有楽町駅の近くに474席の映画館および遊技場をつくる「鍛冶橋計画案」（図18）もあった。それらは実現しなかったが、この時期の復興計画の事例として興味深い。

埋め立てられた三十間堀川のほかの部分には、清家清設計の2階建ての第一ストアビル（銀一ストア）や、丹下健三設計の3階建ての銀座館マート（銀座館ビル・銀座会館）が同じ頃に完成した。いずれも、露店を一つのビルに収容するための施設だった。これらの戦後復興期の建物はもうほとんど残っておらず、その意味でも銀座の一等地に残る三原橋センターは貴重である。

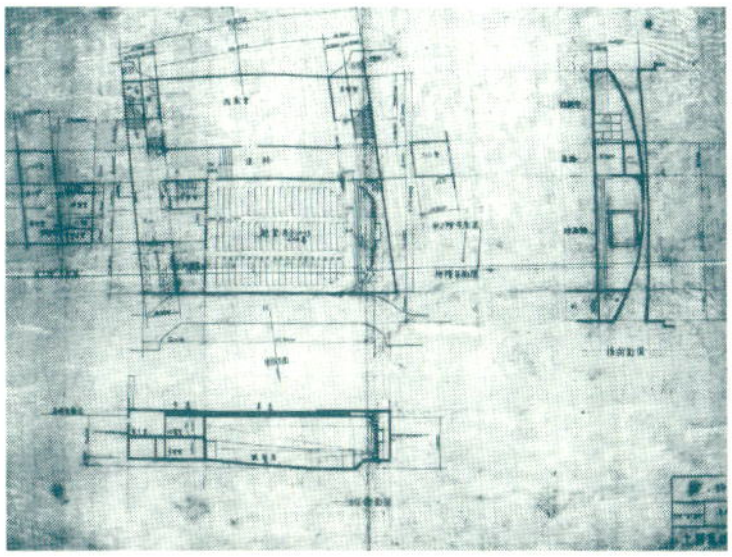
図18　鍛冶橋計画案　1952

国際観光会館

戦前・戦後を通して土浦事務所の最大の仕事は、1954（昭和29）年に竣工した東京駅八重洲口の国際観光会館である。戦後日本の観光を推進するために、1951年に設立された株式会社国際観光会館は、日本国有鉄道の東京駅構内用地を借りて、外国人用のホテル、旅行案内所、地方の観光物産展示場など観光関連の事業所が入るビルを建てることになった。オフィス、貸し店舗、銀行などもテナントに入るこのビルは、東京駅周辺で戦後最初に建設された大規模な建築として、1954年10月に開業し

図19　国際観光会館

た（図19）。

東京駅の目の前に建つ地下2階地上8階建ての鉄骨鉄筋コンクリート造の建物は、建築面積830坪、延べ床面積7500坪で、強羅ホテルの延べ床面積の3倍もあった。土浦事務所の総力をあげた仕事であり、当時は所員20名を超える大所帯になっていた（図20）。

八重洲北口の広場に面して、長方形の右側に台形がついたような平面をしており、長方形の部分のまん中に、2階まで吹き抜けの玄関ホールがあった（図21）。ホールの右側にホテル国際観光、左側に店舗および事務所、まっすぐ進むと裏通りへの出入口がある。また地下1階北側のスロープは、東京駅の地下につながっていた。ホテルのロビーや食堂は2階で、3階から上に客室があった（図22、23）。巨大な構造物のなかに多様な機能を組み込んだ都市型複合建築のパイオニアであり、地下通路など都市の

図20　土浦建築事務所の所員たち

図21　国際観光会館開館時のホール

動線の役割も果たしていた。

青磁色のタイルの腰壁と連続する水平窓が帯のように交互に建物の周囲を包む外観は、野々宮アパートを想起させる。野々宮アパートでは、まだ窓を水平に連続させることができず、個々の窓の間の壁面に青いタイルを張って横縞模様をつくったが、ここでは構造柱を壁面の内側に配したことで、全面に窓を連続させることができた。野々宮アパートから18年、初めて柱と壁を分離したトクダビルから数えると22年が経過していた。土浦の平滑な壁面へのこだわりは、この建物で一つの完成を見たといえるだろう。1955（昭和30）年に竣工した日本橋小網町の洋糖ビルにも同じような水平連続窓が用いられていることからも、土浦のこだわりがわかる（図24）。

国際観光会館のパラペットまでの高さは31m、外観に全く柱形が出ないこのビルは、日本のカーテンウォール構造の前身のひとつで、当時の所員たちは

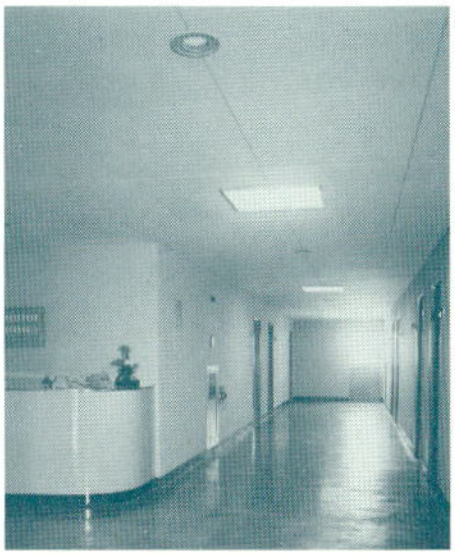

図22　国際観光ホテル受付

図23　国際観光ホテルの客室

図24 洋糖ビル 日本橋小網町 1955

東京で最も新しいビルが完成したことを誇りに思ったという。しかし、まだ国内の工業力が十分ではなかったため、窓のスチールサッシュやタイル、蛍光灯といった部材や備品を調達するには時間がかかった。[15]

ことに土浦事務所が蛍光灯を使うのはこれが初めてだったので、器具そのものからデザインして山田照明に発注した。[16] ホテルのロビー、食堂、バー、廊下などの床はゴム製タイルかアスファルトタイル、客室やバンケットホールの床は堅木縁甲板張り、壁はプラスター塗り、客室などはペンキ仕上げと、高価な材料は使われていないが、それでも工業製品の生産は追いつかなかった。

ただし1階の吹き抜けホールや銀行のカウンターは、大理石張りで豪華に仕上げられた（図25）。また外壁の街路に面した部分には、レンガタイルやガラスブロックが張られ、歩行者空間に彩りを与え、正面玄関は2階天井まで全面ガラス窓になっていた。階段を上がり2階のギャラリーに立って階下の玄関ホールを見下ろすとき、人々は吹き抜けの近代的な空間を満喫したことだろう（図26）。この玄関ホールは、都市の動線であるとともに、市民に開かれた都市空間の初期の事例だったのではないだろうか。

東京の一等地に建つこのビルは、戦後の復興および経済成長の象徴的役割を果たした。しかし、高度成長期以降、林立していくビル群のなかで、しだいに目立たなくなり、２００４（平成16）年に43階建てのグラントウキョウノースタワーに建て替えられた。

15　2012年6月の手嶋好男への聞き取りによる

16　2012年6月の手嶋好男への聞き取りによれば、電気設備の担当は温品鳳治だった

図25　国際観光会館内の銀行

図26　ホールの吹抜け

3 ゴルフクラブと病院

戦後の土浦亀城建築事務所

国際観光会館が完成すると、加藤寛二と竹内弘雄は翼建築設計事務所、福永昭と小野和朗は入江三宅設計事務所、小川信子は日本女子大学、温品鳳治は温品建築設計事務所というように、10名ほどの所員が独立したり、新しい職場に移ったりしていった。土浦事務所は、弟の土浦稲城、高谷隆太郎という戦前からの所員を中心に、手嶋好男、田中正美、牧野良一たち若手を加えて、中堅の個人設計事務所として継続する（図27）。基本的に土浦は仕事を得るための営業を行わず、個人的に依頼された公的な建物や住宅だけを設計していた。

元所員の松村は、「仕事を取りにいくのではなく、面識のない人に信用され、仕事を頼まれるようにならなくては」と、1935（昭和10）年頃に土浦が語ったことを記している。[17] 無欲ともいえるその姿勢を物語る例のひとつとして、1960年頃に設計していた山口県のある宗教施設が挙げられる。

手嶋によれば、土浦とともに山口県まで何度も出張し、打ち合わせをしたが、半年ほどして施主から

17 松村正恒「アメリカ仕込みの合理主義者」『SD』1996年7月

計画の中断が告げられた。そのとき土浦は「無縁の人と思えばよい」とあっさりしていて、その潔さに手嶋は驚いたという。この天照皇大神宮教本部計画案は、打ち放しコンクリートの細い列柱が並ぶ1階の長い基壇部の片側に、ヴォリューム感のある四角い本部建物を載せた明快なデザインで、不規則にあけた小さな窓の配置にル・コルビュジエの影響が感じられる（図28）。

図27　1954年頃の土浦事務所

当時、土浦事務所が手がけた公共施設には、慰霊塔（正式名称：太平洋戦争全国戦災都市空爆犠牲者慰霊塔）（1953、図29）、手柄山休憩所（1956）、姫路幼児施設（1960）、三浦福祉会館（1964）などがある。慰霊塔は、１９５３年に太平洋戦争全国戦災都市空爆犠牲者慰霊協会が主催した設計競技で一等になった高谷隆太郎の案である。高谷は、早稲田大学理工学部建築学科を卒業して大倉土木に勤めたのち、１９３９年に土浦事務所に入った所員で、土浦の妹、満州子《ますこ》と結婚していた。１９６０年に独立するまで、高谷は稲城とともに土浦事務所の中心的な

図28　天照皇大神宮教本部計画案
1960年頃

存在であり、姫路の手柄山休憩所も担当している。

稲城は、銀座立田野本店、浦和不二屋、大宮不二屋や、ホテル福島屋（1957、伊豆熱川）など、商業施設の設計も担当していた。事務所設立時から兄とともに設計全般をこなしてきた稲城は、図面がうまく、100分の1の図面を20分の1に描き起こすときに、元の図面の寸法を測れば、そのまま使えたと元所員の牧野が語っている。[18] 稲城の個人的な設計としては、銀座のサンモトヤマの店舗や、軽井沢の茂登山別邸、三浦市三崎町の田中絹代別邸などがある。芸能関係や商業施設の仕事は、おおむね稲城経由だったようで、歌手の三橋美智也邸（1961）なども含まれる。[19]

1950年代以降、土浦亀城個人に依頼された仕事としては、ゴルフのクラブハウスと病院を挙げることができる。ゴルフは土浦の生涯の趣味で、晩年までコースを回ることを欠かさなかった。前川國男、岸田日出刀、横山不学、横河時介などは、よきゴルフ仲間だった。

岸田は1927（昭和2）年頃から赤羽の荒川敷の学士会ゴルフクラブでゴルフを始めており、土浦は岸田の誘いで1937（昭和12）年に千葉県の六実《むつみ》ゴルフ倶楽部に入会した。「シングルに近い岸田君が倍もたたく私によく辛棒（ママ）強く廻ってくれたものだと思う」[20]という時代を経て、戦後土浦は、保土ヶ谷カントリー倶楽部、相模カンツリー倶楽部、軽井沢ゴルフ倶楽部という名門ゴルフ場の会員になった。白洲次郎が理事長だったことで知られる軽井沢ゴルフ倶楽部では理事を務め、そのクラブハウスの設計もしている。当時この倶楽部の会員だった建築家は、アントニン・レーモンドと土浦だけだったという。

図29 姫路市手柄山の慰霊塔 1953

18 「元所員へのインタビュー 土浦亀城の建築思想」『SD』1996年7月

19 手嶋好男および畑中康への聞き取りによる

20 土浦亀城「岸田君のおもいで」『建築雑誌』1966年8月号

レーモンドが東京ゴルフクラブ（1932）をはじめとして、戦前から数々のクラブハウスの設計をしたのに対して、土浦の設計は、1951年の川崎国際ゴルフクラブ、1961年の相武カントリークラブと軽井沢ゴルフ倶楽部の三つに過ぎない。戸田ゴルフクラブ（1962）は、岸田建築研究所との共同設計だが、設計者として表記されるのは岸田日出刀で、土浦事務所は実施設計のみを担当した。

川崎国際ゴルフクラブ

川崎市多摩区生田にある公営の川崎国際生田緑地ゴルフ場は、1952（昭和27）年にオープンし、平成4年まで川崎国際カントリー倶楽部（設計図書では川崎国際ゴルフクラブ）という会員制のゴルフ場として存在した。総面積30万坪の丘陵地にある18ホール、全長6500ヤードのゴルフ場には、土浦事務所が設計したクラブハウスが現存している（図30）。

鉄筋コンクリート造3階建てのクラブハウスは、起伏の多いゴルフコースを一望できる高台に建っている。当初は、建坪約600㎡、延べ床約999㎡だったが、その後の増築によって、延べ床2400㎡ほどになったという。コンクリート打ち放しの構造体に、レンガの壁とガラス窓をはめ込んだ当初の外観は、テラスにまで及んだ増築でだいぶ変更されているし、増築部の建具は、スチールやアルミ製に取り替えられている（図31）。

図30　2009年当時の川崎国際ゴルフクラブ

図31　増築された2階

図32　川崎国際ゴルフクラブ透視図

当時の建築雑誌に掲載された透視図[21]を見ると、打ち放しコンクリートの柱とスラブの水平性を強調したデザインは、大胆で力強い（図32）。柱と柱の間をレンガ積みの壁面にした素材感のある外壁は、薄緑色の窓枠とともにカラフルで、2階テラスの上の、コンクリートの梁をキャンティレバーで突出させたパーゴラは、強羅ホテルの屋上のコンクリートフレームを思わせる（4章図14参照）。このパーゴラに赤白の縞模様のオーニング（日よけ）がかかっているところも強羅ホテルと同じだ。しかし、実現した建物では、この大胆なパーゴラはつくられず、その代わり、スチールパイプ製のフレームがテラスの周囲に取りつけられた。テラスのパイプの手すりとともに、建物に軽快感を与えていた。

道路側の玄関を入り、階段を半階分下りると2階レベルになる。当初、そこは三方がガラス窓になった見晴らしのよい7・2×28mの空間だった。左側にロビー、右側に食堂とバーがあり、その北側に、厨房、トイレ、事務室および婦人室があった（図33）。ロビー・食堂の空間は、幅5mのコンクリートのテラスで三方を囲まれ、室内との境には床から天井までガラス窓がはめ込まれていた。テラス越しに緑のゴ

21　「川崎国際ゴルフクラブハウス」『新建築』1952年7月号

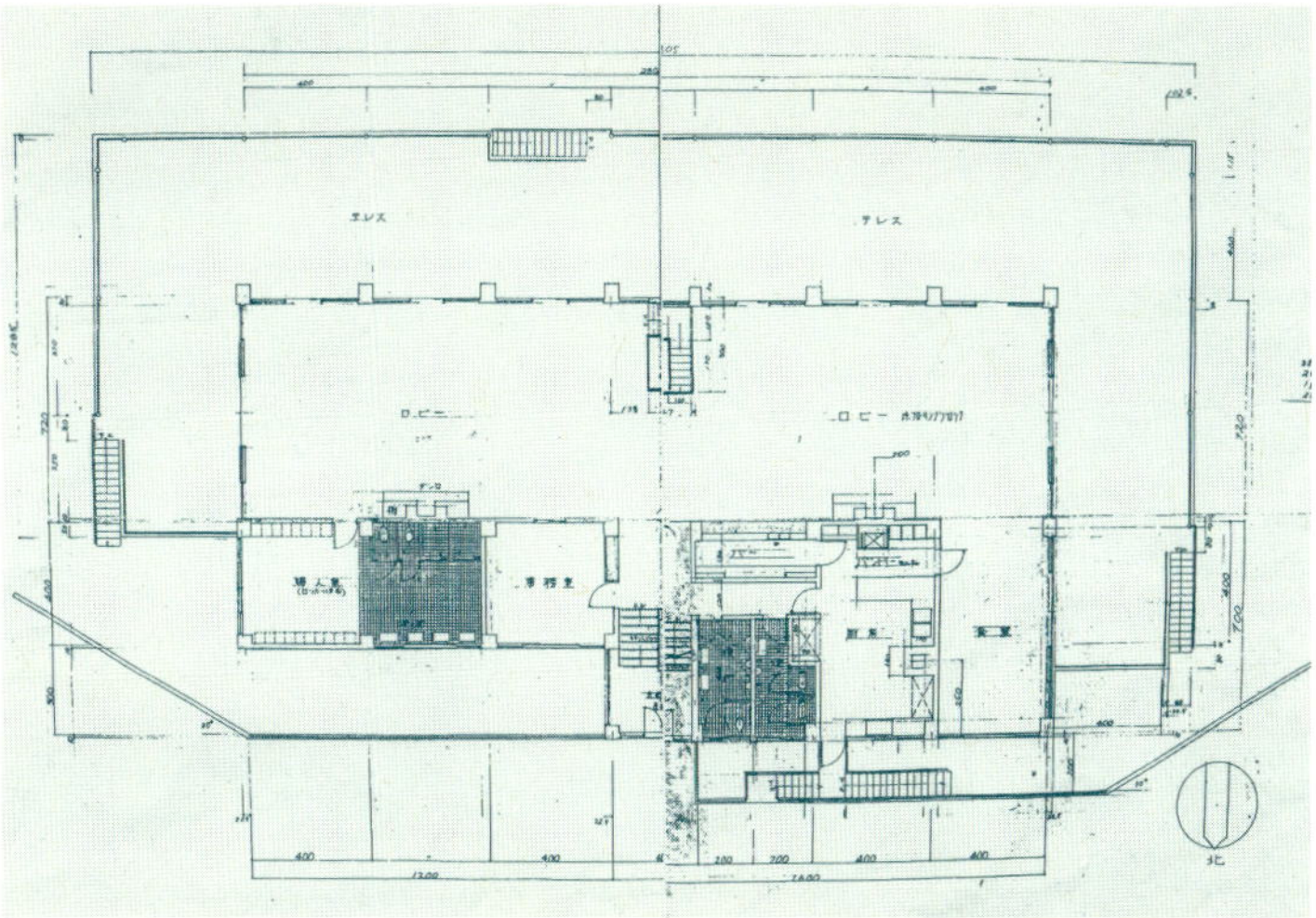

図33　川崎国際ゴルフクラブ1階平面図

ルフ場や川崎の方向が見えるこの部屋は、強羅ホテルのグリーンパーラーようだった。

ロビーや食堂の床は1尺角のナラのフローリングブロック、壁は白い漆喰塗り、暖炉はレンガ積み、バーのカウンターと腰壁は黒いテラゾー張りというように、内装は土浦らしい落ち着いた気持ちのよい空間となっている。全面ガラスとはいえ、まだスチールサッシュは手に入らなかったのか、竣工時の窓枠はペンキ仕上げの木製だった。天井から、白い球のような照明が下がっているだけの簡素な空間のなかで、唯一の装飾は、バーのカウンターの上のガラスに描かれたゴルフコースのすり模様だった。この食堂の暖炉とバーは現在も残っていて、1950年代のしゃれた雰囲気を味わうことができる。

玄関に戻り、そこから半階上がると屋上になる。細いパイプの手すりで囲まれ、今も当初の姿をとどめる塔屋と2本の暖炉の煙突があるだけの見晴らしのよい屋上は、唯一、当時の大らかさを残している。

1階は、南側に広いロッカールームがあり、北側にシャワー室、風呂場、ボイラー室などが並ぶ。全面に窓を用いた2階とは異なり、1階はレンガ積みの腰壁の上に縦長の木製の窓を配した比較的閉鎖的な空間だ。窓のすぐ上は、2階テラスのコンクリートスラブが張り出している。ロッカールームでは、柱の位置と窓割りに合わせてロッカーが整然と配置されていたが、現在その面影は残っていない。この建物は、2009（平成21）年に耐震基準不適格による取り壊しが懸念されたが、今後、耐震補強をしたうえで保存することが望まれている。

清明な病院建築

戦前期に設計した住宅のなかには、医院を併設したものが3軒あった。銀座のトクダビル（歯科医院、1931）、千葉県市川市の戸塚医院（耳鼻咽喉科、眼科、1935）、築地の保坂病院（1939）である。

京成電鉄の市川真間駅前にあった戸塚医院は、陸屋根の木造2階建て、パラペットまで平滑な壁面の近代的なデザインだった（図34）。角地にある敷地に合わせて、建物の角が緩くカーブしているため、一見コンクリート造のように見えるが、木造で外壁は白色のリシン仕上げである。玄関を中心にしたL形の左側が診察室、右側が住居で、2階は病室と寝室および客間になっていた。診察室は、広々とした開

図34　木造二階建ての戸塚医院。千葉県市川市　1935

放的な明るい部屋で、薬棚やカウンター、待合用のベンチなどが機能的に配置され、内部は主に漆喰で仕上げられた（図35）。

鉄筋コンクリート造4階建ての保坂病院は、築地の運河沿いの角地にあり、戸塚医院と同じように角の部分が丸くカーブしていた。カーブの中心に入り口があり、同じ大きさのスチールサッシュの窓が水平に並んだ外観は、戸塚医院よりもさらに近代的だ（図36、37）。手術室や入院室も備わった大きな個人病院であったが、これらの医院併設住宅はいずれも現存していない。

戦後になると、神経研究所付属晴和病院（1959）をはじめとして、毛呂病院本館（1962）、三浦市立病院（1964）、毛呂病院大宮分室増築（1965）、毛呂病院食堂（1966）、佐世保千住病院（1965）などが設計された。

1969（昭和44）年に事務所を閉鎖してからは、伊藤喜三郎建築研究所との共同設計という立場で、一連の埼玉医科大学の建築計画に携わった。そこには、埼玉医

図35　戸塚医院診察室

図36　保坂病院　東京築地　1939

図37　保坂病院手術室

科大学進学課程校舎、専門課程校舎、付属病院、5号館、本部棟、第2および第3、第4研究棟、体育館、内科病棟、精神科センター、総合医療センター、研究当直棟のほか、キャンパス外の老人ホーム悠久園(1973)、光の家(1977)、埼玉医科大学川越病院(1982)や川越市総合医療センター(1982)、川越病院当直センター(1984)、第3光の家(1984)などの建物が含まれていた。

1959年に設計し、翌年竣工した新宿区弁天町の神経研究所付属晴和病院は、土浦の一高時代からの友人、内村祐之が設立した精神科の専門病院である。内村祐之は、キリスト教思想家の内村鑑三の長男で、東京裁判において東条英機の精神鑑定をしたことでも知られる。東京大学医学部精神科の教授だった内村は、新しい治療法にふさわしい、明るい雰囲気の医療環境をつくるためにこの病院を創設した。新しい治療には、プライバシーを尊重した個室や共用部が、自由で開放的な雰囲気のもとに配置されることが望まれた。

晴和病院は、神宮外苑通りから見える鉄筋コンクリート造3階建てと、その脇の5階建ての建物で構成される。どちらも、柱梁をあらわにした打ち放しコンクリートで、玄関の庇を兼ねた2階のキャンティレバーのバルコニー、それを支える梁形、窓の上の小庇など、コンクリートによる構造的な部材が強調されている(図38)。

エントランスの上の2階壁面のレンガや、打ち放しコンクリートの素材感に加えて、屋上の塔屋やバルコニーの陰影により造形的な傾向が見られる。特に、中庭に面した水平連窓の外側に取り付けられた亀の子模様のグリルは、平滑な面という以前のスタイルからみるとかなり異質だ(図39)。これは、担当

図38　神経研究所付属晴和病院

の田中正美と佐々木喬による鉄格子のイメージを払拭するためのアイデアだったが、土浦はそれを受け入れ、楽しむ時代に入っていたのかもしれない。

　この神経研究所を見学した内村の友人で精神科医の丸木清美は、建物に感銘を受け、土浦に自分の病院の設計を依頼した。1962年に竣工した毛呂病院である。その毛呂病院が1972年に埼玉医科大学となり、キャンパス全体の計画へと続いた。

「健康」というキーワードでくくることのできる余暇施設と病院は、清明で健全な空間を志向した土浦にとって、やりがいのある分野だっただろう。それは、発展する都市に生活する者が健康でいるために必要な施設だった。都市型住宅とそれを補完するリゾートとしての強羅ホテルという構図が、戦後は都市や郊外の住宅と、病院・レクリエーション施設になったとも考えられる。

図39　晴和病院の窓周り

4　戦後の住宅

土井邸の大谷石

戦後の土浦事務所は50軒あまりの住宅を設計したが、これらの住宅が社会に強いメッセージを放つことはなく、一部を除けば建築雑誌に発表されることもなかった。日本人を施主とする戦後の住宅で、建築雑誌に発表されたのは、田辺邸（『建築文化』1953年11月号）と土井邸（『新建築』1958年3月号）の2軒だけである。どちらも、戦前期の土浦の住宅にみられる「すっきりした切れ味のよい表現」とは異なるデザイン要素をもっていた。

1949（昭和24）年から設計が始まった田辺邸（東京・麹町）は、木造2階建て一部鉄筋コンクリート造、瓦葺きの切妻屋根で、南面にテラスがある（図40）。2階のバルコニーにみられる、6尺のキャンティレバーのコンクリートスラブに、多少挑戦的なデザインがあるものの、全体の統一感において戦前の土浦らしさを見いだすことは難しい。

土井邸（1954、名古屋市昭和区）は、斜面に建つ鉄筋コンクリート造2階建て住宅である（図41）。打ち

図40　田辺邸　東京麹町　1949

図41　土井邸　名古屋市　1954

放しコンクリートの構造体に、全面ガラス窓をはめたシンプルな外観は、レーモンドのリーダーズ・ダイジェスト東京支社を思わせる。敷地の最も高いレベルに玄関や居間・食堂、寝室など主要な部屋を置いた2階をつくり、1階は子供室やボイラー室にあてた。コンクリートの丸柱は、壁面より内側に入れて、床面をキャンティレバーで張り出し、居間の南面を床から天井まで全面ガラス窓にしている（図42）。引き違いのサッシュには二重にガラスを入れるなど、設備面も充実していた。

長方形の平面の南側に居間・食堂、北側に玄関と廊下を配した平面は機能的で、また2階の庇を兼ねた陸屋根も合理的なのだが、玄関側の壁面に張った大谷石だけは異質に思える（図43）。抽象的な形態と空間を目指してきた土浦が、物質感・素材感のある大谷石（最終案以前の案では自然石乱積み）を選んだのはなぜだろう。

国際観光会館において、カーテンウォールにつなが

図42　土井邸の居間

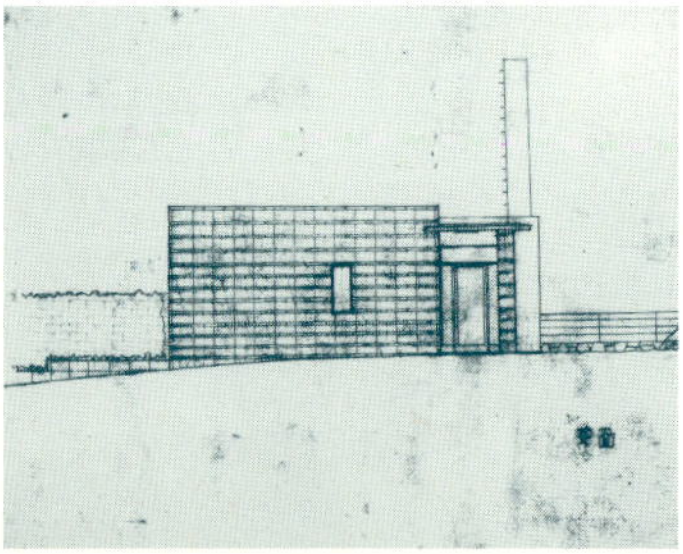

図43　土井邸東立面

る水平連続窓を実現したことで、「平滑な壁面」という目的が達成されたからだろうか。それとも、打ち放しコンクリートの素材感に、新しいモダニズムの可能性を見たからだろうか。稲城、福永とともに、この住宅を担当した手嶋は、かつて遠藤新の事務所に勤めていた稲城の好みが反映されたのではないかと推測する。[22] もしかすると土浦は自身の建築の原点であるライトの旧帝国ホテルやコンクリートブロックの住宅に思いを馳せたのかもしれない。いずれにしても、土浦が戦前期のように徹底した抽象性と統一性を求めなかったことだけは確かだ。

22　手嶋好男への聞き取りによる

切妻屋根の木造住宅と寄棟のRC住宅

戦後の土浦事務所で設計された50あまりの住宅には、前述した土井邸などのRC造、吉野別邸（1955、秋谷）、軽井沢鶴見別邸（1957、軽井沢）、中川一政邸（1960、杉並区）などの木造、吉野信次邸（1953、渋谷区）などの混構造がある。時代を反映して、1950年代は木造平屋の小住宅が多く、1960年代はRC造が増えていった。

1955（昭和30）年の吉野別邸（秋谷）は片流れ屋根の木造2階建て、1957（昭和32）年の軽井沢の鶴見別邸は、中央に居間がある切妻の木造平屋住宅（図44、45）、1957年の今藤邸（港区高樹町）は切妻屋根の木造2階建住宅、1960（昭和35）年の菅野邸は建坪19・51坪の切妻木造2階建住宅という

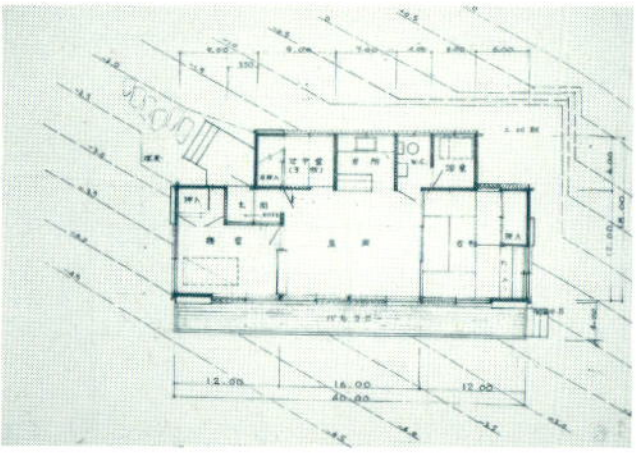
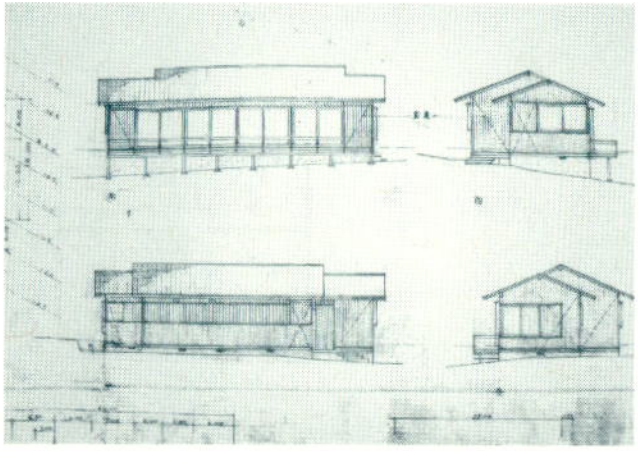
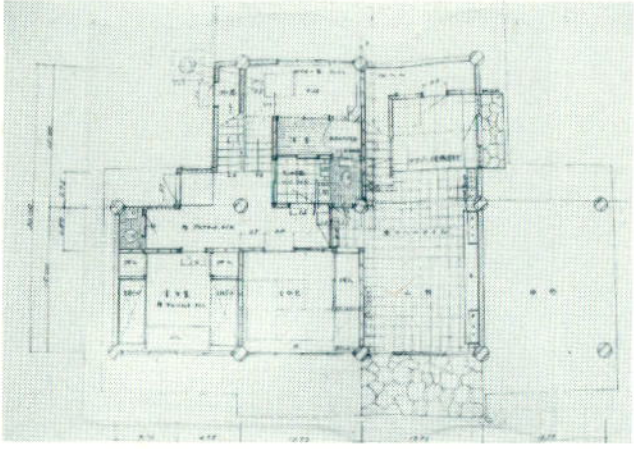
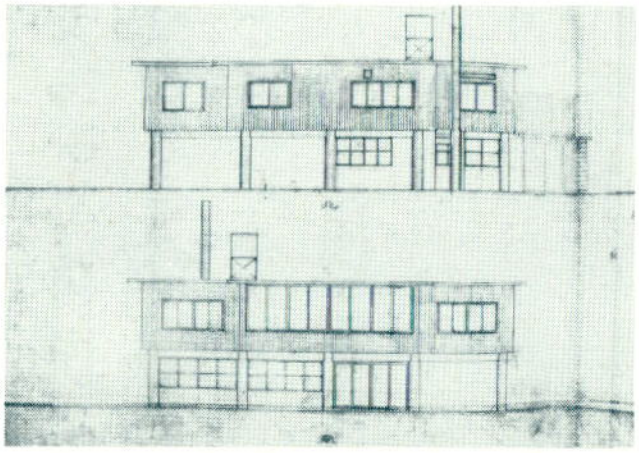

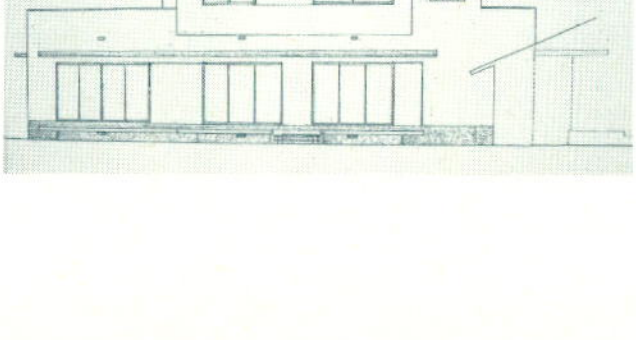

図44～49：上から、鶴見別邸平面図　軽井沢　1957、同立面図、吉野信次邸　東京原宿　1954、同立面図、中川一政邸　東京杉並　1960、中川別邸　神奈川県真鶴　1968

ように、屋根は亜鉛鉄板瓦棒葺きの切妻か片流れで、外壁は竪羽目板張り、木造による陸屋根は一つもない。所員が陸屋根の案を描いても、採用されなかったという。陸屋根の国際様式を用いて、住宅改善のメッセージを放つ時代は、すでに終わっていた。新憲法によって民主主義の世の中となり、夫婦単位の家族生活、椅子座の暮らし方が推奨され、土浦が声をあげなくても、時代は急速に土浦が目指した方向に進んでいた。土浦は淡々と親戚や友人の住宅を設計していた。

　１９５３（昭和28）年から１９５４年にかけて設計された吉野信次邸（渋谷区原宿）は、公職追放が解かれた後、参議院議員に当選した叔父の家である。ＲＣの丸柱が12尺×15尺のグリッド上に立ち、その周囲を外壁が囲むという珍しい平面をもつ（図46）。１階の柱・梁および庇はコンクリート打ち放し、外壁はセメントスプレーを吹きつけたコンクリートブロック、その上に竪羽目板張り木造の2階がのるという混構造も新しい試みだった（図47）。こうしたRC造が、その後の土井邸につながっていった。

友人の家としては、杉並区永福町の中川一政邸（1960）がある。画家の中川の妻、暢子は、信子の女高師時代の友人で、舞踏家・伊藤道郎の妹である。木造2階建て、竪羽目板張り、屋根は緩勾配の切妻という落ち着いた佇まいだった（図48）。それに対して、真鶴の上釈迦堂にあった中川別邸（1968）は、延べ床70坪のRC造2階建て、陸屋根の国際様式で、戦前の一連の土浦の住宅を思わせる（図49）。玄関、居間・食堂、和室を南側に並べた1階と、寝室と納戸がある2階のシンプルな平面、造形的な表現を抑えた平滑な立面は、木造での試みをそのままRCに移したように見える。

しかし、RC造の住宅全体としては、中川別邸のような平滑な壁面よりも、柱梁を露出させる、柱を内側に入れるなどして新しい表現を試みたもののほうが多い。屋根は陸屋根より寄棟というように、戦後の土浦事務所は戦前のスタイルを脱却しようとしていた。

戦後の住宅のなかで、最も土浦らしさが感じられるのは、1955年に設計した吉野別邸である。横須賀市秋谷にあった木造2階建て、竪羽目板張り、緩勾配の片流れ屋根の別荘は、簡素でさりげないが、玄関に直結した南側の居間、コンパクトな台所、北側にまとめた浴室などに、戦前期の小住宅と同じような機能性と心地よさが感じられる（図50）。海側に大きく開かれた全面のガラス窓がある居間の脇に、小さな囲炉裏のスペースがあるこの別荘は、単純な構成のなかに場をつくるという土浦自邸のコンセプトが息づいていたと思う。

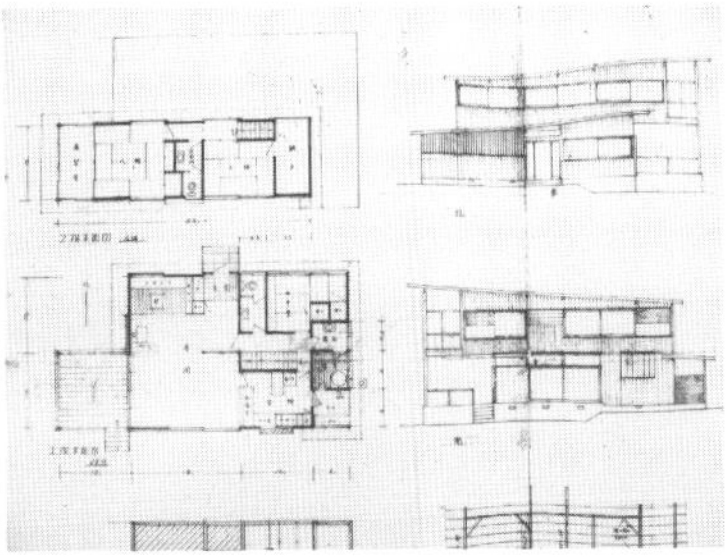

図50　吉野別邸　神奈川県秋谷　1955

5　清明なモダニズム

清廉潔癖なモダニスト

元所員の小川信子によれば、1954年当時、土浦事務所は「比較的給料が高く、残業のない」設計事務所であったという。事務所のモットーは、「早く、きれいに、正確に」であり[23]、事務所経営においても合理性を重視する姿勢を貫いた。その点においても、芸術家肌のライトより、ビジネス重視のノイトラに近かった。

あるいは「建築家・土浦亀城」より、「土浦亀城建築事務所」を優先したということもできるだろう。「建築家土浦亀城としては強羅ホテルで一段落した。それからは土浦建築事務所としてやったわけでしょうね」と河野通祐が言うように、戦後は、建築事務所を維持することを優先したのかもしれない。公共建築の仕事を積極的にとろうとしなかったこと、自分を売り込むよりむしろほかの建築家に仕事を譲ることが多かったという事実も、無欲さの表れであろう。「人格をよく知っている人の仕事しかしていませんから」という河野の指摘や、「清廉潔癖ゆえに、社会とつながることに積極的ではなかった」

23　「元所員へのインタビュー──土浦亀城の建築思想」『SD』1996年7月号。以下の引用も同様

という畑中の見方も、建築家土浦亀城の生き方を端的に示している。

土浦が還暦の年に入社した所員の佐々木喬は、設計事務所としてはまれな「温かい雰囲気」があったと回想する。「合理的で、進取の精神に富む人」は、競い合うことを好まず、わが道をいく人でもあった（図51）。

加藤寛二は、「先生はとにかくジェントルマンというのか、僕に言わせるとダンディといってもいいぐらいだけども、そういうのを通した方ですね」と語り、牧野良一は、「これしかやらないという個性がものすごく強くて、先生自身がモダニズムだという、そんな感じがします。先生自身をとらえることが、モダニズムをとらえる勉強だったのかもしれないですね」と語っている。

土浦にとって、建築は合理的・機能的であると同時に美しくなければならなかった。その美しさとは、究極までそぎ落とした統一感と抽象性であった。土浦の建築の「遊びのないディテール」は、合理性というより、面や線の美しさを追求した結果である。

土浦の立面へのこだわりを手嶋好男はこう回想する。

「中村庄八邸（1957）の立面図を描いていたら、（土浦）先生がしきりに消しゴムと鉛筆で窓を大きくする。戦前の土浦スタイルを思い出した。先生は立面図が一番大事とおっしゃった。合理一点張りではないことに、ある種感動もした。果たして展開してみると、腰高40cm位の窓だ。小さい子どもさんがいるわけではなし、まあいいかと思った。姿が良くなれば良しとする先生の美学、あらためて先生のファンになった[24]」

24　2012年6月の手嶋好男への聞き取りによる

図51　1960年頃の土浦亀城。手嶋好男撮影

小川信子は、住宅の立面図をスタディしていたとき、窓のない壁に、窓が連続したように見える枠をつけたのを土浦が見て、「嘘を描いてはダメだ」と言われたという。

土浦のディテールについて、佐々木喬と牧野良一はこう回想する。[25]

「稲城さんの仕事は逃げがあるんですが、先生の仕事は逃げがないんです。先生は、プラニングというのを本当に重要視されましたし、形に見えてくるからなのか、やりたいことをスッとそのまま素直に形にしてうまくまとめてしまう」

「非常にディテールにはうるさいというか、ディテールが悪いと、でき上がってもダメなんです。先生がイメージしたディテールというのは非常にしっかりしたもので、それ以外のディテールは、まず描いても採用にならない」

元所員たちの言葉をまとめれば、「造形の単純化、清潔感を大切にし、創作の奇抜さ、まねごとはお嫌いで、当時から注目されはじめた設計競技など見向きもされなかった[26]」ということになるだろう。美しい平面と立面は、土浦の感覚から生まれるもので、理論ではなかった。その感覚は、より軽く、平滑に、抽象的なデザインを求める方向に研ぎ澄まされていた。清廉潔癖な人柄とセンスの良さ、モダニストとしてのストイックな生き方、そういう全人格的なものが土浦の設計の根底にあったことが、所員たちの回想からわかる。

25　註23に同じ

26　笹原貞彦「設計者のお人柄と作風―流動の世紀を優雅に徹した土浦亀城先生」『SD』1996年7月号

定点としてのモダニズム

土浦は、本質に迫る普遍的なデザインを建築に求めた。それは形態をこれ以上そぎ落とせないほど突き詰めることによって達成されるもので、物質的な素材感は極力排除された。抽象性への志向は、モダニズムのデザインの方向性の一つであるが、それは国や地域を超える可能性を秘めていた。あらゆる場所と時間に有効な究極の形 それを追求することがモダニズムの一つの課題だった。

1920年代後半、土浦は機械やスピードが人間を幸福にするのと同様に、純粋で抽象的なかたちが、よりよい社会をつくるための手段になると信じていた。それと同時に、風土や地域というローカリティを重視した。南向きの大きな開口部や、張り出した軒や窓の上の小庇などにそれが現れている。現存する土浦自邸は、両者が絶妙に組み合わされた好例であろう。

しかし、その後の戦中と占領期には、モダニズムの理想のもろさと建築家の無力感に打ちのめされたのではないだろうか。さらに戦後の民主的な社会にふさわしい小住宅は、土浦が1930年前後に考え尽くしたことだった。工業製品を用いて安価な住宅を速く建てる方法は、住宅産業のなかで独自の発展を遂げていた。復興する都市施設や、病院、余暇の施設をつくり、知人の住宅をさりげなく設計しながらも、土浦はどこか、覚めていたように思う。

戦前の土浦は、モダニズムという「白い箱」の外観意匠を用いて、住宅の近代化を図った。そこには、デザインが人々の生活を変えるという考えがあった。「家具が住宅を完成させる」という考えも、統一されたデザインによって、居住性を向上させることを意図したものだった。土浦が工法や設備の向上とともに外観や内部空間の質感や色彩を重視して、軽快で洗練された空間をつくりあげたのは、デザインの力を信じたからである。

しかし、1930年代からアルヴァ・アアルトやル・コルビュジエがより造形的な表現へと移行したように、モダニズム建築家の多くは、地域や風土に基づいた造形を用いて、自らの表現を追求した。レーモンドや堀口捨己は、日本の伝統建築の解釈に道を見いだした。かつて工業化製品を信奉したノイトラさえもが、戦後はレンガや木材などの自然な材料を用いてイマジネーションの源泉を日本の庭園に求めた。一方、ミース・ファン・デル・ローエは鉄とガラスによる無機質な空間によって、モダニズムの抽象性への志向を形として達成した。

モダニズムが多様に枝分かれするなかで、土浦自邸に代表される土浦の戦前期の住宅作品は、日本のモダニズムが到達した一つの定点として位置づけられる。国際的な普遍性を希求した、軽やかで明るい木造住宅は、日本の風土に根づき、戦後から現代へと引き継がれた。建築家・土浦亀城の美学を最も純粋な形で表し、クライマックスを示す戦前期の住宅作品として唯一現存する土浦自邸には、清廉なモダニズムの理想と暮らしの記憶が残っている。

あとがき

1987年2月に初めて土浦邸を訪れてから27年が過ぎた。ゆったり朗らかな土浦夫妻と、ふんわり暖かな空間がぴったりしていて、とても居心地がよかったことを覚えている。それまで南カリフォルニアでライト、シンドラー、ノイトラの住宅をたくさん見ていたためか、土浦邸の空間はその延長上にあるように思えた。何よりも繊細なディテールと生活への細々とした配慮がとても新鮮だった。

その後1年くらい定期的に通って、アメリカ時代の話を聞かせていただいた。1996年に土浦先生、98年に信子夫人が逝去されたあと、女性建築家をめざした信子さんの話を小川信子先生とともに『ビッグ・リトル・ノブ　ライトの弟子・土浦信子』（ドメス出版）としてまとめる機会を得た。さらに2002年から翌年にかけて、土浦建築事務所の図面や写真が江戸東京博物館に寄贈されるとき、資料整理を手伝いながら作品全体の概要を知ることができた。白い箱のような住宅の和室はどうなっているのだろうという疑問から、国際性と地域性をテーマに戦前の住宅作品を調べるうちに、新しい時代の生活の器をつくるという確固とした信念が一貫して根底に流れているのを強く感じるようになった。その信念を、国際的な動向と交流関係のなかで、考えてみたいと思った。

「新しい防水材料が沢山研究されている時代に傾斜屋根を見ると、晴天に雨傘をさして立っている人の様に思える。之に反して陸屋根は防水コートと防水帽とを着て雨の中を闊歩する青年の様に勇ましい」（「乾式構造の住宅」『国際建築』1932.03）と記したように、30代の土浦先生は、果敢に時代を切り開こうとしていた。白い箱の家は、そのような強い意志の表現である。79年前に建てられた土浦邸が今なお新しく見えるのは、そのためだと思う。本書を通して、国際性と地域性を合わせもつ、清廉、明朗な土浦建築の魅力を少しでも伝えられればと願っている。

本書ができるまでにお世話になった多くの方々に感謝の意を表します。大学時代の恩師、故天野太郎先生、故山本学治先生、藤木忠善先生から熱をこめて教わったライトやモダニズムが、私の建築の考え方の基本になりました。土浦夫妻を訪ねる理由を与えてくれたアメリカのライト研究者、キャサリン・スミス氏と、建築史研究の基本を教わった波多野純先生に出会わなければ、この研究はスタートしませんでした。そして、温土会（土浦亀城建築事務所OB会）の小川信子先生、手嶋好男氏、星野淳氏、田中正美氏、牧野良一氏、畑中康氏、故河野通祐氏、故佐々木喬氏には、さまざまな機会に土浦事務所時代の話をご教示いただきました。早川典子氏、西澤泰彦氏、ヘレナ・チャプコヴァ氏には、資料に関してお世話になりました。また、本書の出版を実現し、辛抱強く、労を惜しまずご協力いただいた鹿島出版会の川嶋勝氏と、若々しい感性で素敵な本に仕上げてくれたデザイナーの渡邉翔氏に感謝いたします。

最後に、故土浦亀城・信子夫妻と中村常子氏には、聞き取りから資料収集に至るまで、言葉に尽くせないほどお世話になりました。とくに27年にわたり、いつも親身になって協力してくださった中村常子氏に心よりお礼申し上げます。中村さんの支えがなければ、本書はできませんでした。

美しいもの、心に残るものは、必ず次世代に継承されると信じて――２０１４年４月　田中厚子

参考文献

●土浦亀城の作品掲載誌・書籍

「吉野氏住宅」建築世界 1924年11月号／「吉野作造氏邸」建築新潮 1925年10月号／「山本邸」国際建築 1930年4月号／「大脇邸」新建築 1931年1月号／「谷井邸、大脇邸」国際建築 1931年3月号／「谷井邸に関して」新建築 1931年3月号／「新しい分譲地向きの住宅四題」建築画報 1931年9月号／「新橋医院」国際建築 1931年9月号／「土浦亀城邸」新建築 1932年2月号／「土浦邸、俵邸、平林邸」国際建築 1932年3月号／「徳田歯科医院」国際建築 1932年11月号／「吉野信次邸」新建築 1933年3月号／「吉野邸」国際建築 1933年4月号／「植村氏邸」新建築 1933年8月号／土浦亀城・信子「夫妻共同設計の明るい無駄のない家」婦人之友 1933年10月号／「山本博氏邸」新建築 1934年1月号／「富永邸」国際建築 1934年6月号／「竹内氏邸」新建築 1934年7月号／「兵庫県のS邸」国際建築 1934年11月号／「第二の自宅の建築」新建築 1935年3月号／土浦亀城・信子「私共の家」婦人之友 1935年5月号／「高橋邸」新建築 1935年4月号／「今村邸」新建築 1935年6月号／「伊藤邸」新建築 1935年8月号／「市川市の戸塚医院」新建築 1935年11月号／「アトリエをもつ住宅」国際建築 1936年1月号／「長谷川三郎氏邸」新建築 1936年1月号／「野々宮アパートメント」建築世界 1936年2月号／「香川邸」国際建築 1936年9月号／「野々宮写真館・アパート」新建築 1936年10月号／「野々宮アパートメントと写真館」国際建築 1936年11月号／「田宮氏邸」新建築 1937年2月号／「角谷邸」国際建築 1937年5月号／「岩出邸」新建築 1937年11月号／「宮口邸」建築世界 1937年12月号／「竹原邸」国際建築 1938年1月号／「池尾邸」国際建築 1938年3月号／「遠藤邸」国際建築 1938年7月号／「強羅ホテル」建築世界 1938年10月号／「強羅ホテル」建築雑誌 1938年11月号／「強羅ホテル」国際建築 1938年11月号／「徳川公爵邸」新建築 1938年11月号／「トクダ邸 強羅ホテル詳細図」新建築 1938年11月号／「保坂病院」現代建築 1939年3月号／「三浦氏邸」新建築 1939年5月号／「東京女子高等師範の山の家」国際建築 1939年7月号／「強羅ホテル」国際建築 1939年11月号／「日電科学研究所 附：詳細図」新建築 1941年2月号／「第16回建築展覧会 南方建築展覧会記事」建築雑誌 1942年12月号／「パンアメリカン航空会社社宅」新建築 1949年12月号／「川崎国際ゴルフクラブハウス」新建築 1952年7月号／「田邊氏邸」建築文化 1953年11月号／「ビーチ・ハウス三浦半島小網代湾海岸」国際建築 1954年3月号／「国際観光会館」新建築 1954年12月号／「土井邸」新建築 1958年3月号／『神奈川縣廳舍競技設計圖集』廳舍建築事務所編、洪洋社、1929年／『本庁舎建設六十周年記念神奈川縣廳物語』神奈川県行政資料保存版、1989年／『大成建設社史』大成建設、1963年

●土浦亀城の著作

「家の新しい設計――市中と郊外」中外商業新聞 1926年5月3日／「住宅建築の標準化」文化生活 1927年1月号／「リヒャート・ノイトラ氏」国際建築 1930年7月号／「創宇社展ノート」国際建築 1930年11月号／「1930年代――建築（1）」都新聞 1930年12月4日／「1930年代――建築（2）」都新聞 1930年12月5日／「1930年代――建築（3）」都新聞 1930年12月6日／「1930年代――建築（4）」都新聞 1930年12月7日／「中産インテリ階級――明日の住宅」婦人公論 1931年1月号／「新住宅建築の問題」国際建

1931年3月号／「新建築ソヴェート大使館」科学知識 1931年5月号／「ソヴェート大使館の建築に就いて」新建築 1931年1月号／「四つの小住宅に就いて」新興芸術研究 1931年6月号／「ウクライナ劇場についての諸家の感想」建築画報 1931年6月号／「新しい分譲地向きの住宅四題」建築画報 1931年9月号／「建築 南澤に建つた大脇さんの家」婦人之友 1931年2月号／「乾式構造の住宅」国際建築 1932年3月号／「徳田歯科医院　有効率100パーセント」国際建築 1932年11月号／「拡張できる設計」婦人公論 1932年9月号／「トロッケンバウの実例」アイ・シー・オール 1933年3月号／「家具と部屋の装飾」建築雑誌 1933年4月号／「フランク・ロイド・ライト氏のタリアスン協会」国際建築 1934年3月号／リチャード・ノイトラ（土浦亀城訳）「珪藻土を用ふる組立て住宅」国際建築 1934年6月号／アサヒグラフ編『今日の住宅――その健康性と能率化へ』朝日新聞社 1935年／「安東および吉林の住宅群計画」現代建築 1939年10月号／「岸田君のおもいで」建築雑誌 1966年8月号／「ライトとの邂逅」『建築――私との出会いIII』彰国社、1989年

●土浦亀城が登場する座談会、対談、インタビュー

座談会「1933年の建築を回顧する」新建築 1933年12月号／座談会「日本建築の様式に関する座談」建築雑誌 1936年11月号／対談・磯崎新「土浦亀城・一九三〇年前後」都市住宅 1972年12月号（磯崎新『建築の1930年代――系譜と脈絡』鹿島出版会 1978年所収）／佐々木宏（インタビュー）「土浦亀城」『近代建築の目撃者』新建築社 1977年／大須賀常良、茶谷正洋（インタビュー）「土浦亀城氏に聞く」建築家 1984年春期号／藤森照信（インタビュー）「昭和住宅物語①土浦亀城邸」住宅特集 1986年5月号（藤森照信『昭和住宅物語』新建築社、1990年所収）／西澤泰彦（インタビュー）「新しいものへの挑戦者――市浦健、谷口吉郎」SD 1988年7月号／太陽編集部（インタビュー）「F・L・ライトに建築家の理想をみた」太陽 第328号 1988年12月号／片山和俊（インタビュー）「昭和初期に新しい木造住宅を拓く」すまいろん 1989年秋号

●土浦信子・稲城の作品掲載誌・著作

土浦信子「新時代の中小住宅」アサヒグラフ 1929年5月号／土浦信子「能率本位の小住宅の設計」アサヒグラフ 1930年3月号／土浦信子「涼しい家――窓を大きくした文化住宅」国民新聞付録 1929年8月18日／土浦信子「新時代の住宅――婦人の立場から求めるもの」国民新聞 1930年1月3日、4日、6日／土浦信子「カレンダーを破るもの」東京朝日新聞 1935年1月4日／土浦信子「グループ住宅懸賞当選発表」婦人之友 1930年11月号／土浦信子「婦人の立場から見た住宅問題」婦人之友 1931年4月号／土浦信子「新しい家の台所」婦人之友 1932年7月号／土浦信子「住宅と主婦の考案」『今日の住宅――その健康性と能率化へ』アサヒグラフ編、朝日新聞社 1935年／土浦信子「台所の設計、器具の工夫」婦人之友 1935年5月号／土浦稲城「岩原スキーハウス」国際建築 1933年8月号／土浦稲城「石井邸」新建築 1933年12月号

●土浦亀城に関する主な論考

板垣鷹穂「強羅ホテルを主題とする感想」国際建築 1939年11月号／「再録：日本の近代住宅その2」建築 1964年11月号／添田浩「住宅の発見――空間の獲得」都市住宅 住宅第一集 1971年9月臨時増刊／「土浦亀城邸」建築 1972年1月号／横山正監修「昭和住宅史」新建築 臨時増刊 1976年11月

号／槇文彦「近代主義の光と影」新建築 1986年1月号／西澤泰彦ほか「特集：昭和初期モダニズム――建築家土浦亀城と彼をめぐる人々」SD 1988年7月号／西澤泰彦「1930年代東京、都市型の白いモダニズムの黎明」ブルータス No.190 1988年／松村正恒『無級建築士自筆年譜』住まいの図書館出版局、1994年／山脇道子『バウハウスと茶の湯』新潮社、1995年／西澤泰彦「弟子は師を超えて」『F・L・ライトと弟子たち 日本人によるライトの受容と実践』ギャルリー・タイセイ、1995年／片山和俊「時代を超えた住まい　第1回土浦亀城自邸」住宅建築 1996年1月号／岸和郎・西澤泰彦「対談：限界を超えたテクノロジーへの夢」住宅建築 1996年1月号／西澤泰彦・小川信子・岸和郎ほか「特集：再考 建築家 土浦亀城」SD 1996年7月号／中江泰子・井上美子『私たちの成城物語』河出書房新社、1996年／河野通祐『蚯蚓のつぶやき――無名建築家の生涯』大龍堂書店、1997年／西澤泰彦「海を渡った建築家　第8回モダニズム建築家の中国進出――土浦亀城」JIA東海機関誌 Architect 1998年9月号／岡田哲史「土浦亀城――迷いなく駆け抜けること」建築文化 2000年1月号／西澤泰彦「「間」をもつ都市型住宅」Comfort 2000年4月号／大川三雄・矢代眞己ほか「特集：木造モダニズム 1930s-1950s」SD 2000年9月号／小川信子・田中厚子『ビッグ・リトル・ノブ――ライトの弟子・女性建築家土浦信子』ドメス出版、2001年／植田実『集合住宅物語』みすず書房、2004年／光田由里「野々宮ビルをめぐって」『野島康三作品と資料集』渋谷区立松濤美術館、2009年／河野良平『建築家・土浦亀城　住宅の特徴と変遷』白地社、2010年／ヘレナ・チャプコヴァー「土浦亀城、土浦信子、ベドリフ・フォイエルシュタインの書簡に見るトランスナショナルな交流」『デザイン史学』第8号、デザイン史学研究会、2010年／「住宅の保存を考える――土浦亀城邸」住宅建築 2013年2月号／初田香成『都市の戦後――雑踏のなかの都市計画・建築』東京大学出版会、2011年

●近代建築史・住宅史に関する主な参考文献

岸田日出刀「室内衣装と家具」経済生活 1934年12月号／市浦健「乾式構造の研究について」新建築 1935年3月号／蔵田周忠「等々力住宅区の計画と実際」国際建築 1936年6月号／谷川正己『ライトと日本』鹿島出版会、1977年／フランク・ロイド・ライト『弟子達への手紙』丸善、1987年／『野島康三とレディス・カメラ・クラブ』渋谷区立松濤美術館、1993年／西澤泰彦『海を渡った日本人建築家』彰国社、1996年／フランク・ロイド・ライト『自伝』中央公論美術出版社、2000年／大川三雄・田所辰之助・濱嵜良実・矢代眞己『建築モダニズム――近代生活の夢とかたち』エクスナレッジ、2001年／梅宮弘光「透明な機能主義と反美学――川喜田煉七郎の1930年代」『モダニズム／ナショナリズム――1930年代の日本の芸術』せりか書房、2003年／松隈洋『近代建築を記憶する』建築資料研究社、2005年／花田佳明『建築家松村正恒ともう一つのモダニズム』鹿島出版会、2011年／Hitchcock, Henry Russell and Philip Johnson. The International Style. New York, W.W. Norton, 1932.／de Long, David. Frank Lloyd Wright – Designs for an American Landscape 1922-1932, Harry N. Abrams, Inc., Publishers, in association with the Canadian Center for Architecture, the Library of Congress, and the Frank Lloyd Wright Foundation, 1996.／Hitchcock, Henry Russell, In the Nature of Materials – the Buildings of Frank Lloyd Wright – 1887-1941. Da Capo Press, Inc., 1978.／Sweeney, Robert L. Wright in Hollywood – Visions of a New Architecture, The Architectural History Foundation and The MIT Press, 1994.\Smith, Kathryn. Frank Lloyd Wright America's Master Architect, Abbeville Press/Publishers, 1998.\Smith, Kathryn. Frank Lloyd Wright Hollyhock House and Olive Hill, Rizzoli International Publications Inc.1992.\Smith, Kathryn. Frank Lloyd Wright's Taliesin and Taliesin West Harry N. Abrams, Inc., 1997.\Smith, Kathryn. The L.A. Textile Block Houses, Quarterly, Summer 2005 Vol.16 No.3\Smith, Kathryn. Schindler House, Harry N.Abrams, Inc., Publishers, 2001.\McCoy, Esther. Vienna to Los Angeles: Two Journeys. Arts+Architecture Press, 1979.\McCoy, Esther. Five California Architects, Hennessey+Ingalls, Inc. Los Angeles, 1975.\Hines, Thomas S. Richard Neutra and the Search for Modern Architecture, Rizzoli International Publications, Inc., 2005.\Neutra, Richard. Life and Shape. New York: Appleton-Century-Crofts, 1962.\Edited by Eric Uhlfelder, The origins of Modern Architecture – Selected Essays from "Architectural Record", Dover Publication, Inc., New York, 1998.\Tafel Edgar. Frank Lloyd Wright Recollections by Those Who Know Him, Dover Publications, Inc., New York, 1993.\Smith, Elizabeth A.T. and Darling, Michael, The Architecture of R.M. Schindler, The Museum of Contemporary Art, Los Angeles, Harry N. Abrams, Inc., Publishers. 2001.

図版出典（順不同、敬称略）

江戸東京博物館　1章1〜3、34、35、3章4〜7、9、12〜14、17、29〜42、4章1〜58、5章1、2、8〜11、16〜19、21〜25、29、33〜50（図面類は2002年の寄贈前に著者が複写したものを掲載した）／小川信子　5章20、26、27／『神奈川県庁舎競技設計図集』　3章1（庁舎建築事務所編、洪洋社1929年）／カリフォルニア大学サンタバーバラ校建築デザイン美術館 R・M・シンドラー・コレクション　2章15　R. M. Schindler Papers, Architecture and Design Collection. Art Design & Architecture Museum, University of California, Santa Barbara／カリフォルニア大学ロサンゼルス校　3章23、24（UCLA Special Collections）／建築画報　3章10、11（1931年9月号）／国際建築　5章7／新建築　3ページ、1章19、22、24（1935年3月号）、3章2（1931年1月号）、5章3〜6（1949年12月号）／清水襄　4〜6ページ／田中厚子　2章12、3章26、27、5章12〜15／手嶋好男　5章28、51／東京朝日新聞　1章17（1935年1月4日付）、3章18（『朝日住宅図案集　懸賞中小住宅八十五案』（1929年）／東京大学工学系研究科建築学専攻　2章2／婦人公論　3章15（1931年1月号）、16（1932年9月号）／プラハ国立工業技術博物館　3章25（Courtesy Helena Chapkova）／フランク・ロイド・ライト財団／MoMA／コロンビア大学エイブリー建築美術図書館　2章8、13、23、Courtesy The Frank Lloyd Wright Foundation Archives (The Museum of Modern Art / Avery Architectural & Fine Arts Library, Columbia University). All Rights Reserved.／Wikimedia, Creative Commons　3章8

中村常子　1章4〜16、18、20、21、23、25〜33、36〜44、2章1、3〜7、9〜11、14、16〜22、24〜32、34〜37、3章3、19〜21、28、4章59〜62

戦前期の主な住宅の素材と色彩

雑誌に掲載された記事から、住宅の素材と色彩に関する記述をまとめた。外壁は白色以外に、クリーム色、淡青色、淡緑色、灰色などがあり、窓周りは、緑色、藍色、青緑色などにペイントされた。居間の天井や壁は、白色、鼠色、クリーム色が多く、窓周りや木部には濃い目の鼠色や青鼠などを配して落ち着いた雰囲気をつくり、カーテンや家具に明るいアクセント・カラーを用いた。玄関やテラスのタイル、台所の床や木部も色彩豊かだったことがわかる。

凡例：建物名、設計年、所在地（雑誌掲載の表記）、構造、素材と色彩、〈掲載誌（素材と色彩の出典）〉

●J邸（吉田邸）、1929年、木造2階建、［外観］外壁：モルタル、着色セメント塗り、［居間］壁：ベニヤ板、［寝室］壁：ベニヤ板一尺五寸各の楢ベニア板を真鍮釘で張った／家具・敷物：ダブルのソファベッド、〈建築画報 1931.09〉

●伊藤邸、1930年、木造2階建、［外観］外壁：モルタル、着色セメント塗り、［居間］壁：ベニヤ板、［寝室］家具・敷物：シングルベッド2、〈建築画報 1931.09〉

●谷井邸、1930年、世田谷町吹上、木造2階建、［外観］外壁：モルタル、白色セメント刷毛引き、［居間］壁：フジテックス張り水性塗り料仕上げ／天井：フジテックス張り張り水性塗り料仕上げ、〈新建築 1931.03、建築画報 1931.09〉

●大脇邸、1930年、南澤学園町、木造2階建、［外観］外壁：モルタル、白色セメント・寒水石料刷毛引き、［居間］床：板張り／壁：プラスター、ペンキ塗り／天井：セロテックス（フジテックス）／家具：コバルト色のビロードと黒色の木部、銀色の鋲頭、［台所］木部：白ペンキ塗り／床：リノリューム／流し・調理台：金属板［寝室］壁：淡緑／家具・敷物：ダブルのソファベッド、〈新建築 1931.01〉

●トクダビル、1931年、京橋区銀座西、RC造5階建、［外観］外壁：コンクリート、白色ネールクリート刷毛引き／サッシュ・窓枠：滑り出しと引き違いで、オリーブ緑色ペンキ塗り／パイプ部分：1階正面円柱は黒色硝子モザイク、〈国際建築 1932.11〉

●俵邸、1931年、小石川駕籠町、木造乾式構法2階建、［外観］外壁：石綿スレート張り（灰色）／サッシュ・窓枠：木部は淡緑色、［階段］木部は楢ワックス仕上げ、［居間］壁：フジテックスにクリーム色水性塗り料／天井：フジテックスにクリーム色水性塗り料、［台所］木部：楢ワックス塗り／壁・天井：フジテッキスにクリーム色水性塗り料、〈国際建築 1932.03〉

●平林邸、1931年、牛込納戸町、木造乾式構法2階建、［外観］外壁：石綿スレート張り（灰色）／サッシュ・窓枠：木部は白色ペンキ塗り、［食堂］

壁・天井／クリーム色／木部：暗褐色の戸棚／家具：パイプ家具、クローム鍍金に鼠色の椅子張り、〈国際建築 1932.03〉

●土浦自邸（五反田）、1931年、下大崎町、木造乾式構法2階建、［外観］外壁：石綿スレート、白セメント吹き付け／サッシュ・窓枠：スチールサッシュ／パイプ部分：扉・窓・手摺はアプル・グリーン、［テラス］床：白色人造石研出し、［玄関］床：緑色テラゾー、［居間］床：板張り／壁：トマテックス／フジテックス／木部：銀鼠色エナメル塗り（フレンチグレー）／天井：フジテックス／カーテン：黄色／家具：鉄柱と椅子のパイプは赤・アズキ色、電気蓄音機は緑色ラッカー、［台所］床：リノリューム／流し・調理台：ステンレス、〈国際建築 1932.03　新建築 1932.02〉

●植村邸、1932年、世田谷砧村、木造2階建、［外観］外壁：白色リシン／サッシュ・窓枠：外部木部は淡いステイン塗り、［テラス］床：淡青色人造研出し、［玄関］床：煉瓦色敷きタイル、［居間］床：楢寄木張り／壁：白色漆喰／天井：フジテックス、梁は淡鼠色ペンキ塗り、〈新建築 1933.08〉

●吉野邸、1932年、渋谷神山、木造2階建、［外観］外壁：白色リシン／サッシュ・窓枠：緑色／パイプ部分：スチールパイプ製門扉、白色エナメル塗り、［テラス］床：緑色モザイクタイル張り、［玄関］床：緑色モザイクタイル張り／扉・サッシュ：淡い鼠色エナメル塗り、［居間］壁：淡緑色水性塗り料／木部：チークおよびオーク／天井：フジテックス、白色／敷物：鼠色の地に濃い茶色の模様／家具：緑色のパイプ、鼠色のベロアスキン張り、［食堂］壁・天井：壁は淡緑色水性塗り料、天井はフジテックス白色／家具：緑色タイル張り暖炉、［台所］木部：淡い桃色エナメル塗り／床：赤と白のリノリウム／壁・天井：白色エナメル／流し・調理台：ステンレス流し、戸棚甲板アルミ板張り、［寝室］壁：クリーム色の壁、淡いオリーブ色の木部、天井白色／家具・敷物：赤い漆塗りの椅子、［2階テラス］黄色タイル張り、〈新建築 1933.03　国際建築 1933.04〉

●伊藤邸、1933年、芝三田（二の橋）、RC造2階建［外観］外壁：淡灰色リシン／サッシュ・窓枠：暗青色、［玄関］床：淡緑色テラゾー塗り、［階段］淡緑色テラゾー塗り、［居間］壁：白茶色パルボイド／天井：白色パルボイド塗り／敷物：鼠色、［食堂］木部：楢白ラック仕上げ、〈新建築 1935.08〉

●石井邸、1933年、仁川（兵庫）、木造2階建、［外観］外壁：白色モルタル、［居間］床：ラワン／壁：白色漆喰／天井：ケンテキス張り、〈新建築 1933.12〉

●富永邸、1933年、目黒下目黒、木造2階建、［外観］外壁：白セメント刷毛引仕上げ／サッシュ・窓枠：木部濃藍色ペンキ／パイプ部分：白色ペンキ、［居間］壁：白漆喰／木部：銀鼠色ペンキ塗り／天井：テックス張り素地、〈国際建築 1934.06〉

●高橋邸、1934年、赤坂一ツ木、木造2階建・地下RC造、［外観］外

壁：淡クリーム色リシン／サッシュ・窓枠：藍色、〈国際建築 1935.02　新建築 1935.04〉

●山本博邸、1933年、豊島目白町、木造2階建、［外観］外壁：淡青色リシン／サッシュ・窓枠：白色ペンキ塗り、［玄関］床：淡青色テラゾー／扉・サッシュ：クリーム色、［居間］木部：白ラック仕上げ／カーテン：淡青色、［台所］木部：黄色エナメル／床：赤色リノリウム／壁・天井：白色エナメル、〈新建築 1934.01〉

●沢野邸、1933年、神戸市、RC造2階建、［外観］外壁：白セメントモルタル刷毛引／サッシュ・窓枠：スチールサッシュ濃紺ペイント塗り、〈国際建築 1934.11〉

●竹内邸、1933年、上大崎長者丸、木造2階建、［居間］壁：帯緑白色漆喰／木部：木地現しラック仕上げ／天井：フジテックス水性ペンキ仕上げ、〈新建築 1934.07〉

●今村邸、1934年、杉並成宗、木造乾式構法2階建、［外観］外壁：石綿スレート、白色ネールクリート吹付け／サッシュ・窓枠：鼠色ペンキ塗り／パイプ部分：白色ペンキ、［テラス］床：人造石研出し、［玄関］床：人造石研出し、［居間］床：楢寄木張り／壁：フジテックス淡鼠色水性ペンキ塗り／木部：鼠色艶消ペンキ、一部黒色ペンキ、［台所］床：リノリウム、〈新建築 1935.06〉

●高島邸、1934年、品川北品川、木造乾式構法2階建、［外観］外壁：石綿スレート、白色ネールクリート吹付け、［居間］木部：鼠色／カーテン：黄色、鼠色、〈国際建築 1935.07〉

●土浦自邸、1934年、1938年、上大崎長者丸、木造乾式構法2階建、［外観］外壁：石綿スレート白色ネールクリート吹付け／サッシュ・窓枠：鼠色／パイプ部分：黒色、［テラス］床：クリーム色、［玄関］床：／扉・サッシュ：鼠色ペンキ塗り、［居間］床：板張り／壁：フジテックス張り、淡鼠色水性ペンキ塗り／木部：鼠色艶消しペンキ塗り／敷物：鼠色／カーテン：黄色地に鼠色の横縞／家具：鼠色地に黄色い縞、［食堂］木部：鼠色艶消しペンキ、戸棚上部のみ黒色、［台所］木部：アイボリー色ペンキ／床：赤褐色ミネライト塗り／流し・調理台：アルミニウム、［寝室］家具・敷物：敷物は朱赤色、カーテン椅子張りは鼠色地に黄色縞模様、〈新建築 1935.03　住宅 1935.04〉

●長谷川邸、1935年、上大崎長者丸、木造2階建、［外観］外壁：白セメント吹付け／サッシュ・窓枠：鼠色ペンキ塗り／パイプ部分：パイプ柱赤色エナメル塗り、［玄関］床：緑色モザイクタイル張り、舗道は赤煉瓦敷、［階段］鼠色、［居間］床：ラワン材／壁：漆喰／木部：鼠色ペンキ塗り／天井：漆喰、［台所］木部：淡緑色ペンキ塗り／床：リノリウム、〈国際建築 1936.01　新建築 1936.01〉

●三島邸、1935年、渋谷千駄ヶ谷、木造2階建、［外観］外壁：モルタル塗り白セメント刷毛引き／サッシュ・窓枠：藍色ペンキ塗り／パイプ部分：鼠色、［テラス］床：白色人造石研出し、［居間］／壁：灰色テックス水性ペンキ塗り／木部：灰色ペンキ／カーテン：小豆色と鼠色の交織、［台所］木部：白色エナメル壁／床：赤色リノリウム、〈国際建築 1935.06〉

●田宮邸、1935年、豊島長崎南町、木造乾式構法2階建、［外観］外壁：フジスレート生地まま／サッシュ・窓枠：淡鼠色ペンキ塗り、［テラス］床：白色人造石研出し、［玄関］床：白色人造石研出し、［居間］／壁：フジテックス生地まま／木部：青鼠色／天井：フジテックス生地まま／カーテン：黄に紺縞、［台所］木部：淡クリーム色エナメル塗り、〈新建築 1937.02〉

●香川邸、1936年、渋谷猿楽、木造2階建、［外観］外壁：白セメント吹付け／サッシュ・窓枠：青緑色ペンキ塗り／パイプ部分：灰色ペンキ塗り、［居間］床：楢縁甲板／壁：漆喰水性塗り料／木部：温灰色／カーテン：黄に紺縞、［台所］床：リノリウム、〈国際建築 1936.09〉

●角谷邸、1936年、渋谷猿楽、木造2階建、［外観］外壁：淡青色リシン／サッシュ・窓枠：濃緑色ペンキ塗り／パイプ部分：灰色ペンキ塗り、［テラス］床：淡青色モザイクタイル張り、［居間］／壁：大壁プラスター塗り、真壁、〈国際建築 1937.05〉

●竹原邸、1937年、麻布一本松、木造2階建、［外観］外壁：白色リシン／サッシュ・窓枠：鼠色ペンキ、［テラス］床：淡緑色モザイクタイル、［居間］壁：テックス麻布張りペンキ仕上げ、［台所］床：リノリウム、［寝室］壁：テックス麻布張りペンキ仕上げオレンジ、〈国際建築 1938.01〉

●岩出邸、1937年、神田駿河台、木造平屋、［外観］外壁：淡緑色リシン塗り、腰モルタル塗り／サッシュ・窓枠：淡緑色ペンキ塗り、［テラス］床：人造石研出し、［玄関］床：淡緑色モザイクタイル張り、［台所］木部：淡青色ペンキ／床：赤リノリウム、〈新建築 1937.11〉

●遠藤邸、1937年、世田谷区世田谷、木造平屋、［外観］外壁：淡緑色セメントガン吹付け／サッシュ・窓枠：グレーペンキ塗り、［テラス］床：淡緑色モザイクタイル張り、［居間］床：楢縁甲板／壁：漆喰／天井：テックス張り　淡グレー水性ペンキ塗り／カーテン：黄地色、［台所］木部：クリーム色ペンキ塗り／床：赤リノリウム／壁・天井：漆喰エナメルペンキ塗り、〈国際建築 1938.07　建築雑誌 1938.12〉

土浦亀城活動年譜

作品の年次は、主に図面に記載された設計年を示し、竣工年がわかるものは（　）内に併記した。●は住宅設計、○は住宅以外の設計を示す。

1897 明治30　6月29日水戸に生まれる

1900 明治33　［吉野信（信子）、仙台に生まれる］

1916 大正5　旅順中学校卒業

1919 大正8　第一高等学校卒業。東京帝国大学建築学科入学。［信子、女高師高女卒業］

1922 大正11　東京帝国大学建築学科卒業。信子と結婚　●吉野作造別荘（静岡県畑毛）　○卒業設計「教会」

1923 大正12　4月に渡米し、ロサンゼルスのライトの事務所に勤務

1924 大正13　ウィスコンシン州タリアセンに移る　●吉野氏住宅（小石川区駕籠町大和村）

1926 大正15／昭和元　1月に帰国、大倉土木に勤務。東京市本郷区文化アパートメントに住む　●山縣邸（駒場）　○神奈川県庁舎（設計競技案）

1928 昭和3　杉並区天沼に移る　○大倉別館（大倉土木担当 1929）、ソヴィエト大使館（大倉土木担当 1930）

1929 昭和4　麹町区元園町に移る。［信子、朝日住宅展覧会入選］　●山本邸（大倉土木担当、神田駿河台）、吉田邸（J邸）　○中村庄八商店、地下鉄ビルヂング（設計競技案）、斎藤報恩会館（設計競技案）

1930 昭和5　麹町区永田町に移る。新興建築家連盟参加　●谷井邸（世田谷）、大脇邸（南澤学園町）、伊藤邸　○新橋医院（大倉土木担当）、高島屋デパートメント（設計競技案）

1931 昭和6　荏原郡下大崎の自邸（五反田）に移る　●俵邸（小石川）、平林邸（牛込）、自邸（五反田 1931）　○トクダビル（1932）

1932 昭和7　日本トロッケン・バウ研究会参加　●吉野邸（渋谷神山 1933）　○岩原スキーハウス

1933 昭和8　●石井邸（兵庫県仁川）、富永邸（下目黒）、立邸（五反田）、若林邸、米原邸（鳥取）、野口邸、山本博邸（大倉土木担当、目白）、沢野邸（兵庫県神戸市）、岩出邸、伊藤邸、植村邸（大倉土木担当、砧）、竹内邸（上大崎 1934）

1934 昭和9　12月1日、京橋一丁目山中ビルに事務所開設　●高橋邸（赤坂）、今村邸（杉並）、三島邸（千駄ヶ谷）、高島邸（品川）、山森邸（兵庫県六甲）、自邸（上大崎 1935）　○服部商店

1935 昭和10　品川区上大崎町長者丸の自邸に移る　●長谷川邸（上大崎）、中堅邸、三島通陽邸増築案、名倉邸（名古屋）、北岡邸　北村邸、杉森邸、田宮邸（豊島長崎南町）、安川邸、俵邸増築、徳川公爵邸（渋谷猿楽 1938）　○野々宮アパート（九段 1936）、戸塚医院（千葉県市川）、日本キリスト新潟教会

1936 昭和11　日本工作文化連盟参加　●鈴木邸（三鷹）、宮口邸（渋谷青葉 1938）、香川邸（渋谷猿楽 1936）、角谷邸（渋谷猿楽

1937）、鈴木邸、尚邸、山本邸（鎌倉）、山本邸（大宮）、赤星邸　○強羅ホテル（1938）、日本カーバイト魚津工場、青山師範プール

1937　昭和12　●岩出邸（神田駿河台）、遠藤邸（世田谷 1938）、竹原邸（麻布）、上野邸、池尾邸（五反田 1938）　○綿工業会館

1938　昭和13　自邸の増築　●自邸（上大崎）増築、柴崎別邸、鈴木邸（目黒）　○理研研究室（駒込 1939）、理研計器株式会社（小豆沢 1938–39）、女高師志賀高原ヒュッテ（1939）

1939　昭和14　中国東北部新京（長春）に事務所開設　●吉野別邸（横須賀市秋谷）、原信太郎邸　○保坂病院（築地）、日電化学研究所（1940）、日本電力研究室、箱根早雲山駅舎、善隣ビル、天津鐘紡サービスステーション

1940　昭和15　岸田日出刀との共著写真集『熱河遺蹟』出版　●秋山邸　○満洲重工業迎賓館、新京市長公館

1941　昭和16　○北支製鉄社宅団地、満州軽金属安東社宅地計画、日本揮発油研究所

1942　昭和17　●荒井邸　○日鉄兼二浦病院、吉林人造石油社宅地計画、新吉林駅

1943　昭和18　新京事務所閉鎖。京橋の事務所を自宅に移す。鵠沼に疎開　○日泰文化会館実施設計（実現せず）

1948　昭和23　事務所を八重洲4-5梅田ビルに移す

1949　昭和24　●田辺邸（麹町）、ハザン邸（麻布）　○パンアメリカン航空社宅、日仏貿易ビル

1951　昭和26　○上野広小路商業協同組合（1952）、川崎国際ゴルフクラブ（1952）、三原橋センター（1953）

1952　昭和27　●小網代の3つの別荘（1954）、今藤邸（市ヶ谷）　○国際観光会館（1954）、日本専売公社

1953　昭和28　●吉野信次邸（渋谷神山 1954）　○慰霊塔（姫路）

1954　昭和29　この頃、自邸の改修　●土井邸（名古屋 1957）

1955　昭和30　●田渕邸（成城）、内山邸、岡本邸（善福寺）、山下邸、中村邸、伊達邸（横須賀）、軽井沢鶴見邸、吉野別邸（秋谷）　○洋糖ビル（1955）、調布集合住宅

1956　昭和31　●高島邸（五反田）　○手柄山休憩所（姫路）

1957　昭和32　●山下邸、中村邸（青山）、今藤邸（青山）、伊達邸、竹内邸、今田別邸、軽井沢鶴見別邸、椎貝邸、柴田邸　○ホテル福島屋、浦和不二屋、二葉屋

1958　昭和33　●坂本邸、斉藤邸、鶴見邸（練馬）　○中村庄八商店改造、昭和電工本社、日本金属検査協会名古屋支部他

1959　昭和34　●土井邸（等々力）、渡辺邸（成城）　○神経研究所付属晴和病院、新外映ビル、大宮不二家、日本機械金属検査協会（東京・大阪・名古屋）

1960　昭和35　●中川一政邸（杉並）、有賀邸　上田邸、菅野邸（新宿）　○弘亜社ビル、国際観光2階増築、姫路幼児施設、戸田ゴルフクラブ（実施設計 1961）

1961　昭和36　●植田邸（鎌倉）、三橋邸（渋谷）、長邸（逗子）　○角谷ビル、大宮天野屋増築、西銀座ビル、日本機械金属検査協会三

條出張所、軽井沢ゴルフクラブ、相武カントリークラブ

1962 昭和37 ●有賀邸（国立）、松根邸（軽井沢）○毛呂病院本館（1962）、日本ゴムKK社宅（中園邸）、宝ビル（神田）、西銀座ビル

1963 昭和38 ●小林邸（麻布）、柴崎邸（麻布）○荒井商店、国本歯科、善隣ビル

1964 昭和39 ●伊達健三郎邸、加山四郎邸、岩橋邸、森口邸 ○三浦市立病院、辻田ビル、三浦福祉会館

1965 昭和40 ●新貝邸（目黒）、佐々川邸、三好邸、吉野邸 ○千住病院（佐世保 1966）、毛呂病院大宮分院、銀座立田野ビル

1966 昭和41 ●宮本邸

1967 昭和42 ●上野次郎吉邸（代々木）、椎貝邸（多摩）、吉野俊造邸（調布）、岩城邸（麻布）○埼玉医科大学進学過程、吉野アパート、立田野渋谷、三栄商会、東日本タイル、西多摩衛生組合塵芥焼却

1968 昭和43 ●中川別邸（真鶴）

1969 昭和44 事務所閉鎖 ●岡本邸（栃木県）○以降、伊藤喜三郎事務所と共同で一連の埼玉医科大学建築群

1971 昭和46 この頃、自邸を縮小

1996 平成8 1月29日東京で逝去

1998 平成10 [信子、東京で逝去]

田中厚子　Atsuko TANAKA
東京生まれ。東京藝術大学美術学部建築科卒業。同大学院および南カリフォルニア建築大学（SCI-ARC）修士課程修了。日米の設計事務所勤務を経て、アクセス住環境研究所設立。日米住宅史、異文化間建築交流史を研究。土浦亀城の住宅研究で博士（工学）取得。東京電機大学、日本工業大学、神奈川大学、武蔵大学などで非常勤講師。主書に『アメリカの名作住宅に暮らす』『ビッグ・リトル・ノブ　ライトの弟子・女性建築家土浦信子』（共著）『アメリカ木造住宅の旅』（共著）など。

土浦亀城《つちうらかめき》と白《しろ》い家《いえ》

二〇一四年五月三〇日　第一刷発行

著者　田中厚子《たなかあつこ》
発行者　坪内文生
発行所　鹿島出版会
〒一〇四―〇〇二八　東京都中央区八重洲二―五―一四
電話〇三―六二〇二―五二〇〇　振替〇〇一六〇―二―一八〇八八三

デザイン　渡邉翔　印刷　三美印刷　製本　牧製本

©Atsuko TANAKA 2014, Printed in Japan
ISBN 978-4-306-04602-3 C3052

落丁・乱丁本はお取り替えいたします。
本書の無断複製（コピー）は著作権法上での例外を除き禁じられています。
また、代行業者等に依頼してスキャンやデジタル化することは、
たとえ個人や家庭内の利用を目的とする場合でも著作権法違反です。

本書の内容に関するご意見・ご感想は左記までお寄せ下さい。
URL: http://www.kajima-publishing.co.jp/
e-mail: info@kajima-publishing.co.jp